企業不祥事とビジネス倫理

ESG、SDGsの基礎としてのビジネス倫理

日本経営倫理学会常任理事
井上 泉［著］

文眞堂

まえがき

歴史は過去とともに未来を学ぶこと

本書は「ビジネス倫理」を冠しているが、倫理やビジネス倫理そのものを考究する書ではない。本書の主要な目的は、企業不祥事例を客観的実証的に分析し、その教訓となるものを経営者（取締役、監査役、執行役、執行役員、幹部社員等）の視点で集約し、あわせてそれぞれの倫理的課題を明らかにすることにある。そして、これら不幸な経験には必ず教訓が残るから、それを企業経営に活かすことができれば、将来起こりうる様々な困難により良く対処できるのではないか。哲学者ジョージ・サンタヤーナは、「過去を記憶しないものは、これをふたたび経験するように運命づけられている」といっている。この格言は過去、現在、未来を連続したものとしてとらえ、過去を通じて未来を見ることの重要性を説いている。歴史を学ぶ意義はまさにそこにあるといえる。

毎日のように官公庁、企業、諸団体の不正や不祥事が報道されて、わたしたちを辟易させるが、実は今日起きている不祥事は、間違いなく過去にも似たようなものが起きているのである。附録として明治から令和にかけてのわが国の主要な企業不祥事・事件を掲載したが、これをご覧になれば、同じような原因で同じような経過をたどり同じような結果を招く問題事象が、何度も何度も繰り返されていることに驚かれるだろう。過去発生した重大な不祥事の原因と経過そして結果を詳しく学ぶことで、今自分たちが直面している諸問題に対しても容易に判断がつき、失敗した人々の判断と行為を参考にして、対策を立てることも回避することもできるのである。仮に完全に同じではないにしても、本質的には同じであるから、現在のことへの処し方も、容易に見通しがつくはずなのである。ところが、この教訓は活かされない場合が多い。ゆえに人はいつになってもあいも変わらず、同じ醜態を繰り返しているのである。

しかし、だからといってわたしたちは諦めるわけにはいかない。不祥事が一旦起こると、その影響はすさまじい。関与役職員は退場させられ、組織とその関係者を傷つけ、場合によってはその組織の存続そのものが否定される。そして多くの人が不幸に見舞われる。どのような不祥事でも、もしあの時英知を働かせてくれればという瞬間がある。その時のために過去の教訓が活かされるべきだ、そういう思いがあってわたしは不祥事の研究を続けている。本書が経営に携わる人たちの判断と行動に、少しでも益するところがあれば大変うれしいと思う。

今なぜビジネス倫理なのか

不祥事例を観察していて気づいたのだが、ビジネスの最前線にいる人たちにとって、倫理は遠いところにあるようだ。企業経営において、関係法令に違反することをしてはならないと考え、自らを規制することは立派なことである。しかし、法には違反していないように見えるが、世間の常識や倫理観念に照らして不適切であり、非難されるべきことがあまりにも多いということが、人々をして眉をひそめさせている。例えば、本書の事例研究では、次のような問いかけをしている。

・保険金は保険金請求という行為があって初めて行われるのだから、請求のないものについては、たとえ事故の発生を知っていたとしても、保険金を支払わなくても問題がない、と考えることは消費者志向の原則から許されるのだろうか。
・工作物の管理に責任を持つものが、対象工作物の完成後の経過年数にふさわしい点検を行わないまま、その工作物が崩壊し第三者を死亡させたが、自分たちの決めた要領に従って点検していたのだから、人が死亡したことに責任はないと主張することは、人の命をあずかる使命を持つ会社として正しいことなのだろうか。
・製品の性能検査において、検査方法の詳細は法の定めにはなく、個々の会社に任されているから、結果として必要とされる基準値に到達できるように、検査に必要なデータをその都度都合よく変えても、仕事を円滑に進める上でやむを得ないと考えることは、安全思想に照らして許されるのだろうか。
・高齢者や事情が良く理解できていない人から、普通の判断をもってすればとても応じないような契約を取り付けて、本人の印鑑が押してあるから合法であり、それを行った社員についても処分は必要ないと経営者がいうのは、人の道からはずれてはいないだろうか。

上記のような失敗例は、いずれも「法令遵守」の概念についての誤った理解によるものである。会社の業務運営において、法令遵守は会社の従うべき最低限の基準でしかなく、さらに社内ルールや道徳観念、会社が自らこうありたいと宣言する経営理念などが会社の行動の基本に置かれるべきことは、いまや常識となっているはずなのだが、実際には事が発生すると、著名な大企業でも、法を盾に自らを防衛し、そして法を超えた倫理を省みない言動を取るのである。やはり、ビジネス倫理を再構築する必要があるのではないかという思いがここにはある。

本書の構成

序論では、企業行動が、「何が適法か」から「何が正しいか」へ向かうべきというビジネス倫理に関する問題意識を提示した。

第Ⅰ編「ビジネス倫理と人と仕組み」では、ビジネス倫理とはどのようなものであるかについて概観し、他者への配慮を中心概念とするＳＤＧｓにつながるステークホルダー理論に関する先人の考え方にも触れている。さらに過去の主要な企業不祥事例から、不祥事の原因が、経営者のみならず、従業員側にも業務不全や倫理観欠如など無視しえない要因が存在することを指摘する。そして、不祥事の中には不合理、非倫理的、不法な指示や命令に対してさえも、従業員が唯々諾々と服従しているように見える事実に着目し、ミルグラムの実験を引用しつつ「支配の正当性」を検討した。そしてビジネス倫理を保障するものとして、心のあり方と仕組みの二正面アプローチを論じている。なお、第3章は、2015年11月に異文化経営学会で発表し学会賞をいただいたものをもとに加筆している。

第Ⅱ編「事例研究」では、前著『企業不祥事の研究』での手法を踏襲して、社会的にインパクトの大きかった企業不祥事7例を取り上げ、極力客観的な立場で、良質な資料を用いて、それぞれの事例の特質や教訓を引き出すようにした。「客観的」とは所詮程度の問題に過ぎないが、少なくとも過去の人間の修羅場における判断や行為を、後づけ的に批判して終わらせるようなことはしなかったつもりである。

事例研究1「回想・保険金支払い漏れ問題」は、わたし自身が実際に経験した業界横断的事件を当事者の目から分析したものである。慶應義塾保険学会誌「保険研究第68集2016年」に掲載された論文を若干の加筆を加えて掲載した。

事例研究2「中日本高速道路笹子トンネル天井板落下事故」は、9名という高速道路事故史上最多の死者を出した事故を扱っている。日本経営倫理学会の研究発表大会で報告した内容をもとに、論文化(日本経営倫理学会誌第24号2017年掲載)したものに加筆した。

事例研究3「ベネッセ個人情報漏えい問題」は、3千5百万件を超える学童の個人情報漏えいに関する経営管理上の問題点を指摘している。日本経営倫理学会学会誌「サステナビリティ経営研究2020年」に掲載されたものに加筆した。

事例研究4「東洋ゴム免振検査データ偽装問題」は、不正を認識しながら問題を直視できない経営者の行動がいかに企業にとって有害かを描いている。

事例研究5「三菱自動車燃費データ不正問題」は、その後発覚した自動車メーカーの検査値偽装のはじまりともいうべき事件であるが、経営の圧力が技術者倫理を圧した事例である。本事例では、大塚裕之氏（日産車体株式会社取締役専務執行役員（開発部門統括、実験部担当）－当時）に原稿を読んでいただき、自動車の構造や燃費検査に係わる専門的知識について、大変有益なアドバイスを頂戴した。

事例研究6「商工中金融資不正事件」は、成果を競う従業員のどこでも見られる〝勇み足〟的行動が発端だが、不正を調査し取締まるべき検査部門とコンプライアンス担当部門が、経営を巻き込んで問題の隠ぺいを図って取り返しのつかない失態を招いた事例である。

事例研究7「かんぽ生命不適正契約募集問題」は、組織的不正販売により、懲戒処分者数が３３５１人（２０２１年3月24日時点）にのぼるという企業不祥事上最大の処分者を出した事件を扱っている。これも経営陣、現場ともにビジネス倫理を放擲した事例として長く記憶にとどめられるであろう。事例研究3から7までは、いずれもわたしが、日本経営倫理学会ガバナンス研究部会で発表し、論議したものが下敷きになっている。

第Ⅲ編「日本のコーポレートガバナンス」では、現在わが国のコーポレートガバナンスを企業において具現化しているコーポレートガバナンス・コード、機関設計、社外取締役について、今後の制度深化に向けて参考になるよう現状と課題を提示した。最後にサステナブル経営が、ビジネス倫理につながるものとして大きな役割を果たすという認識を示して締めくくっている。

附録「主要企業不祥事・事故一覧～明治から令和まで～」は過去150年間の日本の企業不祥事・事故の主要なもの120例を便覧的に掲げた。選び始めるとキリがないのであるが、私なりに重要と思うものを選んだ。年表形式にしてあるから、その時代時代の世相が浮かび上がってくるようである。

前著『企業不祥事の研究』は、わたしが意図しなかったことであるが、かなりの数の学術研究者の論文等の参考引用図書とされ、中には大学のゼミや講義のテキストに使っているとのありがたいお話もいくつかいただいた。望外なことではあるが、それだけに責任を感じる。企業不祥事研究を志す若手の研究者にとって、わたしの著述が何がしか啓発の役割を果たすとすれば、大変うれしい。

本書執筆にあたり、時にくじけそうになるわたしに対し高橋浩夫元日本経営倫理学会会長（白鷗大学名誉教授）からは、常に励ましの言葉とありがたい助言を頂戴した。高橋先生には「発刊によせて」と題した一文を書いていただいた。身に余る光栄である。また今井祐氏（学会常任理事、元富士フイルム副社長）を部会長とするガバナンス研究部会における諸先生方との論議は、いつも忌憚のない刺激的なものであり、本書執筆の原動力となっている。浜辺陽一郎氏（弁護士、青山学院大学法務研究科教授）からは、法律上の微妙な問題についていつも有益なアドバイスをいただいている。厚く御礼申し上げます。

文眞堂編集部の前野弘太氏には、『企業不祥事の研究』の後続書を書くように言われながら、公私にわたる多忙のゆえずっと果たせずにいてお待たせしてしまった。出版にあたり今回も様々なご配慮をいただいた。最後に、前著と同様に原稿の校正を引き受け、深夜まで作業につき合い、疑問や不確かな点を指摘してくれた妻京子にも感謝したい。

２０２１年（令和３年）錦秋の頃

発刊に寄せて

白鷗大学名誉教授・元日本経営倫理学会長　高橋浩夫

産学共同が目指すもの

日本経営倫理学会は１９９３年産学共同を趣旨に設立された。２０２３年には創立30周年を迎える。一般に学会活動は産学共同とはいうものの、うまく噛み合わないことがあるが、本学会はその精神を確実に貫いて研究活動を行ってきた。年一回の研究発表大会、数カ月に一度の研究例会、数年に一度の海外での国際シンポジウム、そして、最も活発なのは産業界出身の方が多く集まって開催される研究部会活動である。この研究部会にはＣＳＲ、企業行動、監査・ガバナンス、法務・コンプライアンス、ＥＳＧ投資等がある。

監査・ガバナンス研究部会は長らく今井祐氏（学会常任理事、元富士フイルム副社長）が部会長を務めていたが、今年４月からは本書執筆者の井上泉氏が部会長になった。監査・ガバナンス研究部会は毎月の部会員相互の発表、年度毎の報告書の作成、書籍の出版など活発な取り組みを行ってきている。井上氏はこの様な活動の中にあって、積極的に研究発表や研究書の出版も行ってきた。数年前には『企業不祥事の研究』をまとめ、ビジネス倫理が問われる企業不祥事問題を事例研究によってその関係を明らかにした。本書はそれに次ぐ二冊目の本であるが、前書と同様、実務家の視点からの不祥事事例研究が本書の骨格である。このような詳しい事例の掘り下げは研究者ではできないものがあり、実務家としての知見にもとづく生きたアプローチである。これこそが日本経営倫理学会が目指す産学共同のあり方ではないかと思う。

事例からビジネス倫理の全体像へ ――帰納法的アプローチ

さて、論理の展開には演繹法と帰納法の二つの手法がある。前者は全体から個別に、後者は個別から全体へのアプローチと考えれば良い。研究者は文献研究から始めて個別事例へと論理展開するが、実務家の論理展開は個別の事例から全体像を探ることが多い。どちらのアプローチも研究課題の本質を見極めて、今後の課題の方向性を見つけようとする論理展開に変わりはない。本書のアプローチは紛れもなく帰納法である。本書の最大の特徴は個別である企業不祥事事例を通じてのビジネス倫理の本質に迫っていることである。その事例研究として①保険金支払い漏れ問題 ②中日本高速道路笹子トンネル天井板落下事故 ③ベネッセ個人情報漏えい問題 ④東洋ゴム免震ゴム検査データ偽装問題 ⑤三菱自動車燃費データ不正問題 ⑥商工中金融資不正事件 ⑦かんぽ生命不適正契約募集問題を取り上げている。いずれの事例研究も我々には目新しく、ビジネス倫理が問われる事件である。これらの事例を取り上げるには多様な研究のネットワークが必要だ。事例研究の土台となる資料やデータの収集、事実確認のための様々な機関の協力等きめ細かい作業が必要である。これは簡単にできるものではなく著者の長年の研究蓄積から生まれてくる成果である。実務経験を通じての企業不祥事の見方、その発生要因への問題意識、学会活動を通じての幅広い議論等はすべて人的ネットワークの大切さを教えている。これからは日本企業の事例だけでなく様々な形で発生する海外企業の事例も加えた研究へと広がることを期待したい。

ビジネス倫理という用語の意味

本書のタイトルは「企業不祥事とビジネス倫理」である。学会は日本経営倫理学会であるが、経営倫理は近年ではビジネス倫理、英語ではBusiness EthicsやCorporate Ethicsなどの名称を使う。いずれの名称も、企業不祥事、英語ではScandalに絡む企業と社会、企業と人間との関係を倫理の視点から考察している。

著者の考えでは、経営倫理というと「経営者の倫理」、「企業経営の倫理」、また経営倫理を人としての従業員ではなく、法人としての「企業の倫理」と誤解して理解されているのではないかとの思いから、この是正の意味を含めて本書の題名を思い切って「ビジネス倫理」という用語にしたと言っている。この背景には著者の見方からすると企業不祥事の多くは従業員の日常的業務レベルの失敗から発生しているが、それらの悪行や不始末もすべて包含して経営者のコンプライアンス意識やリスクマネジメント体制の欠如に帰せられていると指摘する。ここでは従業員は経営者の〝犠牲者〟的扱いであっても責任の主体として認識されることは殆どないと著者は指摘する。

確かに企業不祥事が報道されると先ずはその会社名、最高経営責任者が表面に出てくる。そして、その会社のブランド力があればあるほど大きな社会的批判の的となる。インターネット社会の今日では、その事件でのある「点」が「面」となって世界中に波及する。有形資産であるモノは修理したり取り替えたりすることは出来るが、無形資産である会社のブランド力はそう簡単には修復されない。ブランドは我々消費者の脳裏に刻まれた独特のイメージであり、信頼性の担保である。その信頼性が挫かれるとその回復の代償には相当の犠牲を払わなければならない。私も日本における経営倫理研究の今日的アプローチとして英語の Business Ethics を、そのまま「ビジネス倫理」とした方が、経営活動を構成する会社全体を包含した概念として、時流に合った用語かも知れないと考えている。

ビジネス倫理の捉え方——法律と倫理との関係

企業不祥事がひとつの事件となってなぜビジネス倫理が問われるのだろうか。そこで考えるべきは倫理とは何かである。企業不祥事には贈収賄、不正取引、粉飾決算、利益供与、脱税、偽装、欠陥商品、環境汚染、情報漏洩などの事件で表面化してくる。これらの不祥事を著者は①企業と従業員との関係、②企業と企業の関係、③企業と社会との関係に分類している。しかし、これらの行為は良く考えると殆どは法律違反である。市場経済下のもと自由競争社会といってもそこには一定のルールがあり、それがなければ健全な経済活動は保証されない。法律には強制力があり違反したらペナルティを受ける。それでは法律を背いたことによる企業不祥事によってなぜビジネス倫理が問われるのだろう。法律と倫理との関係には微妙な境界線がある。法律は我々の行為を外側からガードしている外部規範であるのに対して、倫理は我々一人一人の心に潜む内部規範である。つまり良心の命ずる行動規範が倫理だ。最初に倫理と言う大きな枠があって、その中で最低限守るべき規範として法律があると考えるべきだろう。ただ、法律を守りそれには違反しないからといって倫理は問われないのだろうか。著者はビジネス倫理は良心である我々一人一人のモラルの問題も含んでいると言う。企業活動のあらゆるパフォーマンスはモラル抜きにしては語れないのである。このことはよく問題にされる「コンプライアンス」は単に法令順守ではなく、より広い「倫理的」価値判断を含んで理解されていることからもわかる。本書で取り上げる企業不祥事は単なる法律違反だけでなく倫理的視点から問題視すべき内容も数多く含まれている。

コーポレートガバナンスとの関連性

近年の日本の経営を語りその変革の一つにコーポレートガバナンスがある。これには私も早くから問題意識を持っていた。何事も健全に発展するには「見るもの」と「見られるもの」、「モニターする者」と「モニターされる者」の両極が必要である。それが日本の経営にあっては組織の頂点であるトップマネジメントの立場に立つと、部下を「モニターして」も「モニターされる」という視点がなく、またその仕組みが制度的にも確立していなかった。この仕組みを変える契機となったのが１９９０年代初頭に起きたバブル崩壊にともなう日本企業の長期低迷である。企業業績低迷の中、企業不祥事も相次ぎ、ビジネス倫理の必要性が叫ばれ、「会社は誰のものか」という経営の責任論が問われるようになった。これを契機に、トップマネジメントのあり方をめぐるコーポレートガバナンスが問われることになったのである。

本書ではコーポレートガバナンス問題にも触れ、その改革の論点である三つの機関設計①監査役会設置会社、②指名委員会等設置会社、③監査等委員会設置会社を詳しく図式を用いて説明している。これは分かりやすく実務的である。そして、特に有益と思われるのは社外取締役のあり方を巡る問題提起である。90年代初めまでには社外取締役のあり方など日本企業では議論されなかったものが、今は当たり前になってきた。著者は社外取締役について、他社に見習ってわが社も、という形だけの「表層の社外取締役」でなく、社外取締役には何を期待し、何が求められているかと言う本質に迫る「深層の社外取締役」を実務の視点から提起している。また、企業不祥事の分類や発生パターン、その発端をめぐる問題、さらには、人はなぜ不祥事を起こすのか、権威に服従する個人の問題提起も面白い。また、補論では明治期からの不祥事問題を年代別に整理しているが、ビジネス倫理研究の貴重な資料となるであろう。

ビジネス倫理とサステナビリテイ経営

20世紀は産業社会だとすれば21世紀はそれによって創り出された企業と社会との関係を捉え直さなけ

ればならない。本来的にビジネスのあるべき企業と社会、企業と人間との関係は何を目標にどのような行動を行えば良いのかが問われている。今、課題となっているＣＳＲ、ＣＳＶ、ＥＳＧ、ＳＤＧｓ、そしてこの枠組を括る「サステナビリティ経営」のあり方をめぐる議論はその潮流で捉えられるべき経営課題である。

ビジネス倫理が問われ始めたのは日本では１９９０年代以降である。ビジネス活動でこれほどまでに倫理が総括的に問われるのは日本の産業史上初めてであろう。その背景にはあまりにも進んだ市場経済下における企業間競争がある。競争によって経済発展の誘因となるイノベーションも起こるが、他方ではそれによる弊害も生まれる。我々はその弊害を一つひとつ解決しながら今日までの経済発展の糸口を見つけてきた。しかし、今や世界中が市場経済の流れの中にあってその弊害がグローバルな課題となっている。脱炭素問題や気候変動問題はその代表的課題だ。これらの課題を放置して市場経済がこのまま突き進んだら次代の発展につながる「サステナビリティ経営」が成り立たなくなる。これを２０３０年と言う目標年を設定して世界の国々が一致協力して具体的な取り組みを要請したのが国連のＳＤＧｓの採択である。

今、わが国ではあらゆる局面でＳＤＧｓ目標を共有しようとしているが、この背景にはビジネス倫理で考える企業と社会、企業と人間との関係が根底にある。このような視点に立つと企業の評価も経済的指標と非経済的指標からの両側面が必要になる。ＣＳＶ（Creating Shared Value）は企業の目標をその両側面の同時追求を経営の基本に据えたものだ。また、近年の動きである証券取引所の市場区分の見直しもこの流れに沿った改革である。本書では、この動きについても従来の市場第一部、市場第二部、マザーズ、ＪＡＳＤＡＱの４区分からプライム市場、スタンダード市場、グロース市場の３区分への移行が、サステナビリティ経営を抜きにしては考えられないことを指摘している。

本書は、従来はアカデミーの世界で語られることの多いビジネス倫理を、企業経営と業務執行の具体的場面に入り込んで説明するものとして独自性があり、著者の労を多としたい。

目次

第Ⅰ編　ビジネス倫理と人と仕組み

第Ⅱ編　事例研究

図表目次

第Ⅰ編

第Ⅱ編

第Ⅲ編

序論　企業不祥事とビジネス倫理

もちろん潔癖な指導者をもつことは素晴らしい。しかし歴史上、残念ながら、この潔癖さというものが、王、貴族、僧侶、将軍などの指導者、あるいはルネサンス期の画家や人文学者などのインテリの間に一般的な資質として広まったことは一度もない。

P・F・ドラッカー『マネジメント』より

1　企業不祥事は違法なものだけではない

企業不祥事として識別されているものを整理すると、①企業と従業員との関係、②企業と企業との関係、③企業と社会（ステークホルダー）との関係で発生する不都合な事象である。それらは具体的には、贈収賄、不正取引、偽装、倒産、粉飾決算、詐欺、背任、利益供与、脱税、差別的労働条件、違法労働、他者への加害行為、環境汚染、情報漏えい、欠陥製品の製造販売などといった形態で表面化する。

しかし、非難される企業行動とは、「企業犯罪」や「違法なもの」だけではない。モラル的に問題とされているものも含んでいるのである。これは例えば、コンプライアンスを単に「法令遵守」ではなく、より幅広くあらゆる「倫理的」価値判断を含んだ概念として理解することが当然視されていることでも分かる。企業のあらゆるパフォーマンスは、モラルを抜きにしては考えられないと言えよう。

会社は利益獲得のための仕組みであるが、倫理の基盤の上に成立している。それは法を超えて人として何が良いことなのか、何が正しいことなのかを考えることが、企業の意思決定において重要な位置を占めるということを意味する。しかしながら、巷間報道されるニュースの中に、法には違反しないが、世間のひんしゅくをかう出来事が頻発している。

・新型コロナワクチンの投与の順番は法の定める範囲ではない。だから特定の人間が自己の地位や影響力を行使して、他人を押しのけて自ら優先的に接種させても、法に触れるわけではない。しかし、この行為は人として正しいのか。

・日本相撲協会が所属する力士に、新型コロナ感染防止のため、不要不急の外出飲食を控えるよう呼びかけている中、上位力士が夜の飲食店に通うのは、法に違反していることとは違う。しかし、この力士は他の力士の模範になる品格のある存在なのだろうか。

・経営トップが会社決算目標を達成するため、3日以内に120億円の利益を稼げと部下を叱咤することは犯罪でもなく法違反でもない。しかし、組織や部下が次にどのような行動をとるかを理性的に考えれば、そのような督励は無責任ではないか。

・91歳の認知症の男性が自宅から出て、線路で電車に轢かれて死亡したが、鉄道会社はその85歳の同じく要介護の妻と長男に720万円の損賠賠償を突き付けた。鉄道会社は被害者だから損害賠償の権利があるというのは法の定めだが、これをこのケースで行使することは人倫に沿ったことなのだろうか[1]。

・会社が、「取り組んだら放すな、死んでも放すな、目標完遂までは[2]」という行動規範を社員に呼び掛けることは、違法ではない。しかし、これを社の美風として称揚することに倫理的な問題がありはしないかと考え直すことは、会社の品性の問題ではないか。

・高齢者に多額の契約を結ばせても、本人が拒絶の意思を示さないのであれば、合法的な契約行為とみなされる。しかし、契約者の生活状況や認知能力に思いを馳せ、そのような契約自体が必要かと考え直すことは、契約者本位の思想の具現化ではないだろうか。

2　倫理的でなくなる原因

例をあげるのに枚挙にいとまがないが、なぜこのように個人や会社の行動と倫理が実際には乖離してしまうのであろうか。倫理が忘れられてしまうのは、現実的な利害関係と倫理の対立の結果、企業経営者や社員は、たとえ他者の権利が侵害され、損害を与えることになったとしても、自分と自分の会社に利益をもたらし、または自分たちの利益を減らさないもの、自分たちの立場を守るものに優先性を与えてしまうからである。さらには、競争優位に立とう、他社を凌駕しようという経営目標そのものが、構造的に企業をして非倫理的行動へ向かわせてしまう危険性をはらんでいる。人が非倫理的行動に走る原因として、古典的には命令者に対する恐怖心やそれに対する報酬の魅惑が挙げられる。また、第Ⅰ編第4章で触れるが、利害較量、主従関係、恐怖や報酬とは関係なく、組織に属する者が必然的に陥る心的状況も大きな力を発揮する。

このように人そして会社が非倫理的である理由が様々であれば、当然のことながら倫理的であろうとするための必要な努力も異なってくるに違いない。

3　会社はなぜ倫理的であるべきなのか

会社はなぜ倫理的でなければならないのか？　この問いに対する回答には多くの研究が提出されている。本書は、これに詳しく触れることを目的にしていないから、他書に譲るが、会社が倫理的であらねばならない理由に難しい理屈をつける必要はない。社会からの預かりもの（社会は会社に存在を許容する代わりに、その会社に一定の義務を課している）である会社が、操業して利益をあげ、継続的に人を雇用し、配当し、利害関係者に貢献し続けようとすれば、会社を取り巻く様々な他者への配慮が不可欠だということであり、その他者への配慮の根幹をなすものが、モラル＝倫理である。

会社が誰のものかという議論において、株主のためのものか、広くステークホルダーのものかという対立軸は、実はほとんど意味をなさない。その回答は、株主を含めたすべてのステークホルダーに決まっているからである。ただし、会社が資本の出し手である株主の所有物であるということは、株式会社形態をとる以上法制上疑いのない事実である。したがって、株主価値最大化が経営者の役割であると考えることは間違ってはいない。一方、産業化が進展し、会社の社会における位置づけが高まるにつれ、それだけでいいのかという疑問が発せられるようになった。古典経済学が当然の定理としている自由競争のもとでの会社の収益獲得活動と効率化志向は、会社をして際限のない貪欲さと優勝劣敗の繰返しに向かわせ、会社以外の存在に多大な負の影響を与えるとともに、最終的には会社の寡占化・独占化をもたらし、公共の利益を害することを運命づける。労働者を搾取から守る労働法規、会社の独占的振舞いを制限する独占禁止法、会社の操業に伴う環境破壊を抑止軽減する環境法制などは、まさにこの自由競争の負の側面を回避し、是正するための外からの圧力である。

4　「何が適法か」から「何が正しいか」へ

法による規制は容易に思いつくことであるが、これには限界がある。元来法を施行することは手間と時間と費用のかかることであり、しかも強制できないことも多い。経済活動の自由を尊重する立場から見ても限界がある。アダム・スミスのように市場を自由放任にすることで〝見えざる手〟が働いて、最大の経済効果が得られるという希望を持てるほど現代はシンプルではないが、経済活動を極力自由にしておくという原則は守らなくてはならない。

したがって、法とは別の次元で、会社自身が会社内部の倫理、人の内なるものに宿る良き部分を常に育て覚醒させつづける努力が必要であり、これは法規制以前の問題である。会社はビジネスという範囲内において、従業員に対して倫理を強調する責任があると考えることは、ごく自然なことである。「何が適法か」ではなく、「何が正しいか」を基礎においてものごとを考えるということは、法の軽視を意味しない。法はあくまでも社会における最低限の規律に過ぎず、倫理的思想に裏打ちされたふくらみをもって組織運営を行うことが〝優れた〟会社なのである。

5　ビジネス倫理を定着させる

会社内にビジネス倫理を定着させるには、会社自身による倫理内部化の努力を制度化していくことが必要である。そして、会社内に倫理的価値観が高まることが社会的に評価されるようになれば、それは倫理化に向かっての力強い支援となるであろう。会社内での自主的な倫理の内部化努力によって、経営者およびすべての従業員の意思決定と行動が常にビジネス倫理を意識したものとなるよう目指すのである。

ビジネス倫理の内部化とは、ビジネス倫理を経営者、役員、幹部社員、一従業員に至るまで染みわたらせ、各人の行動基準の基本として定着させるということに他ならない。そのために一般的に行われているのが、

(1)経営理念、企業行動基準など、会社の価値観を定め、全社で共有する。
(2)コンプライアンス委員会などの名称で、取締役の指揮のもと、ビジネス倫理も含めた社内価値に沿った行動ができているか否かの検討の場の運用。
(3)役員も含めた全従業員を対象とした教育研修の場（階層別、職種別を含む）の設営。
(4)従業員からの問題指摘を受け付ける内部通報窓口の設置。
(5)監査役監査あるいは内部監査部門によるコンプライアンスが浸透しているのか、実効性のある施策が

実施されているかの確認。

等である。

ビジネス倫理の内部化努力のうち最も基礎的で重要なものは、(1)の経営理念、企業行動基準の制定と全社的共有である。これらは経営の意思を表現し、会社風土を形成する。COSO概念でいう「統制環境」を構成する。経営理念や企業行動基準は多くの会社では自社のHPにおいて冒頭を飾り、CSRレポートやサステナビリティレポート等外部に向けての刊行物に掲載されているのが常である。今後とも会社情報の非財務情報の基礎的資料としてますますその重みを増すであろう。

しかし、それらが実際に存在し、対外的な公表もしているというだけで経営として安心することはできない。経営理念や企業行動基準では立派なことを謳っていても、実際の行動は全くそれらと合致せず、否相反さえしている会社も珍しくない。やる、やっているとしていることも、実質的に何もしていないに等しい例も散見される。そのような状態では、誰も会社の対外公表物、レポートなどに信を置かなくなるであろう。コンプライアンスやビジネス倫理の深化を進めようとするならば、会社のパフォーマンスの上部構造たる経営理念や企業行動指針と、実際に遂行されている現場の日常業務部分という下部構造が一貫して整合していなければならない。会社のトップ（そして取締役会）は、会社で行われている実業の部分が、本当に対外的に打ち出しているものに裏付けられているのかについて十分確認することが求められる。これもまたビジネス倫理を支える経営の行為といえよう。

6　問題事象から学ぶ――失敗を繰り返さない知恵

ビジネス倫理やコンプライアンスの習得にあたり、〝人としてこうあるべき〟〝正しい決断と行動とはどのようなものか〟についてパターンを決めておき、それを覚え込ませるようなやり方を取ることが少なくないが、それが現実に効果があるものなのかについて実証的な研究は見当たらない。(3) コンプライアンス（ビジネス倫理）に関する研修は必須とされるが、どのような手法が効果的なのかは、未だ手探り状態といえよう。

わたしは前著『企業不祥事の研究』で試みて、また本書でもそれにならっているが、不祥事の事例研究は、ビジネス倫理の内部化を支援するものとして、重要な役割を果たし、以下のような効用があると考えている。

(1)不祥事に関する客観的で正確な事実関係を把握する。
(2)不祥事がその会社に与えた影響を理解する。
(3)不適切な判断や行動がどのような理由から行われたのかという状況を理解する。
(4)あるべき法令等および倫理基準に立脚して、行われた（または行われなかった）行為はどう評価されるのかを理解する。
(5)他に手段がなかったのか、選択肢にはどのようなものがあり得たのかを検討する。

(6)もし、自分がその立場に置かれた場合、どのような行動を取るかについて検討する。

ここで意図していることは、学ぶ者がいずれ直面するかもしれない諸問題と決断の場面において、同様の事例をどのように解決するか追体験的に学ぶことにある。人間は経験しないことはうまく対処出来ないのである。

事例研究は出来るだけ多くの資料を集め、何が起こったのかについて事実関係を正確に把握するところから始まる。しかし、この点については、企業不祥事が発生してからあまりに早い段階で取り掛かろうとしても、判明している事実の質と量が偏っていて、客観的に把握評価することが難しい。また、起きたことの社会的影響が大きければ大きいほど、被害が大きければ大きいほど、論旨が感情的になり易く、教材に蒸留するには不適当なのである。

また、事実関係を客観的正確に把握すると言ったが、いかなる著述であっても、厳正な客観性は望みえない。私見を持たない著述は科学の定理のようなものだから、砂を噛むようなものである。要するに客観性は程度の問題である。しかし、著述にあたっては、平静な心境を保ち、事実関係の記録を綿密かつ誠実な態度で調べる姿勢だけは外さないようにしなければならない。

7　世界は倫理に向かっている

(1)　ＳＤＧｓはビジネス倫理の推進力

会社のビジネス倫理の内部化努力を全面的に支援・促進するものとして、ＳＤＧｓの役割は重要である。持続可能な開発目標ＳＤＧｓ（Sustainable Development Goals）とは，２０１５年9月の国連サミットで加盟国の全会一致で採択された「持続可能でよりよい世界を目指す国際目標」のことである。17のゴール（目標）と１６９のターゲット（目標の内容）から構成され，地球上の「誰一人取り残さない」（leave no one behind）を理念として、持続可能で多様性と包摂性のある社会の実現を目指し２０３０年を達成年限としている。

17の目標は、貧困、飢餓、保健、教育、ジェンダー、水と衛生、エネルギー、経済成長と雇用、インフラ、不平等、居住空間、消費と生産、気候変動、海洋資源、陸上資源、平和、実施手段に係るもので、いずれもこれらの目標達成を目指して取組みを行う場合、費用対効果ではなく、倫理的価値判断が不可欠なものばかりである。勿論、会社レベルにおいて何をどこまで推進するかは、会社の体力や資力を踏まえた会社ごとの自主判断に任されることであるが、いずれの目標もビジネス倫理と密着不可分の関係にある。もし、企業行動（雇用、商品開発、製造販売、調達、投資等）が17の目標と平仄を合わせて行われるなら、会社におけるビジネス倫理の拡張と深化に大いに貢献するに違いない。

(2) コーポレートガバナンス・コードは進化していく

わが国において「コーポレートガバナンス」とは「株主をはじめ顧客・従業員・地域社会等の立場を踏まえた上で、透明・公正かつ迅速・果断な意思決定を行うための仕組み」[4]を意味する。そして、「コーポレートガバナンス・コード」は、「実効的なコーポレートガバナンスの実現に資する主要な原則を取りまとめたもの」である。すなわち、会社の意思決定は「株主をはじめ顧客・従業員・地域社会等の立場を踏まえた」ものであるべきであり、コーポレートガバナンス・コードは、これの実現に資する原則ということになる。会社経営の意思決定において株主をはじめ顧客・従業員・地域社会等への配慮を要するというのは、まさにビジネス倫理の本質そのものである。こうした規範的な記述に加え、コーポレートガバナンス・コード２０２１では、上場会社に対して新たに、ＳＤＧｓへの積極的・能動的対応を求めている[5]。

今後、ビジネス倫理の内部化の進捗度合いをコーポレートガバナンス・コードが要請する事項の満足度をもって推し量ることもひとつのやり方として検討されていいであろう。他者への配慮の有無、程度についての評価は相対的なものであり、基準に明確なものがない。心のあり方は、他人には説明がしにくいが、それにとどまらず、目に見える形での仕組みや数量での把握と表現は、倫理の内部化にとって有効なものである。

コラム1　不正のトライアングル fraud triangle

「不正のトライアングル」は不正の発生の原因を、不正実行者に焦点を当てて説明する理論である。米国の犯罪研究者ドナルド・R・クレッシーが提唱し、W・スティーブ・アルブレヒトが体系化した。不正のトライアングル理論では、動機、機会、正当化の三つが不正の発生原因だという。アルブレヒトと4人の学者が協同した研究書〝How to Detect and Prevent Business Fraud（1982）〟をもとに、その中身を探ってみる。

(1) Situational Pressures：一般に「動機」と訳されているが、不正行為のおおもとになる心理的圧力のことである。多額の借金を抱えている、急激な業績の悪化、市場で損害を被る等の要因が、人をして不正に走らせる。

(2) Opportunities：「機会」。「不正を実行するチャンス」があるということ。不正が行える立場（例えば自己取引）にあることだけでなく、複雑なビジネス体系、監査人不足、過度に甘い会計規則、不適切な内部統制、やたらに多い取引銀行数、コンピュータへの過度な依存、重要な使用人の頻繁な異動、乏しい会計記録など、いわば不正行為を誘発するものとして挙げられている。

(3) Personal Characteristics：日本では、「自己正当化」と訳されるケースが多いが、それはPersonal Characteristicsの一部に過ぎない。個人の心のあり方を指している。低い道徳観念、自己正当化傾向、有効な倫理コードの欠如、情緒不安、家庭不和によるストレス、システムへの対抗心、過去に犯罪歴や怪しい行動の記録を持つ、経済的信用度が低いなどがある。不正を行う人の性格的な要素を問題にしている。これらの中でも、過去に犯罪歴や怪しい行動の記録を持つ人、経済的信用度が低い人は不正を犯す確率が高いという。

もし、会社が不正の防止を検討するとすれば、会社としては、動機や個人の心のあり方にはほとんど手が届かないから、「機会」を与えない組織運営が必要となる。それは「機会」として列挙されている要素の裏返しとなる。すなわち、自己取引の監視、信頼できる会計監査人・弁護士事務所、取引銀行の絞り込み、簡素化された業務プロセス、内部統制システムの整備といったことになる。結局、不正防止の手段は昔も今もあまり変わらないようだ。

［注］

（1）本件の裁判の経過は以下のとおりである。

2007年12月、東海道本線共和駅でT氏（当時91）が電車にはねられ死亡。

2008年5月、JR東海は、死亡者遺族（妻と長男）に対して、720万円の損害賠償請求を行う。2013年8月、名古屋地裁が妻と長男に対して、請求額全額の支払いを命じる。2014年4月、名古屋高裁が妻に対して、請求額の半額（約360万円）の支払いを命じる。2016年3月、最高裁がJR東海の損害賠償請求を否定する逆転判決。認知症の人による事故で、防ぎきれないものまでは家族が責任を負わないとする初めての判断であった。

（2）電通のいわゆる「鬼の十則」と呼ばれる社員行動規範のひとつである。

（3）コンプライアンス教育・研修はやって当然という思い込みの中で、実はほとんど効果がないのではないかという疑問を感じている企業は少なくないが、この本音と建前の世界を研修設計の3つのプロセスを通じて、問題点を浮かび上がらせ、その有効な対応策を示唆するものとして、最近の研究では、水村典弘の論文（「コンプライアンス研修の設計と実際」『日本経営倫理学会誌』第27号、2020年）がある。

（4）東京証券取引所「コーポレートガバナンス・コード（2015年6月1日）」

（5）【基本原則2】において、「「持続可能な開発目標」（SDGs）が国連サミットで採択され、気候関連財務情報開示タスクフォース（TCFD）への賛同機関数が増加するなど、中長期的な企業価値の向上に向け、サステナビリティ（ESG要素を含む中長期的な持続可能性）が重要な経営課題であるとの意識が高まっている。こうした中、我が国企業においては、サステナビリティ課題への積極的・能動的な対応を一層進めていくことが重要である。上場会社が、こうした認識を踏まえて適切な対応を行うことは、社会・経済全体に利益を及ぼすとともに、その結果として、会社自身にも更に利益がもたらされる、という好循環の実現に資するものである」という考え方の追加が行われた。会社自身の継続的な利益追求のためには、倫理の内部化の進展が必要と理解される。

第Ⅰ編

ビジネス倫理と人と仕組み

人類はあらゆる領域でめざましい発展をとげてきたが、統治の仕方だけは他の領域に比べるとお粗末な実績しかあげていないように思われる。

バーバラ・W・タックマン『愚行の世界史』より

第1章　ビジネス倫理

1　ビジネス倫理とは何か

はじめにビジネス倫理（business ethics）という言葉の意味を明らかにしておきたい。「倫理」とはギリシャ語の ethicos、ラテン語の ethica に由来し、英語に転じて ethics となり、人の行動の善悪の規範のことまたはそれを研究する学問のことである。漢語の「倫」は、「人のふみ守るべき道、すじみち、道理、ともがら、なかま」、「理」は「ことわり、物事のすじみち、道義」であるから、「倫理」は、人としてあるべき仲間関係ないし社会関係となる。道徳、規範、モラルという言葉も倫理と同義語とみてよい。

法律が国家等権力による強制力を有するのに対し、倫理は人間の良心や社会の慣習・動向など非強制力を基盤にして働くものであるから、その意味するところは、人によって異なることがありうる。しかし、倫理とは、人が人との共同生活を営む存在であることを前提に、自分自身の感覚が自分に「正しい」または「間違っている」と告げる内容であり、社会における人と人との関係を定める規範、原理のことであるということには誰しも納得するであろう。

一般的な人としての行動規範としての倫理の他、現代社会の人の諸活動における倫理を考える場合、その応用範囲に応じて、生命倫理、医療倫理、環境倫理、経済倫理、情報倫理、動物倫理、専門職倫理、技術士倫理、組織倫理等の分野が生まれており、ビジネス倫理（business ethics）もそのひとつである。ビジネス倫理とは、商売や営業を意味するビジネスという語と、人としてあるべき姿を伝える倫理という語を合成した用語である。したがって、ビジネス倫理とは、ビジネスを遂行する上での、人としてふみ守るべき道ということになる。

2　ビジネスと倫理の両立

ビジネス倫理は神学や哲学そのものではない。ビジネス倫理は、あくまでも事業・組織経営に伴う倫理であり、社会的、経済的関係に基づく他者への配慮を行いつつ、その事業体の存続、発展が両立するものでなければならない。自らを犠牲にして他者の利益を図るというものでもない。企業活動ではインプットに対するアウトプットの最大化（効率性）と他者との対比における勝敗（競争性）が極限にまで追求されるが、産業の巨大化に伴い、その弊害は無視できないものとなり、社会全体の脅威とさえなっている。水谷雅一はこの「効率性」と「競争性」に加えて「人間性」と「社会性」を加え、いずれかに偏ることなくこれらをバランスよく両立させることが、企業の存続にとって必要であると説いた。[1]放置すると野放図に陥る現代企業に、人間性と社会性を回復するための根本理念がビジネス倫理なのである。

かつて、日本に限らず米国でも営利事業としてのビジネスが倫理の掣肘を受けることについては抵抗感があった。会社という自然人ではない存在に、しかも本来的には私的利益追求のための存在に倫理を問うとはいかなることなのか、企業は慈善事業ではない、道徳は企業行動とは相容れない、ビジネスとして割り切るなどとビジネスと倫理や人間的なものとを切り離す見方が一般的であった。さすがに、現在においてそのようなことを公言する企業関係者はいないが、現実に発生する企業不祥事を子細に観察すると、法には違反していない、ルールから逸脱していない等を口実に、企業と企業人の社会的に許容し難い不適切な行動がしばしば見られる。法に違反しないこと＝ビジネス倫理ではないことについての再確認が必要である。

3　ビジネス倫理の構成要素

それでは、企業が社会と共生していく存在であることを認め、ビジネス倫理、すなわち効率性、競争性、人間性、社会性の4つの価値原理を満足し続けるためには、企業行動はどのようなものであるべきなのか。ビジネス倫理を構成する要件として、最初に挙げられるのは、①法律、規制、規程、ルール

図表Ⅰ－1－1　ビジネス倫理の構成要素

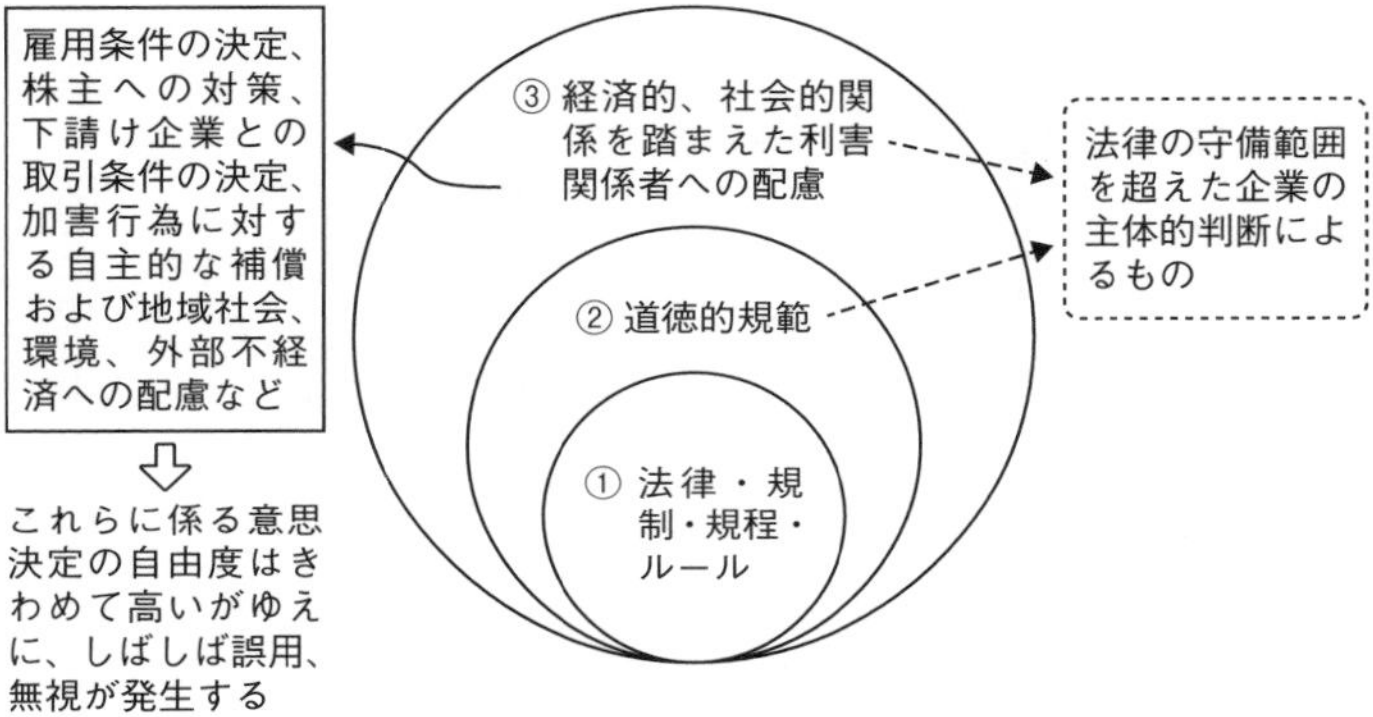
雇用条件の決定、株主への対策、下請け企業との取引条件の決定、加害行為に対する自主的な補償および地域社会、環境、外部不経済への配慮など
これらに係る意思決定の自由度はきわめて高いがゆえに、しばしば誤用、無視が発生する
③ 経済的、社会的関係を踏まえた利害関係者への配慮
② 道徳的規範
① 法律・規制・規程・ルール
法律の守備範囲を超えた企業の主体的判断によるもの

の遵守であり、次に②道徳的規範（公正、誠実、うそをつかない、約束を守る等）の遵守、そして③経済的、社会的関係を踏まえた利害関係者への配慮である。③には、雇用条件の決定、株主への対策、下請け企業との取引条件の決定、加害行為に対する自主的な補償、地域社会、環境、外部不経済への配慮等が含まれる（図表Ⅰ-1-1）。

この3つのうち、①は順守すべきこととして誰も疑わないが、②③は法規制とは別の次元の経営判断を要する問題であり、これらに係る意思決定の自由度はきわめて高い。そして、これらの問題は、自社（自己）利益と切り離して考えることができないがゆえに、特に③に関しては、その採用、適用について判断を誤ったり、無視することがしばしば起こる。自己利益と他者利益とが相反するとき、自己利益の確保にとらわれるあまり、他者の利益や権利の侵害について無頓着になるのである。それが限界値を超えたとき、企業不祥事につながる。ビジネス倫理は、法規制の遵守を超えて、企業が人間性、社会性を軸にして、どれだけ他者への配慮ができるかという問題なのである。

4　ビジネス倫理の認知

Business ethics が学問として認知され始めたのはアメリカにおいて1970年代の後半と考えられている。その背景として、アメリカ産業社会においてレーガン政権の下、自由化と規制緩和が進行する中、企業の巨大化、寡占化、多国籍企業化による弊害が懸念され、またビジネススキャンダルの頻発も無視できない状態になったことがある。このような状況下、企業行動に対し何らかの普遍性のある新たな規範が必要とされ、哲学、経営学の応用として Business ethics の研究が本格化したのである。[2]

日本では、米欧各国のビジネス倫理への積極的取組みに関する情報は、ごく一部の研究者による先駆的努力はあったものの、一般には知られることはほとんどなく、1990年代を迎えることとなった。[3]バブル崩壊後、1990年代に入ってから、日本の大企業における数々の不正や違法行為が明らかとなり、ここにおよんで、企業行動の倫理性に対する意識が日本においてもようやく高まってきた。そのひとつの表れが、1993年4月の日本で初めてのビジネス倫理に関する産学協同の専門的研究機関「日本経営倫理学会」の設立であろう。

同学会初代会長の水谷雅一氏（当時神奈川大学経営学部教授）によれば、1995年に氏が3回にわたって（社）社会経済生産性本部の主催する経営幹部講座で経営倫理に関する講演を行った際に、「その都度、開講に当たって参加企業の受講幹部の方々に、経営倫理に関する知識の有無を問うてみたところ、毎回ほとんどの経営幹部が〝無し〟と答え、このコンセプト自体も〝初耳〟と答えた者もかなりいた」[4]という。また、同じ時期に米国と日本企業のビジネス倫理の動向を調査した高橋浩夫氏（白鴎大学名誉教授、元日本経営倫理学会会長）は、「アメリカ企業（ＧＥ、Ｊ＆Ｊ、Esso、Dupont、ＩＢＭ、ＴＩ、ＨＰ、Ｐ＆Ｇ等）にそのインタビューを申し込むとその趣旨を即座に理解し、企業行動基準の項目、内容、遵守体制について詳しく説明してくれた」が、「これに対して、日本企業の多くは企業理念や就業規則はあっても、アメリカ企業のビジネス倫理行動基準 Code of conducts に相当するものをもつ企業はほんの少数だった」[5]と回想している。日本では、産業界、学界とも当時はその程度の状態であった。

5　なぜ「経営倫理」ではなく、「ビジネス倫理」なのか

経営倫理、企業倫理、ビジネス倫理はその語源においては同じものである。単に英語の business をどう日本語に訳すかの問題に過ぎない。しかし、それぞれの訳語から受ける語感、印象、意味合いはかなり違っているのではないだろうか。この違和感は、business という単語の持つ意味の多様性から来ている。ちなみに手元の英和辞書（『研究社「リーダーズ英和辞典第２版」』）で business を引いてみると、ものすごい数の日本語訳に驚く。主なものを拾ってみると、

職務、本業、用事、役割、機能、議事、事務、業務、仕事、執務、営業、職業、商売、商業、取引、事業、職業、店、会社、商社……

こうしてみると、businessとは、収益を獲得するための物の生産、売買、供給等の諸活動（商業上の取引）に係わる言葉であることが分かる。したがって、business ethicsを経営倫理と訳そうが、企業倫理と訳そうがいずれでも構わないのである。しかし、日本経営倫理学会では、経営倫理と、企業倫理は区別して用いている。経営倫理は、企業に限らずあらゆる組織体（政府組織、自治体、医療機関、各種団体、ＮＰＯ等）の運営にとって必要な考え方やその実践をいい、企業倫理は、企業経営に特化した経営倫理をいう（日本経営倫理学会編『経営倫理用語辞典』55頁、77頁）。したがって、わたしたちは、組織体全体の倫理を指すより幅広い概念として、経営倫理を日頃から使っている。

ここからはわたしのこれまでの企業不祥事に関する研究や情報発信の経験から感じることであるが、経営倫理という言葉は、広い概念であるものの、一般に「経営」という用語を見聞きしたときに、企業内において代表取締役を頂点とする経営陣をイメージしてしまい、従業員層が意識から欠落してしまうようである。後述するように、企業不祥事の多くは従業員の日常的業務レベルの失敗から発生しているものが多く、不祥事責任の追及にあたり、従業員の果たした役割や行動を俎上に上げざるを得ないのであるが、ややもすると、従業員の悪行や不始末もすべてひっくるめて経営陣のコンプライアンス意識やリスクマネジメント体制の欠如や不足に帰着させ説明される傾向がある。そこでは従業員は経営陣の〝犠牲者〟的取り扱いをされることはあっても、責任の主体として認識されることがほとんどない。これでは、企業不祥事の原因の正しい分析は不可能であり、その結果打ち出される再発防止策も皮相なものになりかねない。経営倫理を「経営者の倫理」、「企業経営の倫理」と、また企業倫理を、人としての従業員ではなく、法人としての「企業の倫理」と誤解して理解されているのではないかという思いが常にあり、これを何とか是正していかなければいけないと考えていた。

今回、思い切って、経営倫理という用語を使うのをやめ、business をそのまま使用することにした。経営をビジネスと置き換えることで、business という言葉が本来もつ業務や仕事の意味を込めて、ビジネス倫理が経営陣ではないが仕事に携わる個人としての従業員層にも適用される倫理であることを表明したかったのである。

[注]

(1) 水谷雅一は、これを「経営の価値二原理システムから価値四原理システムへ」と表現した。水谷雅一（1995）『経営倫理学の実践と課題』白桃書房、38-44頁。

(2) アメリカにおける Business ethics の発展経緯は、水谷雅一（1995）23頁以降にコンパクトにまとめられている。

(3) 中村瑞穂（1998）「企業倫理と日本企業」『明大商学論叢』第80号、169頁

(4) 水谷雅一（1995）、261頁

(5) 高橋浩夫『戦略としてのビジネス倫理入門』丸善出版 2016年、13-14頁

第2章　会社は誰のものか

「経済的、社会的関係を踏まえた利害関係者への配慮」が、ビジネス倫理の構成要素として大きな位置を占めるが、この問題を考えるときに、「会社は誰のものか」という昔からある論争に触れないわけにはいかない。

ここでは、会社は株式会社とするが、「会社は誰のものか」という論題には、会社の主権者は誰かという法的な側面と、会社は誰のために運営されるべきかという機能的な側面の2つがある。会社の主権者については、資本の出し手である株主が、株主総会を通じて、資本多数決の原則のもと、経営者（取締役、監査役等の役員）を選任し、会社経営を委任するという会社法の規定に従えば、会社の所有権者が株主であることに疑いはない。しかし、社会的機能として会社を捉えたときには、会社が株主の所有物として存在し、経営者が株主の利益だけをあるいは株主の利益を何よりも優先して活動を行うことは不都合だという考え方が出てくる。

1　バーリ・ドッド論争(1)

「会社は誰のものか」については、1930年代にアメリカで行われたバーリ・ドッド論争が有名である。バーリ（A. A. Berle, Jr）は、1931年に、会社経営者は法律や基本定款で付された権限の範囲内においてもっぱら株主の利益のためにその権限を行使しなければならない、と論じた。これに対して、翌年、ドッド（E. M. Dodd）は、会社経営者は株主の受託者であるが、だからといって会社は株主の利潤追求目的のために存在することをことさら強調すべきではなく、経営者が従業員や消費者の利益をも考慮して、世論の変化に従って慈善的寄付をすることも差し支えないと論じた。バーリは必ずしも会社の社会貢献的機能を否定していたわけではないが、当時の巨大企業の資本と経営の分離の状況を観察した結果、少なくとも現時点では、経営者は全株主の利益のために会社権力を行使すべきであり、ドッドのように経営者の道徳や倫理に期待する考えは、今のところ現実的でないと、バーリは主張した。

第二次世界大戦後、バーリは、株式会社制度が生き残るためには、大企業の支配は社会における多様なグループの要求のバランスを取る中立的テクノクラシーに発展すべきであると述べている。この論争は、その後、ステークホルダーやコーポレートガバナンスに関する議論につながり、ＣＳＲやＥＳＧ、ＳＤＧｓの概念形成に寄与していった。

株主を重視した経営は、現在では株主価値経営と呼ばれるが、金銭で測定できる企業価値の最大化が企業の最終的な目的であり、それは結局株主価値の最大化に帰結し、株主価値最大化＝株価最大化に向かって経営者が猛進することになる。売上を増やし、コストを縮減することが経営目的であるかのような錯覚にとらわれ、それを勢いづかせるものとして高額なインセンティブ報酬が出現した。株主価値経営のもとでは、人件費や社会貢献活動費は単にコストとしてとらえられる。したがって、人員整理やリストラあるいは雇用の非正規化に抵抗感がなくなり、むしろ経営効率化の努力として評価される。果たして、これが経営者の根本思想として正しいのかと問うのがビジネス倫理の問題である。企業不祥事の一様相として、必要な経営資源の投入が利益から遠いとの理由で行われなくなったり、削減されたことによって、業務そのものが回らなくなり、最終的に業務不全や事故につながっているものもある。

2　ステークホルダー理論(2)

ステークホルダーは、企業をとりまく利害関係者と理解されているが、その概念は古くは、１９６３年のスタンフォード研究所（ＳＲＩ）の内部メモに stakeholder という用語が使用されていたという。stakeholder（利害関係者）は、shareholder（株主）と対比させた用語であり、ステークホルダーを明確な形で包括的に説明したのは、１９８４年のロバート・Ｅ・フリーマンの著書 Strategic Management : A Stakeholder Approach においてであった。フリーマンはステークホルダーの定義を、

「組織体の目的の遂行に影響するか、影響を受けるグループまたは個人である」とした。この定義は広範かつ曖昧なもので、以後様々な定義が提唱されてきたが、ステークホルダーの定義として、具体的に挙げるならば、直接的なステークホルダーとして、顧客、従業員、資金提供者（株主、投資家、金融機関）、サプライヤー、労働組合、地域社会等があり、直接とは言えないが、二次的なものとして、行政官庁、メディア、消費者保護団体、NPO等があることについてはほとんど異論のないところであろう。[3]

ステークホルダー理論の意義は、突き詰めていうと、会社は、組織体の目的の遂行に影響を与えるか、影響を受ける多くの主体（ステークホルダー）に取り囲まれているという前提のもとに、すべての正当なステークホルダーの利益には固有の価値があり、それぞれのステークホルダーの利益を理由なしに他に優先させることなく、公平かつ公正に扱うべきということである。ここでは、株主は会社が利益を考慮すべきone of themであり、このステークホルダー理論にもとづく経営を、株主資本主義（shareholder capitalism）の対極にあるものとして、ステークホルダー資本主義（stakeholder capitalism）と呼ぶ。

アダム・スミスは自由放任な個人の活動を通じて、〝見えない手[4]〟によって、私的利益追求のエネルギーが、公的利益増進につながると説いた。スミスがいたのは、18世紀中頃の英国における多数の事業場が林立する家内制軽工業中心の時代であった。その後産業革命の進展とともに、産業資本の蓄積、大規模工場が出現し、自由競争のもと事業場が優勝劣敗を繰り返すうちに、寡占、独占の状態に入っていき、資本家と経営者がますます富む一方で、労働者は疎外され貧困に陥っていった。これはマルクスが激しく批判したことであった。[5] また工場の排出する煤煙や廃液が環境に与える影響も無視しがたいものであった。こうした目に余る企業活動の弊害に対し、政府が労働法、独占禁止法、環境に対する規制等を加えて是正を図ろうとしているが、すべてを政府の活動だけで解決できるわけではない。時代の進展とともに、新たな問題が生じ、それに対する規制を繰り返しているのが実態である。社会の持続的発展にとっては、企業や株主の行動を外部から縛る動きに加えて、企業自身が内部から自らを律して活動しなければならないことは言うまでもないことであり、その自らを律する原則がビジネス倫理であり、ビジネス倫理のひとつのものさしがステークホルダー理論という考え方である。

3　株主優先からすべてのステークホルダーへ

アメリカの企業は伝統的に「会社は株主のためにある」を企業原則としてきた。アメリカの主要企業で構成される経営者団体「ビジネスラウンドテーブル」(Business Roud Table：BRT）は、１９７２年に設立され、財界ロビー活動の有力な団体であるが、１９７８年以来、ＢＲＴは「企業統治に関する原則」を定期的に公表している。１９９７年からは、その基本原則は「株主優先主義」(principles of shareholder primacy）というものであった。これをアカデミーの世界で裏付けたのが、新自由主義を標榜する、シカゴ大学経済学教授ミルトン・フリードマン（１９７６年ノーベル経済学賞受賞）であっ

図表Ⅰ-2-1　BRT（2019）が掲げた５つの約束

対　　象	内　　容
① 顧客	顧客の期待を超える価値創造してきた伝統をさらに前進させる。
② 従業員	公正な報酬の支払い、福利厚生、教育研修の提供。
③ 取引業者	我々のミッションを達成するための良きパートナーとして扱う。
④ 地域社会	持続可能な事業運営で、コミュニティを尊重し、環境を保護する。
⑤ 株主	透明かつ効果的な事業運営で、長期的な株主価値の創造に取り組む。

出所：BRT「Statement of the Purpose of a Corporation」2019の「Our Commitment」より井上訳

た。フリードマンは、ニューヨーク・タイムズ紙（１９７０年11月13日号）への寄稿で、「企業の社会的責任は利益を増やすことにある」（The Social Responsibility Of Business Is to Increase Its Profits）と説いた。この思想では、ＣＥＯは企業経営において、利益を最大化し、株主利益を増大させることにのみ意識を集中すべきだということになる。

２０１９年8月19日、ＢＲＴは、「企業の目的に関する声明」[6]を発表し、従来の株主資本主義から離れてこれまでの原則の修正を行った。声明は、「企業経営をすべてのステークホルダー（顧客、従業員、取引業者、地域社会、株主）の利益のために向けることを約束する」（commit to lead their companies for the benefit of all stakeholders - customers, employees, suppliers, communities and shareholders）と宣言している（図表Ⅰ-2-1）。この声明には、ＢＲＴの会長を務めるＪＰモルガン・チェースのジェイミー・ダイモン最高経営責任者（ＣＥＯ）のほか、アマゾン、アップル、ウォルマート、ゼネラル・モーターズなどの１８１人の経営トップが名を連ねた。

これをもって、ＢＲＴが会社目的を、株主利益優先から決別し、ステークホルダーの利益に思想を変更したかのような論評がなされたが、それは極端にして早まった見解である。アメリカの判例法のもとでは、株主利益最優先の思想が厳然と存在するから、声明はあくまでもこの思想の範囲内のことであって、それは守りつつ、他の要素も考えようとする趣旨と考えるべきである。(7) ＢＲＴは企業の目的を株主利益の実現ととらえていたが、その一方で、アメリカの多くの経営者は地域への貢献や環境問題への対処など、広く社会課題の解決も企業の目的ととらえてきたことも事実であり、今回の声明はそのような変化を反映させたもので、劇的な変化とまでは評価できないであろう。(8)

しかし、「会社は株主のためにある」としてきた経営原則を、会社を持続的に発展させるためには（＝株主に継続的なリターンを届けるためには）、幅広くステークホルダーの利益や期待に応えていかなければならないと、アメリカをリードする多数の有名大企業のトップが、「ステークホルダー資本主義」に言及したことは、大きな意味があると思われる。これによって、１９３０年代から展開されてきた「株主資本主義」と「ステークホルダー資本主義」の論争に決着がついたわけではないが、ＢＲＴ声明は、日本も含めて世界中に大きな反響を呼び起こし、「会社は誰のものか」という問題に新たな視点を投げかけたのである。今後の課題としては、宣言を踏まえて企業が次に何を具体的に行うのか、そして機関投資家に代表される株主が会社との関係で何か行動の変化を起こすのかが注目される。

［注］

（1）中島史雄「「会社は誰のものか」論争と会社法教育」『金沢法学』48巻2号２００６年および経営学史学会監修・三戸浩編著『バーリ＝ミーンズ』文眞堂２０１３年を参考にした。

（2）ステークホルダーについては、多くの書籍、論文が発表されている。水村典弘『現代企業とステークホルダー』文眞堂２００４年、佐久間信夫『コーポレート・ガバナンス改革の国際比較―多様化するステークホルダーへの対応』ミネルヴァ書房２０１７年、中村義寿「ステークホルダー理論の源流」『名古屋大学院大学論集』第53巻第3号２０１７年、櫻井通晴「ステークホルダー理論からみたステークホルダーの特定」『専修経営研究年報』（34）２００９年等を参考にした。

（3）フリーマンのステークホルダーをその関係性から第一次と第二次に分けて分類する考え方に準じた。

（4）スミス「国富論（上）」水田洋訳 河出書房 １９６５年、３７６頁

（5）マルクスは、労働者が働けば働くほど労働者が非人間的存在になるということを、「労働の疎外」、「人間の疎外」という哲学的表現で説明している。その概念については、「共産党宣言」や「経済学・哲学草稿」の第一草稿〔4〕〔疎外された労働〕を参照されたい。

（6）Business Round Table “Statement of the Purpose of a Corporation” August 19, 2019.

（7）林　順一「英国・米国における「会社の目的」に関する最近の議論とわが国への示唆」『日本経営倫理学会学会誌』第28号２０２１年3月

（8）１９８１年のＢＲＴの声明では、経営者の役割として、ステークホルダー間の利害をバランスさせることを挙げ、株主はよいリターンを得なければならないが、その他のステークホルダーの利益も正当に評価されなければならないとしていた。２０１９年の声明は、いわば〝先祖返り〟ともいえる。

第3章　企業不祥事の原因分析

1　企業不祥事の分類

企業不祥事の研究は、不祥事例を分類して問題の所在と要因を探ることから始まる。分類する目的は、多種多様な形態をとる企業不祥事を一定のキーワードで一般化し、それぞれに応じた対策や防止のための手立てについて考察するためである。企業不祥事をどのように分類するかは、その研究者の企業に対する視点、思想や再発防止に向けての論点とも密接な関係があるが、一般的には、「不祥事の内容」による分類が用いられる。例えば、「商品・製品の欠陥」、「偽装取引・架空取引」、「経営」、「労働・セクハラ・パワハラ」、「施設整備」、「情報流出」、「インサイダー」、「金融」、「独占禁止法」、「環境」、「輸出管理」というような不祥事の内容にしたがっての分類がある。[1] その他にも、企業不祥事に関連する法規による分類、主体（個人／組織／経営者）による分類、動機（悪意の有無、違法性と倫理性の程度）による分類などがある。[2] いずれの分類方法を採用するにしても、次のステップとして、企業不祥事がなぜ発生したのか、企業のコーポレートガバナンスやリスク管理上、具体的にどこに問題があったのかを解明する作業が必要となる。

昨今の社会的に大きな影響を与えた企業不祥事には、要因が複雑に絡み合っているものが多く、原因と結果の因果関係を特定することが困難なものが多い。そして、発生原因を、「法令遵守意識の欠如」や「内部統制の仕組みの欠陥」あるいは「会社風土」といった抽象概念に集約して事足れりとしがちである。そのような姿勢では、企業不祥事の意味のある原因分析は覚束ないばかりか、再発防止の取組みについても誤った方向に導く危険性がある。

企業不祥事という現象は、会社という無機質なものによってではなく、生きている人によって生じている。企業不祥事は、根本的には経営者（代表取締役のみならず役員、幹部社員を含む）であれ従業員であれ、すべて人の発想と行動によって引き起こされているのである。そして、人という要素に注目した場合、企業不祥事において、経営者が何をしたか、何をしなかったかのみならず、それに加えて業務を遂行する従業員の側の業務不全（仕事が期待通り遂行されない）を無視することはできない。

2　企業不祥事の発生パターン

図表Ⅰ-3-1は1995年から2020年までの25年間に発生した主要な企業不祥事30件の概要を表にしたものである。表中に「第一次原因者」とあるのは、不祥事の発端が誰によってなされたかを示す。

まず、第一次原因者は、従業員なのか経営者なのかを考えてみる。すなわち、現場での業務が想定通り行われないこと（業務不全）によるものと、経営者の不法・不適切な判断や行為が発端になるものの場合分けである。例えば、カネボウ美白化粧品事件では、大規模な健康被害を発生させてしまった原因は、まずリスク情報を無視したお客様対応窓口社員が第一次原因者となり、被害が判明してからも公表と回収をためらった経営者が第二次原因者となる。[3] また、オリンパス粉飾決算事件では、歴代３人の経営トップによって損失隠ぺいが決意され、従業員はそれに隷属、迎合する形で粉飾決算が長年にわたって続行された。不法な決断をした経営者が第一次原因者であり、これに盲従した従業員が第二次原因者となる。[4] このように分析することで、ひとつの不祥事に従業員レベルと経営レベルという二つの背景があることを認識する。当然のことながら、再発防止の対策も従業員に対するものと経営者に対するものとでは異なるはずである。

3　発端は従業員か、経営者か

従業員の業務不全が不祥事の第一次原因となるものは、図表Ⅰ-３-１において、①、②、④、⑥、⑩～⑰、⑲～㉖、㉙、㉚の22事例である。

従業員が「第一次原因者」になるときは、必ず現場における仕事の失敗がある。従業員の無能、考え

図表Ⅰ－3－1　主要企業不祥事30の原因分類

<table>
<tr><th rowspan="2">No.</th><th rowspan="2">企業不祥事件名</th><th rowspan="2">事件の性質</th><th colspan="2">第一次原因者</th><th colspan="2">第二次原因者</th></tr>
<tr><th>主体</th><th>行為</th><th>主体</th><th>行為</th></tr>
<tr><td rowspan="2">①</td><td>大和銀行NY支店巨額損失事件　1995</td><td>無権限取引</td><td>従業員</td><td>取引失敗</td><td>経営者</td><td>隠蔽</td></tr>
<tr><td colspan="6">12年に及ぶ社員の無権限取引で1,100億円の損失を蒙る。経営者が隠蔽を図る。</td></tr>
<tr><td rowspan="2">②</td><td>ダスキン肉まん添加物事件　2003</td><td>食品安全法違反</td><td>従業員</td><td>法令無視</td><td>経営者</td><td>隠蔽</td></tr>
<tr><td colspan="6">無認可食品添加物を製品に入れていたことを公表しないと役員で申し合わせた。</td></tr>
<tr><td rowspan="2">③</td><td>カネボウ粉飾決算事件2005</td><td>粉飾決算</td><td>経営者</td><td>粉飾指示</td><td>従業員</td><td>盲従</td></tr>
<tr><td colspan="6">債務超過を隠すために経営陣が主導して、９年間粉飾決算を行った。粉飾総額2,150億円。</td></tr>
<tr><td rowspan="2">④</td><td>IHI粉飾決算事件　2007</td><td>粉飾決算</td><td>従業員</td><td>粉飾行為</td><td>経営者</td><td>無知</td></tr>
<tr><td colspan="6">事業部が好成績に見せかけるため楽観的収支見積もりを行う。粉飾総額870億円。</td></tr>
<tr><td rowspan="2">⑤</td><td>NOVAの破綻　2007</td><td>ビジネスモデルの失敗</td><td>経営者</td><td>無謀経営</td><td>従業員</td><td>盲従</td></tr>
<tr><td colspan="6">市場動向を無視した多店舗展開が経営を圧迫。無理なビジネスモデルで破綻。負債564億円。</td></tr>
<tr><td rowspan="2">⑥</td><td>東京ドームシティ「舞姫」事故　2011</td><td>安全対策無視</td><td>従業員</td><td>ルール無視</td><td>経営者</td><td>無知</td></tr>
<tr><td colspan="6">係員が乗客への安全対策を怠り乗客１名が死亡。安全対策ルールを現場で変更。</td></tr>
<tr><td rowspan="2">⑦</td><td>安愚楽牧場の破綻　2011</td><td>ビジネスモデルの失敗</td><td>経営者</td><td>無謀経営</td><td>従業員</td><td>盲従</td></tr>
<tr><td colspan="6">ビジネスモデルとして成立しない和牛オーナー制度を展開。多くの投資者を集め破綻。負債4,200億円。</td></tr>
<tr><td rowspan="2">⑧</td><td>大王製紙巨額借入事件2011</td><td>特別背任</td><td>経営者</td><td>利益相反取引</td><td>従業員</td><td>盲従</td></tr>
<tr><td colspan="6">経営者の公私混同。バクチの負け金を会社財産で補う。費消額106億円。</td></tr>
<tr><td rowspan="2">⑨</td><td>オリンパス粉飾決算事件2011</td><td>粉飾決算</td><td>経営者</td><td>粉飾指示</td><td>従業員</td><td>盲従</td></tr>
<tr><td colspan="6">資産運用の失敗を歴代３代の社長が主導して隠ぺい。粉飾総額1,000億円。</td></tr>
</table>

<table>
<tr><th rowspan="2">No.</th><th rowspan="2">企業不祥事件名</th><th rowspan="2">事件の性質</th><th colspan="2">第一次原因者</th><th colspan="2">第二次原因者</th></tr>
<tr><th>主体</th><th>行為</th><th>主体</th><th>行為</th></tr>
<tr><td rowspan="2">⑩</td><td>笹子トンネル天井板落下事件　2012</td><td>安全点検不足</td><td>従業員</td><td>点検不備</td><td>経営者</td><td>無知</td></tr>
<tr><td colspan="6">12年間も詳細点検をしなかったため、アンカーボルトの腐食を発見できず、トンネル落下。9名死亡。</td></tr>
<tr><td rowspan="2">⑪</td><td>カネボウ美白化粧品事件　2013</td><td>大量健康被害</td><td>従業員</td><td>苦情無視</td><td>経営者</td><td>不決断</td></tr>
<tr><td colspan="6">苦情受付担当者・部門が、顧客からの化粧品により白斑症状が出たという苦情を無視し続けて被害が拡大。</td></tr>
<tr><td rowspan="2">⑫</td><td>JR北海道検査データ偽装事件　2013</td><td>ルールの意図的逸脱</td><td>従業員</td><td>データ改ざん</td><td>経営者</td><td>不決断</td></tr>
<tr><td colspan="6">線路検査担当者の検査数値ごまかしの日常化。それに気づかない経営者。</td></tr>
<tr><td rowspan="2">⑬</td><td>みずほ銀行反社会的勢力融資事件　2013</td><td>反社対応の失敗</td><td>従業員</td><td>ルール無視</td><td>経営者</td><td>無知</td></tr>
<tr><td colspan="6">「反社」認定のあいまいさ。問題を徹底追及しない内部監査。縦割り意識の経営陣。</td></tr>
<tr><td rowspan="2">⑭</td><td>阪急阪神ホテルズメニュー偽装事件　2013</td><td>優良誤認</td><td>従業員</td><td>メニュー偽装</td><td>経営者</td><td>不決断</td></tr>
<tr><td colspan="6">安い食材を高級食材と偽ってメニュー掲示。</td></tr>
<tr><td rowspan="2">⑮</td><td>すき家過重労働問題　2014</td><td>労働基準法違反</td><td>従業員</td><td>違法残業</td><td>経営者</td><td>無為</td></tr>
<tr><td colspan="6">競争に勝つためにコンプライアンス無視が常態化。違法残業を全く気にしない会社風土。</td></tr>
<tr><td rowspan="2">⑯</td><td>ベネッセ個人情報漏洩事件　2014</td><td>個人情報漏えい</td><td>従業員</td><td>情報盗取</td><td>経営者</td><td>無知</td></tr>
<tr><td colspan="6">システム下請社員が顧客情報を盗取し売却。セキュリティ水準が業容に比して低い。</td></tr>
<tr><td rowspan="2">⑰</td><td>東洋ゴム検査データ偽装事件　2015</td><td>検査値偽装</td><td>従業員</td><td>データ改ざん</td><td>経営者</td><td>無為</td></tr>
<tr><td colspan="6">検査担当者が製品出荷を急ぐため検査結果を改ざん。経営陣も事実を知ってから対処を逡巡。</td></tr>
</table>

<table>
<tr><th rowspan="2">No.</th><th rowspan="2">企業不祥事件名</th><th rowspan="2">事件の性質</th><th colspan="2">第一次原因者</th><th colspan="2">第二次原因者</th></tr>
<tr><th>主体</th><th>行為</th><th>主体</th><th>行為</th></tr>
<tr><td rowspan="2">⑱</td><td>東芝粉飾決算事件　2015</td><td>粉飾決算</td><td>経営者</td><td>粉飾指示</td><td>従業員</td><td>盲従</td></tr>
<tr><td colspan="6">好業績を装うため３代の経営者が、７年にわたり粉飾決算を主導。粉飾総額2,248億円。</td></tr>
<tr><td rowspan="2">⑲</td><td>三菱自動車燃費データ偽装事件　2016</td><td>検査値偽装</td><td>従業員</td><td>データ改ざん</td><td>経営者</td><td>無知</td></tr>
<tr><td colspan="6">激しいメーカー間の燃費競争に対抗するため、燃費データを偽装。</td></tr>
<tr><td rowspan="2">⑳</td><td>電通過労死事件　2016</td><td>労働基準法違反</td><td>従業員</td><td>違法残業</td><td>経営者</td><td>無為</td></tr>
<tr><td colspan="6">仕事を完成させるためなら他は考慮しない会社風土。違法残業を全く気にしない。</td></tr>
<tr><td rowspan="2">㉑</td><td>商工中金不正融資問題 2016</td><td>不適正融資</td><td>従業員</td><td>ルール無視</td><td>経営者</td><td>無知</td></tr>
<tr><td colspan="6">無資格者が完成車検査を行う。現場の都合でルールが変わる。経営者も現場で起きていることに無知。</td></tr>
<tr><td rowspan="2">㉒</td><td>日産自動車完成車検査不正問題　2017</td><td>検査不正</td><td>従業員</td><td>ルール無視</td><td>経営者</td><td>無知</td></tr>
<tr><td colspan="6">無資格者が完成車検査を行う。現場の都合でルールが変わる。経営者も現場で起きていることに無知。</td></tr>
<tr><td rowspan="2">㉓</td><td>神戸製鋼データ改ざん問題　2017</td><td>検査不正</td><td>従業員</td><td>ルール無視</td><td>経営者</td><td>無知</td></tr>
<tr><td colspan="6">アルミ・銅製品の品質検査証明書を数十年前から組織的に改ざん。</td></tr>
<tr><td rowspan="2">㉔</td><td>ヤマト運輸残業手当不払い問題　2017</td><td>労働基準法違反</td><td>従業員</td><td>違法超過勤務</td><td>経営者</td><td>無為</td></tr>
<tr><td colspan="6">セールスドライバー等グループ従業員５万９千人に、約230億円の残業代未払い発生。</td></tr>
<tr><td rowspan="2">㉕</td><td>スルガ銀行不正融資問題 2018</td><td>不適正融資</td><td>従業員</td><td>ルール無視</td><td>経営者</td><td>無為</td></tr>
<tr><td colspan="6">融資件数目標達成のため、書類改ざん等により、不正融資を行う。</td></tr>
</table>

No.	企業不祥事件名	事件の性質	第一次原因者		第二次原因者	
			主体	行為	主体	行為
㉖	かんぽ生命不適正募集問題　2019	不適正募集	従業員	ルール無視	経営者	無為
	過重なノルマを達成するため、顧客無視の不適正募集を組織的に行う。金融庁より営業停止処分を受ける。					
㉗	日産自動車ゴーン会長問題　2019	有報虚偽記載	経営者	法規無視	従業員	盲従
	役員報酬の開示にあたり虚偽記載。公私混同的社内経費の使い方も問題になる。					
㉘	関西電力幹部金品受領問題　2019	不適切金品受領	経営者	法規無視	経営者	無為
	関西電力幹部が自治体元助役から、1987年以降に70人以上が総額約３億６千万円相当の金品を受領。					
㉙	東証システム障害問題　2020年	システム障害	従業員	システム設計不良	経営者	無知
	東京証券取引所のシステム障害により、株式売買が終日ストップした。					
㉚	第一生命女性社員詐欺事件　2020	詐欺	従業員	金銭詐取	経営者	無知
	元営業社員が、架空の金融取引を顧客にもちかけて不正に資金を集めていた。被害総額は、約19億円。					

出所：井上　泉「企業不祥事の研究」文眞堂 2015および各調査報告書、全国紙記事等から作成。

違い、仕事のミス、意図的逸脱、悪意などにより仕事が本来期待されているように行われないことが不祥事につながっている。

現場での業務不全とこれに関する経営者の対応および経営者の悪行とこれに関する従業員の対応をケース分けすると、図表Ⅰ-3-2のようになる。

ケースＤの経営者が第一次原因者となる場合はミスではなく、意図的確信的に問題行為に手をそめるのが通常である。経営者自らの利益や地位保全を図ることが最大の関心

図表Ⅰ－3－2　現場従業員と経営者の対応（不祥事発生後）

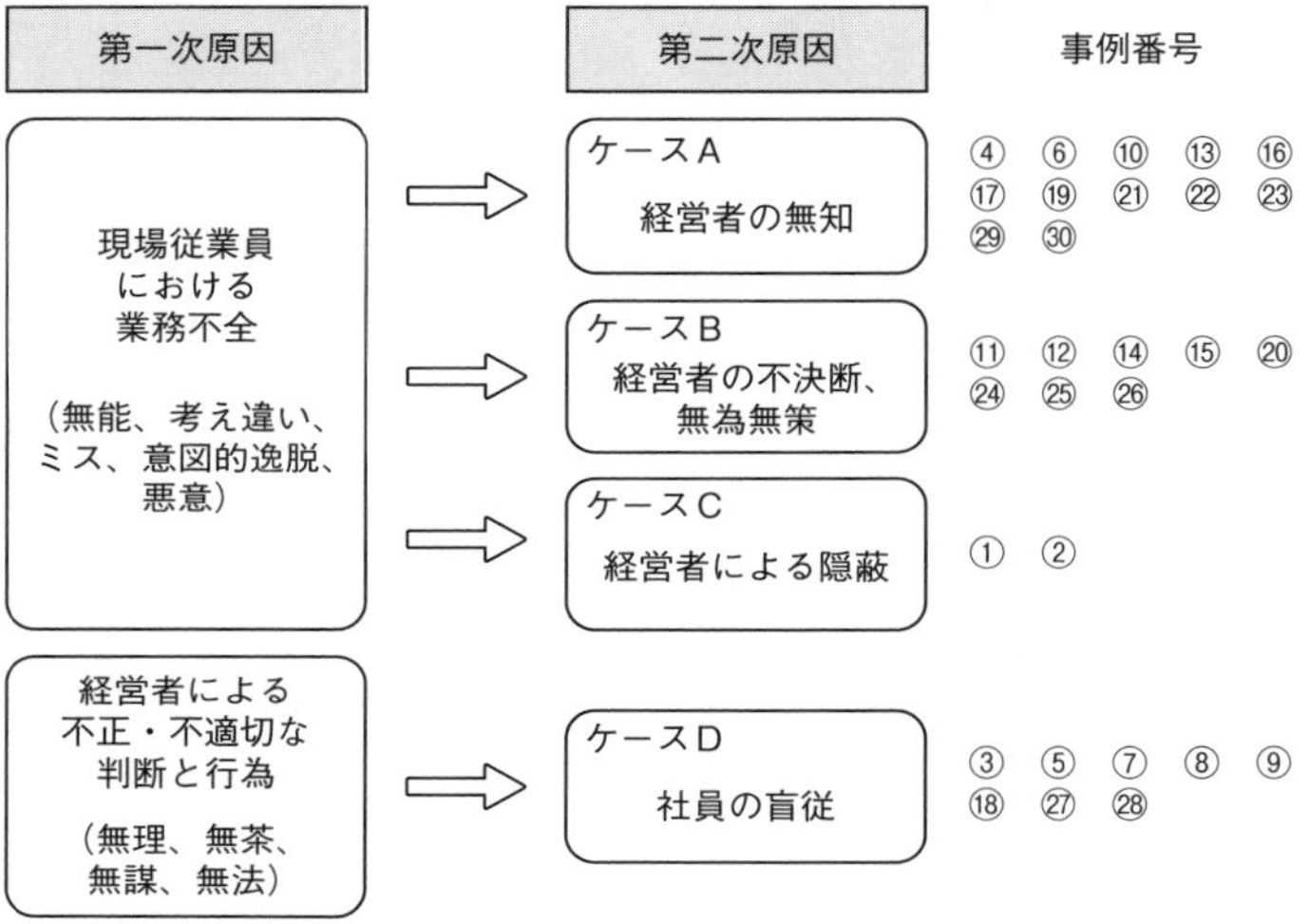

ケースA：業務不全が発生してからも、その事実を経営者が知らないまま不祥事が継続・拡大し続ける。（④⑥⑩⑬⑯⑰⑲㉑㉒㉓㉙㉚）
ケースB：問題発生を知ってからも、直ちに適切な措置を取らず、隠ぺいとまでは言えないが、不決断や逡巡によって不祥事が継続・拡大する。（⑪⑫⑭⑮⑳㉔㉕㉖）
ケースC：問題発生を知って、経営が確信的に隠ぺいを図る。（①②）
ケースD：経営者自身による不正、不適切な判断と行為（③⑤⑦⑧⑨⑱㉗㉘）

事となり、会社業績が何らかの理由で低迷、下降するときに、正当な企業努力では追い付かないが、何とか業績を良く見せたいという誘惑に駆られる経営者が出てくる。株式会社は近代資本主義経済を支える有効な仕組みであるが[5]、株主に選ばれた経営者には、業績を挙げ会社を成長させなければ交替させられるというプレッシャーが常につきまとう。粉飾決算を指示、示唆する経営者はまさにそのプレッシャーに負けているのである（カネボウ粉飾決算事件、オリンパス粉飾決算事件、東芝粉飾決算事件）。

また、経営者がその権力を濫用

し、公私混同や利益相反取引に踏み込むこともある。そして権力の座に長く座ると、公と私の区別がつかなくなることがしばしば起こる。大王製紙巨額借入事件における代表取締役の行為はその典型例である。間違った経営判断や行動をとる理由は、邪悪さというよりは経営のプレッシャーや種々の誘惑に負けるという心の弱さによることが大きい。

経営者の不適切な判断や行為が不祥事の原因となる場合、それを受ける従業員の側の盲従と思考停止が必ず伴う。そして、ほとんどの場合、取締役（会）、監査役（会）、会計監査人の機能不全がセットとなって現れる。

4　企業不祥事をどこで抑えるか

企業不祥事の第一次原因が、現場における業務不全である場合、続いて起こるのは、経営者が業務不全の進行に気づかない、または現場における業務不全に気づきながら、問題解決の先送りや不決断、隠蔽によって不祥事が拡大していく。経営者による不法・不適切な判断・行為が原因の場合、経営者自ら不正を主導するが、従業員がそれに盲従するという現象が発生する。

これらに対抗するための手段であるが、業務不全に対しては、業務プロセスの注意深い観察を通じ、人間性弱説(6)にもとづく仕組みづくり、優先順位をつけたリスク管理行動等によって内部統制システムの実効性を高める努力を続けること、経営者が主導するものについては、必要に応じ適切な数の社外役員

（取締役と監査役）を選任し、客観性と透明性に富んだ監視の仕組み（コーポレートガバナンス（経営の規律））の構築が求められる。そして、内部監査については経営を守る重要な機能を有するものとして認識し、経営者が積極的に関与するとともに、企業の自浄作用の発揮の場である内部通報制度も充実させていく。これらはいずれも分かり切った基本的な事項であるが、形づくりのみに陥ることなく、自社のガバナンスの仕組みが本当に期待通り機能しているのか、常に経営者が確認していくことが求められる。

しかしながら、どのように優れた仕組みを導入したとしても、結局のところ仕組みに参画し運営する一人ひとりのこころに宿る行動原理が社会適合性を欠くならば、仕組みが目指すものは絵にかいた餅となる。不祥事を引き起こすのは人であるという明快な事実を再確認し、とかく制度論や立法論に偏りがちなコーポレートガバナンス改革論議に、人のこころの問題をより強く反映させるべきであり、それはビジネス倫理の問題に帰着する。企業対社会、企業対企業、企業内における人と人との基本的関わり合いについて、社会に適合していこうというこころのあり方の問題である。卓越したガバナンスには、企業を構成する一人ひとりの倫理観の高まりが不可欠なのである。[7]

［注］
（1）愛知県弁護士会『弁護士が分析する企業不祥事の原因と対応』新日本法規　２０１２年
（2）野村千佳子「不祥事発生の要因分析」高橋浩夫編『トップ・マネジメントの経営倫理』白桃書房　２００９年、81‐83頁
（3）井上　泉『企業不祥事の研究』文眞堂　２０１５年、１７８‐２０１頁

（４）同上154-174頁
（５）神田秀樹—日本経済新聞2008年7月30日
（６）人間性弱説とは、人間の本性は善でもなく、悪でもない、弱いものだというたとえである。初めから善や悪に染まっているのではない。人間は窮地に追い込まれると、逃れるため予想もしないような悪行に走る生き物なのである。わたしがこの言葉を初めて使ったのは、日本経営倫理学会誌第５号、1995年に提出した論文である。
（７）ビジネス倫理の教育や徹底は、企業だけの責任ということはできない。ビジネス倫理の根本において、「うそをつかない」、「ひとを傷つけない」、「知りながら害をなさない」、「きまりは守る」等人として当然遵守すべき原則は、家庭や学校で当然習得させなければならないことであり、これらの役割を無視したまま、企業にのみ責任を強調することは、ほとんど意味のないことであろう。

第4章　権威に服従する個人

1　人はなぜ服従するのか

多くの企業不祥事の例では、経営者や上司が誤ったあるいは不法な判断をしているのに、その周囲の人々が、その不合理な思考や指示・命令に逆らうことなく服している。カネボウ、オリンパス、東芝の粉飾行為は、最初に代表取締役の発想が原点にあり、部下となった他の取締役、幹部社員、担当者がこれを受けて、具体的に作業を行って粉飾決算を成立させている。彼らは、自分たちのやっていることが、法的に違反していることを十分承知していた。大王製紙では、代表取締役が会社資金をもって自己の借金を返済させるという公私混同の指示を、部下が唯々諾々と受け容れ、資金の移動を行っている。かんぽ生命の不適正募集では、上司からの達成困難な営業目標の必達指示を受けて、不適正募集を繰り返しても、「契約者のニーズを喚起できれば、お客様に不利益を生じさせる場合であっても問題ない」と考える多くの募集人がいた。これらの場面では、服従という心理的メカニズムは、常日頃自分が正しいと思っている価値観、倫理や道徳観念を押しのける作用となって表れている。人はたとえ不法不合理な命令であっても、これを実行し、その命令者の支配に甘んじることがあるということである。

2　支配の正当性

一般に、人が人に従う動機には権威と利害があるとされる。権威に従うときには、支配者の家父長的あるいは君主的権力、肉体的・精神的優越性、所属する組織の合法性への信奉が存在する。利害とは、支配者に従属することによる利益と、従属しないことによる不利益との比較衡量である。

マックス・ウェーバーは、『支配の社会学』において、「支配」の定義とともに、それを内面的に支える「正当性」について分析している。支配とは、「自己の意思を他人の行動に対して押し付ける可能性のこと」である。より強固な支配では、支配者と被支配者との関係が、権利根拠すなわち支配の「正当性」の根拠によって、内面的に支えられているのが常であり、その支配の正当性を裏付ける根拠には、3つの型があるとした。[1] それらは、昔から存在する秩序と支配権力の神聖性を信ずる信念にもとづく、家父長制的、君主制的な「伝統的支配」、特定の個人の日常平凡を超越した存在、英雄的行為や資質に対する個人的帰依・信頼にもとづく「カリスマ的支配」、制定された諸秩序の合法性とこの秩序によって定められた上司の指令による「合法的支配」である。合法的支配は近代的な官僚制支配とも呼ばれるが、形式的に正しい手続きで定められた規則によって任意の法を創造し、変更しうる。ここでいう官僚制とは、政府や自治体の機関のみならず、あらゆる団体や企業の支配関係を指す。

3 「支配の正当性」では説明できない動機

前述のような人が権威に服従する動機を整理すると、それらは伝統的な権威、突出した人格（カリスマ性）、組織が持つ諸規則の合法性、恐怖と希望（利害得失）ということになるであろう。人が人に服従する場合、その動機として最もわかり易いのは、従わないことによって課せられる罰や不利益に対する恐怖がある。また、服従することによって期待できる利益も大いにありうる。

しかし、現代の企業不祥事においては、指示命令する上司はいるものの、部下がその権威に全面的無条件に帰依しているようには見えないものがある。部下による不法不当な行為が常に恐怖を伴う上司の命令のもと行われているとも限らない。むしろ、上司は強制的な命令などせず、懲罰の気配も見せないのに、部下がその意を汲んで自ら非倫理的行動に踏み込んでいくことも珍しくない。また、支配に従わない不利益と、従う時の報酬についても、さほど大きなものがあるわけではない場合もある。伝統的権威、カリスマ性、官僚制組織の下での服従は、マックス・ウェーバーは当然のことながら、倫理的正当性、合目的性、合法的であることを暗黙の前提としていたはずである。ところが、伝統を重んじる意識、リーダーのカリスマ性、組織規程への信奉、利害得失とは関係なく、倫理的に間違っている行為、違法な行為が、組織や上司に服従して頻繁に行われている。これは従来の支配に従属する動機の類型では説明ができないことである。人が人に服従するという行動は、どのような心理プロセスを通じて行われるのか、何が動機となるのかについて、何か別のものがあるに違いない。

権威への服従の極端な発現の例として、スタンレー・ミルグラムはナチスによるユダヤ人虐殺をあげた。彼は「発端こそ一人の人物の頭の中かもしれないが、それが大規模に実行されるには、ものすごく大量の人間が命令に従わなければならない」といい、さらに「近年の歴史上の事実や日常生活での観察から、多くの人々にとって服従というのが根深い行動傾向であり、それどころか倫理や同情、道徳的振る舞いについての訓練を圧倒してしまうほどのきわめて強力な衝動であることが見て取れる(2)」という。

4　ミルグラムの実験(3)

人はなぜ道徳心や倫理観を捨てて、良心に反するような命令に服従することがあるのか、ミルグラムはこれを実証的に分析するため、ある実験を行った。その発想は簡単なものであった。人が何らかの行動を依頼されるが、それが段々良心に逆らうようなものになっていく。ミルグラムの関心はその参加者がどこまで実験者の指示に従い続け、どこで要求された行動の実験を断るようになるかということであった。実験は以下のような構成で行われた。

(1) 実験の概要

〈場所〉

イエール大学の心理学の研究室

〈登場人物〉

実験者：被験者に対して実験の指示を行う。研究者風の権威ありげな人。

被験者：加害者。一般公募の市民。実験者の指示により、学習者に問題を出し、間違うと電撃発生器のスイッチを入れる。

学習者：被害者。温厚で人好きのする47歳の会計士。椅子に座らされ、両手は椅子にベルトで縛られる。手首に電極がつながれる。

〈学習内容〉

被験者（加害者）がいくつか単語の対を学習者に読み上げた後、対の最初の単語を伝え、つながる単語を学習者（被害者）に回答させる。正解なら何もせず、間違った場合電撃スイッチをいれる。

〈電撃発生器〉

スイッチが30個あり、15から４５０Ｖまで15Ｖずつ増加している。スイッチの電撃のレベルは、「軽い電撃」（15～60）、「中位の電撃」（75～１２０）、「強い電撃」（１３５～１８０）、「強烈な電撃」（１９５～２４０）、「激烈な電撃」（２５５～３００）、「超激烈な電撃」（３１５～３６０）、「危険・過激な電撃」（３７５～４２０）、最後の２つは「×××」（４３５、４５０）と表示してある。被験者には実際に45Vの電撃を経験させ、機器が本物であることを理解させた。

〈電撃の効果〉

学習者の反応として、105Vまでは不快は訴えないが、うめく。120V以上では苦痛を訴え、150V＝「先生、出してくれ、もうこの実験には参加しない」、180V＝「痛くて死にそうだ」、270V＝苦悶の絶叫、300V＝「もう記憶テストには答えないぞ」と絶望的に叫ぶ、330V以上＝もはや何の声も聞こえず、回答信号も表示されない。

実際には電撃は発生せず、学習者は演技で苦悶の様子を見せるだけであったが、被験者にそれは知らされていない。

〈電撃の指示〉

被験者は、学習者が間違うたびに電撃を加え、しかも間違えるたびに1段階ずつ高い電撃に移行するように指示された。また、被験者が電撃を続けることに疑問を表明したり、拒否した場合は、実験者はその程度に応じた促しを行った。促しは「続けてください」→「続けないと実験が成り立ちません」→「とにかく続けないと本当に困るんです」→「ほかの選択肢はないのです。絶対に続けてください」の順で行われ、常にきっぱりしていたが、礼儀正しく行われた。被験者が最終の促しでも応じなければ、その時点で実験は中止された。

(2) 驚くべき実験結果

常識的に考えて、問題に正答できない者へのペナルティとして、１５０Ｖ（「先生、出してくれ、もうこの実験には参加しない」）以上の電撃を加え続けることは、人の身体への加害行為であり、不法であるばかりでなく倫理的にも間違っているということは誰でも理解できることである。現にミルグラムの実験では、実験には関わらない１１０人（精神分析医、大学生、各種職業の中産階級成人）に実験の詳細、電撃発生器のボルト表示内容を説明し、自分ならどう反応するかを尋ねた。１１０人の回答者全員が、一連の命令のどこかで自分は実験者に刃向うと答えた。その中断点は、３１５Ｖ（21段階）以上は一人もおらず、１８０Ｖ（12段階）までやめる人が90％、１２０Ｖ（8段階）までやめる人が40％を占めた。最初の電撃すら拒否した人も5人（4・5％）いた。つまり、ほとんどの人が、苦痛と感じる段階で電撃を与えるのを中止すると答えたのである。彼らは、罪もない人に平気で危害を加えるべきではないし、物理的な力や脅しで脅迫されない限り、人の行動は自分自身の良心にしたがうと考えている。

しかし、実際の実験結果は驚くべきものであった。多くの被験者（加害者）は、電撃を受ける学習者（被害者）がどんなに懇願しようと、どれだけの苦痛をもたらすように見えようと、実験者に従い最高レベルまで電撃を与え続けたのである。被験者と学習者の距離が最も遠い実験1では、被験者40名のうち26名（65％）が最大電撃に達するまで学習者を罰し続けた。実験1から4までは、被験者と学習者の近接性に違いがあり、学習者の被害の生々しさがある程度被験者の行動を抑えたかもしれないが、それ

図表Ⅰ－4－1　ミルグラムの実験結果

被験者数は実験1～4各40人ずつ。電撃レベルは1（15V）～30（450V）までの30段階。

	実験環境	最大電撃を与えた人数	平均最大電撃レベル
実験1（遠隔）	被害者は別室に入れられ、被験者からは見えず、声も聞こえない。解答だけが静かに点滅する。300Vに達すると、被害者が壁を叩いているかのようにドンドン鳴る。	26人（65.0%）	27.00（危険・過激）
実験2（音声）	別室であることは同じ。音声による抗議がなされ、その苦情は実験室の壁越しにはっきりと聞こえる。	25人（62.5%）	24.53（超激烈）
実験3（近接）	学習者は被験者と同じ部屋で1メートルほど離れたところにいる。したがって、声が聞こえるだけでなく、姿も見える。	16人（40.0%）	20.80（超激烈・激烈）
実験4（接触近接）	実験3と同じ環境下、学習者の手が電撃プレートに置かれたときだけ電撃を受ける。苦痛になった学習者が手をプレートに置くことを拒否すると、被験者は学習者の手を無理やりプレートに押し付けるよう実験者から命令される。	12人（30.0%）	17.88（激烈）

出所：S.ミルグラム『服従の心理』河出書房新社2012年pp.56-63から作成。

でも学習者の悲鳴を間近に見聞きする実験4の平均最大電撃レベルは、学習者が苦痛を訴えるレベル8（120V）をはるかに超えたレベル17から18（255V～270V）に達していた（図表Ⅰ-4-1）。

(3) ミルグラムの考察

ミルグラムの実験では、無実の個人に苦痛を与えるのは、道徳的、社会的価値に反するものであるにもかかわらず、被験者の65%が権威に服従し、最後まで学習者をいたぶり続けた。学習者の手を直接さわって電撃プレートに押し付けなければならない事態でも

30％は最後まで電撃を与え続けた。実験後のインタビューで、なぜ電撃を続けたかと問われた被験者の典型的な答えは、「自発的にはそんなことはしなかっただろう。単に言われた通りにやっただけだ」というものであった。また、一部の被験者は、電撃を加えたことの後ろめたさを隠すように、学習者を見下して彼らに責任転嫁して自分を正当化しようとさえした。多くの被験者は自分が実験者の目にどう映るかをかなり気にしており、実験者に対する強い指向が、学習者に対する相対的な鈍感さの原因と考えられる。ある被験者は、見たところ学習者に対して全く無関心で、人間として認知していない一方で、実験者に対しては従順で敬意をこめた態度で接し続け、実験者の意向に沿うことに全力を傾けていた。

ミルグラムによれば、これは特殊なことではなく、むしろ権威構造の中で従属的な立場に固定された人々の大多数にとって、根本的な思考様式なのであり、責任感の消失は、権威への従属にともなう最も重要な帰結であるという。ミルグラムは、通常はまっとうな人が、権威に従い残酷な行動を実行するのは、衝動的な行動を制御する良心が上下関係を伴う組織（ヒエラルキー構造）に参加する時点で力を弱められるからであると結論づけている。すなわち、外部からの脅威に対し圧倒的に有利性をもたらすヒエラルキー構造をもった組織内においては、個人がヒエラルキー的制御の条件下に入ろうとするときには、組織上位者の指示と個人の自律的制御（超自我、良心といった道徳的な理想）が異なった場合、組織の破綻を招かないように個人の自律的制御を抑制あるいは放棄し、組織上位者に委ねようとするからだというのである。これはいわば支配の特殊な安全装置であり、「指導者の命令に服従することに慣れ、支配とそれのもたらす利益とにあずかることによって支配の存立に個人としてみずからも利益を感じている一群のひとびとが、引き続き命令するままに動き、かつ、支配の維持に役立つような命令権力や強制権力の行使に参加する」[4]。

こうした権威システムに参加する人は、他人の願望を実行しているものとして自分を理解している。この状態になると、「その人は最早自分の行動に責任があるとは考えなくなり、他人の願望を実行する道具に過ぎないとおのれを定義するようになる」[5]。「組織のためにやった」という。

5　ミルグラムの実験の示唆するもの

ミルグラムは、人間の本質的な非倫理的性向を集団との関係で説明したが、解決策を示してはいない。しかし、彼の実験には、注目すべき事例が見られた。被験者の中に学習者の抗議を聞き、嫌がっている人にこれ以上電撃を与えるのは嫌だと拒否した例がいくつか紹介されている。ある者は実験を続けることが自分の道徳観に合わないと言い、またある者は法的な責任を懸念している。確かに図表Ⅰ-4-1においても、危険レベルまで到達せずに実験をやめた被験者が、実験環境によって異なるが、35%～70%存在するのである。また、180V＝「痛くて死にそうだ」を超えて実験を続けることを拒否した被験者が、20%～50%いた。これは、権威に従うのがヒエラルキー組織にとって必然と言いながら、実際にその場に投じられると、自己の良心と権威との間に葛藤、緊張感が生じ、その結果権威者の指示に従わなくなるということである。これは不当、不適切な命令指示を与えられた人が、ある条件下では、それを拒否する場合がありうるという意味で、人間の良心を考える上で大きな救いとなるように思われる。

［注］

（1）マックス・ウェーバー『支配の社会学Ｉ』世良晃志郎訳 創文社 1960年、32-59頁、同『職業としての政治』西島芳二訳 角川文庫 1959年、12-14頁

（2）Ｓ・ミルグラム『服従の心理』河出書房新社 2012年、15頁

（3）ミルグラムの実験については、同『服従の心理』参照。

（4）マックス・ウェーバー同、27頁

（5）Ｓ・ミルグラム同、189-204頁

第5章　ビジネス倫理を保障する二正面アプローチ

倫理は人の心に存在するものであるが、人として当然守るべき要綱として位置づけるだけでは、その実践はおぼつかない。こうあれかしと思う心も、現実の利害や困難、組織への従属動機に直面すると、脇に押しやられてしまうということはこれまで見てきたとおりである。企業や組織において、人の様々な行動や決断の選択が倫理的要素によって左右されるような場合、それが適時適切に行われるためにはビジネス倫理を心の中で強化する継続的働きかけが必要である。そして、心の問題とするだけでなく、ビジネス倫理を保障する仕組みも合わせて考慮した二正面アプローチによって、ビジネス倫理の定着を図っていかなければならない。

1　アプローチ（その1）：心のあり方

(1) 個の確立――善悪を判断する能力

ミルグラムの実験では、ごく普通の市民が科学の実験の手伝いという名目のもと、自分からは決してしないような残酷な仕打ちを他人に対して行っている。しかもその行為が危険であり、倫理的にも正しくないということは分かっていた。しかし、彼らは平然とではなく、むしろ内心の強い葛藤とストレスを感じていたのであるが、多くの人は悲鳴をあげ、実験の中止を懇願する被害者にかまわず、最高レベルに達するまで電撃を加え続けた。ある一定の権威構造に組み入れられると、自分の責任や判断力、道徳心までも放棄してしまうというのが、ミルグラムの仮説である。これを否定する有力な学説は未だ出されていない。

組織の規律に従うことは、美徳でもあるが、重要なのは、規律が要求する個々人の行動が、著しく非人間的であり、普通の人が持つ倫理感から逸脱する場合、それに対してどう反応するかである。企業や組織には、そこでは常識であり、当然のこととされることがある。それらを〝お上〟のおっしゃることと無批判に受け入れるのではなく、自分なりの判断を加えて行動の是非を考え抜くことが必要である。

ハンナ・アーレントは、悪は怪物が行うのではなく、組織において淡々と自分の仕事をこなす凡庸さ・陳腐さに存在するのだとして、「たとえ自分の自身の判断しか頼るものはなくても、しかもその判断が周囲の人々のすべての一致した意見と逆らうものであっても、善悪を判断する能力をもっていなければならない」[1]と主張した。アーレントの言葉は、不合理なことに盲従しない、常に自分の頭で考え抜くこと、すなわち個の確立の必要性を再確認させる。安易に権威に屈することなく、自分の頭で考えて善悪を判断し、自分の良心に恥じない行動を常に実践できる人を一人でも増やしていくということが、ビジネス倫理の課題となる。

(2) 受託者責任

役員の受託者責任とは、狭義には企業は株主からの預かりものであることから経営者は株主に責任を負うことを指し、広義には企業は社会と共生する存在であることから、株主のみならず社会のあらゆるステークホルダーに責任を負うという概念である。前者は取締役が株主総会において株主によって選任され、経営を委任されるという法的構造から生まれる受託者責任（民法６４３条、６４４条）に根拠を置く。しかし、今や米国でも、企業経営の目的は株主価値最大化であるとする株主主権論は修正を余儀なくされている。[2] すなわち経営者にとどまらず、従業員も含めて社会からの受託物である企業を、いかに責任をもって健全に運営していくかが問われるのである。この広い意味での受託者責任に注目し、コーポレートガバナンス・コードでは、次のように会社経営陣の義務を説明している。

〈「東証コーポレートガバナンス・コード」原則4―5〉
「上場会社の取締役・監査役及び経営陣は、それぞれの株主に対する受託者責任を認識し、ステークホルダーとの適切な協働を確保しつつ、会社や株主共同の利益のために行動すべきである。」

この原則は、ステークホルダー理論にもとづいているが、いま経営者が取ろうとしている決断や経営行動が、自己の利益や保身のためでなく、会社、ステークホルダー共通の利益のためであるという確信を求めているのであり、こうした他者への注意深い配慮を意識した行動は、経営者のみならず従業員にもまた求められているのである。

(3) プロフェッショナルの倫理

P・F・ドラッカーは、『マネジメント』の中で、医師、弁護士、組織のマネジメントらをプロフェッショナルと呼び、特別の義務があるとした。それは、2500年前のギリシャの名医ヒポクラテスの誓い（「患者に利すると思う治療法を選択し、害と知る治療法を決して選択しない」）から引き出されたものので、プロフェッショナルの倫理として、「知りながら害をなすな」である。「プロフェッショナルにとっての最大の責任は、『知りながら害をなすな』である。医師、弁護士、組織のマネジメントのいずれであろうと、顧客に対し、必ずよい結果をもたらすと保証することはできない。最善を尽くすことしかできない。しかし、知りながら害をなすことはしないと約束しなければならない」[3]。これは単に専門職業人のみならず、企業経営者や上級管理職に対しても該当する。また、ある場合には従業員をも拘束する倫理である。

「知りながら害をなす」行為は、知りながら積極的に不法、不適切な行為を行うことのみならず、不法、不適切であることを知りながら、これを是正するため積極的な解決策を検討せず、行動もしないことも含む。大和銀行ニューヨーク巨額損失事件において、経営陣は行員の巨額損失隠しの事実を知ってからも、都合の悪いことは伏せるべきだとの理由で、銀行ぐるみで隠ぺいを図った。オリンパス粉飾決算事件では、先代の社長がつくった資産運用損を本人と会社の名誉を守るため、歴代の社長と同志的役職員が損失隠しを続行した。東洋ゴムデータ偽装においては、現場の不正を経営陣が知ってからも、事実公表の社会的インパクトの大きさを恐れて、長期にわたって特段の対策を取ろうとはしなかった。これらはいずれも愚かな行為であり、プロフェッショナルの倫理に著しく反する。

会社経営を社会や株主から委託されているという公的立場を自覚するなら、「知りながら害をなすな」というプロフェッショナルの倫理は、社会的責任の基本であるといえよう。

2　アプローチ（その２）：仕組み

企業や組織が不正に染まらず、健全に発展するために、まず、ものの順序として個人の心のあり方

（倫理）を強調したが、現実の社会において、組織全体の強大な力に対して、個人が個人的な道徳感情にもとづいて、利害得失を全く考えず、刃向かうなどということを期待するのは、あまりに楽観主義的であり、非現実的である。このような英雄的行動を美化したところで、一般化した規範にはなりえないし、社会の倫理の向上にも結びつかないことは明らかであろう。

一方、組織の権威に従った方が、都合がいい場合も多いことも私たちが実社会で感じていることである。第4章で紹介した伝統的支配、カリスマ的支配、合法的支配には権威として認められる相応の正当性がある。出される指示や命令をひとつひとつ検討して、自己の倫理観との照合を行うような作業を個人に強いるのは効率的ではないし、適当でもない。そのようなことが常態化すれば、企業や組織の円滑な運営に支障をきたすことにもなる。そうすると、権威への従属ばかりを問題とせず、組織や権威のあり方そのものを考え、個人をして際どい判断の境目に追いやる事態を防ぐような仕組みの考案が必要と思い至る。企業社会ではそれが、コーポレートガバナンスであり、リスクマネジメントなのである。企業における業務指示命令が正当性を保持し続けられるように、相互監視の仕組み、監督や監査のプロセス、開示義務、内部通報制度、内部統制に係わるルールなどを整備拡張する努力が、ビジネス倫理の維持向上のための必須条件である。

3　二正面アプローチ

以上をまとめると、ビジネス倫理を保障するために、２つの方面からのアプローチを考えようとしている。まず、不祥事を引き起こすのは人であるという明確な事実を再確認した上で、人の心の問題からのアプローチである。第一に、無批判に組織に従属しないという個の確立、２つ目に、社会に適合しない私的な事情や利益考慮を排除して、企業は社会からの預かりものであるという広義の受託者責任（役員のみならず、一般従業員もその責任を負う）、３つ目に、事業運営のプロフェッショナルとして守るべき倫理「知りながら害をなすな」をそれぞれ再確認し、人のこころの強化を図っていく。

次に、仕組みからのアプローチであるが、組織の強大な圧力や権威に対し、しばしば人が立ち向かうことができないという実態を踏まえれば、こうあれかしという倫理に加え、企業の仕組みでその倫理観の発露を保障していく必要がある。コーポレートガバナンスや内部統制の仕組みの充実がそれである。

企業と社会あるいは企業と人間との基本的関わり合いについて、社会に適合し社会から受け容れられるよう振る舞うことがビジネス倫理の根本理念であり、それを組織内において実現する責任は、経営者にある。(4) そして、この取組みが成功するか否かは、企業人一人ひとりの倫理観の高まりにかかっているのであり、心と仕組みはビジネス倫理の貫徹において相互に依存関係にあると言える。

コラム2　ノブレス・オブリージュ

わたしの好きな言葉に「ノブレス・オブリージュ」（noblesse oblige）という言葉がある。これは「位の高い者にはそれだけより重い責任がある」という意味である。ここでいう責任とは観念的なものではなく、その貫徹のためには生命さえ障害になってはならない、という厳しい掟である。ホメロスの「イリアス」にはこの高い身分に伴う徳義上の義務を見事に叙述している個所がある。百万回の説明よりも雄弁なので紹介しておきたい。

時は、トロイ戦争のさなかである。トロイの王子パリスがスパルタの王妃ヘレンを略奪したため、スパルタを中心としたギリシャ勢がヘレン奪還の戦争を始める。トロイを攻囲して攻めたてるが、一向に陥落せず戦争は10年も続く。

トロイの武将サルペドンが不利な状況下、敵の城塞に攻めかかろうとして、友将のグラウコスに声をかける。「グラウコスよ、何故われら2人がリュキエにおいて特に重んじられ、上席に座り肉も酒も他の者より多く飲みかつ食らい、皆が神の如く見てくれるのであろう。それのみでない、われらがクサントスの河辺に広大な王領……見事な果樹園や小麦の稔る田畑を持っているのはなぜであろう。これを思えば今われらは、リュキエ勢の第一線にあって踏みとどまり、燃えさかる火の如き激戦に立ち向かってゆかねばなるまい。さすれば、武装堅固なリュキエ人の誰彼が、こういってくれるかもしれぬ。『なるほど、リュキエを治めておられる殿様方は並みのお人ではない、肥えた羊、極上の美酒を飲み食いされても文句はいえぬ。リュキエ勢の先陣にあって戦っておられるところを見れば、その御力もたいしたものだからな』とでもな」（岩波文庫「イリアス」第十二歌）

英雄（リーダー）の本質的属性は勇気と名誉であり、noblesse oblige は純粋に個人的な徳性であるが、それが共同体を救うという強い確信がある。普段は贅沢や人が羨むような生活をしていても良いが、一朝事あるときは身の犠牲も厭わない、それが真のリーダーなのである。

現在、成功報酬体系の下、億を超える報酬を受け取る企業人が数多くいる。優れたパフォーマンスには高い処遇が伴うことは当然であるが、それらの人たちは、会社が緊急事態に陥った時、身を犠牲にして会社のために闘ってくれるに違いないと社員が期待していることを忘れてはならないだろう。ギリシャ神話や「イリアス」「オデュセイア」を読んでみて、この高貴な者に伴う冷厳な掟を改めて認識させられるのである。

［注］

（1）ハンナ・アーレント『イェルサレムのアイヒマン』みすず書房 2007年、226頁

（2）ステークホルダー理論の発生と展開については、第2章及び櫻井通晴（2010）「ステークホルダー理論からみたステークホルダーの特定」『専修経営研究年報』第34巻に詳しい。

（3）P・F・ドラッカー『マネジメント』、ダイヤモンド社、430頁

（4）ビジネス倫理の教育や徹底は、企業だけの責任ということはできない。ビジネス倫理の根本において、「うそをつかない」、「ひとを傷つけない」、「知りながら害をなさない」、「きまりは守る」等、人として当然遵守すべき原則は、家庭や学校で当然習得させなければならないことであり、これらの役割を無視したまま、企業にのみ責任を強調することは、ほとんど意味のないことであろう。

第Ⅱ編

事例研究

口実をもうけて目前の窮境を脱しさえすればよいというのでは、まだ思慮が足りない。私がこうして嘘をついたことから、私が今脱しようとしている厄介よりもっとひどい厄介が起きはしまいか、また私がいくら抜け目のない人間であると自負したところで、いったん失われた信用は、私が今避けようとしているすべての害悪よりもずっと不利な結果をもたらしはしまいか。

エマニュエル・カント『道徳形而上学原論』より

事例研究１　回想：保険金支払い漏れ問題（２００５年２月）

〈保険商品多様化が引き起こした悲喜劇〉

1　はじめに

損害保険業界における支払い漏れ問題は、２００５年2月に富士火災海上保険株式会社において、自動車保険を中心とした支払い漏れが発覚したことを契機に、業界全体の問題に波及、拡大していった。損保各社の自主的社内調査、金融庁の指導による調査等を経て、最終的に各社の調査が出揃った２００７年6月時点では、支払い漏れは約50万件、約３８０億円に達した。また、同じ時期に第三分野保険の不適切な不払い５７６０件、約16億円も明らかにされ、自動車保険問題と合わせて損害保険業界の信用を失墜させるものとして社会的にも衝撃を与えた。

支払い漏れ問題は、損害保険の第一義的機能である損害補填・補償について、お客様目線での適切な運営がなされているのか国民に大きな疑惑を招いたことは事実であるが、巷間しばしばなされるように、この問題が損害保険会社の販売至上主義や契約者軽視の体質の現れと総括するだけでは、問題の本質を見失うことになるだろう。少なくとも私の知る限り、支払い漏れ問題は損保業界の利益追求や意図的にコストとしての保険金を削減するという行為とは無関係であった。[1]むしろ問題の本質は、保険会社が保険を生産者論理で構成し供給していた従来の価値観が、急速に進展していた消費者視点重視の社会のバリューシフトに適合しなくなっていたことにあると考える。

これまで保険業界の不払い・支払い漏れ問題を扱った研究は巻末の参考文献に示したように多数あるが、いずれも監督官庁や研究者の立場での主張であり、損害保険の実務や経営の立場から論じたものはほとんど見られない。ここでは自己弁護に陥らない程度に、当時の損保業界がどのような状況にあって支払い漏れを惹起したのかについて記してみたいと思う。私はこの問題が表面化した当時、株式会社損害保険ジャパンのサービスセンター部門（保険金査定と支払いの部門。以下「ＳＣ」）の担当役員として、問題の一部始終を見る立場にあった。この問題について、当時の状況を従来とは異なった視点で書き残すことにも意味があるのではないかと思う。それは経営としての反省でもあり、また今後とも激しい環境変化にさらされるであろう損保業界が正しく針路をとるための参考にもなるだろうという思いがあるからである。

なお、本事例研究では損保業界の支払い漏れに関し、火災、新種、第三分野保険を省略し、最大のウエイトを占めた自動車保険分野に論点を絞るが、それでもなお全体像はそこなわれない。

2　問題の発覚

(1) 何が起きたか

損害保険業界における支払い漏れ問題は、２００５年2月金融庁検査の結果、富士火災海上保険株式会社において、自動車・火災・傷害保険で、約４８００件（約1億２０００万円）の保険金の支払い漏れが発覚したことが発端であった。これを機に、損保各社が自主的な社内調査を実施したところ、計16社で約16万件、約66億円の支払い漏れが報告された。この事態を受け、金融庁が同年9月、国内すべての損保48社に対し、過去3年間（２００２年4月～05年6月）における付随的な保険金の支払い漏れの報告を求めたところ、26社において支払い漏れが発生しており、支払い漏れ件数は18万６１４件、金額は約84億3百万円、1件当たりの平均金額は4万6千円となっていることが判明した。[2] 支払い漏れ件数の約9割が自動車保険の臨時費用保険金等に関するものであった。残りの22社は、付随的な保険金をそもそも取扱っていないか、取扱っていても少数の件数にとどまっていたものである。

金融庁はこれらの状況に鑑み、損保会社の経営管理態勢や内部管理態勢に構造的な欠陥があるとして、同年11月25日、26社[3]に対し、業務改善命令を発出した。しかし、その後も新たな支払い漏れが報告されたことから、金融庁は支払い漏れが見つかった損保26社に再調査を求め、その結果、２００６年9月、合計で約32万件、約１８８億円の支払い漏れが報告された。それでもなお全容が把握できていない会社や調査内容に不備があることも判明したため、同年11月、金融庁は各社に対し、再度の調査のやり直しと調査完了時期の報告を求めるという強い指導を行うに至った。２００７年６月に各社の最終結果がようやく出揃い、約50万件、約３８０億円[4]にのぼる支払い漏れがあったことが公表された。

【回想①：問題発覚当時の状況】

私が支払い漏れについて知ったのは、２００５年２月である。部下のＳＣ業務部長から富士火災における金融庁検査で自動車保険の特約にかかわる保険金の支払い漏れが多数発見されたと報告があったのである。その時は後日判明したように当社（損保ジャパン）においてもそのような支払い漏れが多数発生しているとは全く想像もつかなかった。しかし、報告を聞くうちに人的事務ミスはどこにでもありうると考え、一応念のためサンプル方式でもよいから当社の支払いを検証するように指示した。

ところが、実際にその作業をしようとすると、とてつもない手間と時間がかかることが判明した。当時自動車保険の契約内容を全項目にわたって網羅的にシステムにインプットしていたわけではないから、ある保険金支払い案件について原契約にどのような特約が付帯しているのかを識別するためには、契約原簿（申込書）を探し出して照合するしかなかったのである。申込書はＳＣ部門の各拠点とは遠く離れた場所に集中的あるいは分散されて保管されていたから、ひとつひとつの契約内容を確認する作業は難航を極めた。これは損保各社とも同様の状況であり、金融庁の度々の督促にもかかわらず、支払い漏れ件数と金額が確定するまでに時間がかかったのも、これによるところが大きい。

(2) 何が支払われなかったのか

ここでいう「支払い漏れ」という用語は、金融庁の定義によれば、例えば自動車保険において車両保険、対人、対物といった主たる保険金は支払われたものの、特約で付帯していた臨時費用保険金等の付随的な保険金（見舞金、香典、代車費用等）について、契約者から請求が無かったため、本来支払われていなければならないものを支払っていなかったことをいう。[5] これに対し「不払い」は、「支払い漏れ」よりも悪意を含んだ概念のようである。支払うべき案件に対し、事務的なミスや保険会社の約款解釈の誤り、恣意的解釈によって支払われなかったものも含む概念と言えよう。

自動車保険において具体的に支払い漏れの対象となった保険金には以下のようなものがある。

・車両保険修理時諸費用保険金：主契約の復旧修理分でカバーされていない、例えば、事故にともなう現場清掃や近隣へのお詫び等の為に支払われる保険金。（修理費用の5％、10万円を限度）
・代車費用保険金：車の修理時等に、代替の車両を使用した費用や他の交通手段の利用等に要した費用の為に支払われる保険金。（日額（3千～1万円程度）×日数（30日程度を限度））
・対物賠償臨時費用保険金：自動車事故により他人の車や財物に損害を与えた場合、相手方へのお詫びの際の菓子折り代等の為に支払われる保険金。（1回の対物賠償事故につき1万円程度）
・対人賠償臨時費用保険金：自動車事故により他人を死傷させた場合に、相手方への見舞金等の為に支払われる保険金。（死亡の場合10～15万円程度、入院の場合3日以上で2～3万円程度）

火災保険や傷害保険にも同様に臨時費用等を支払う特約が付帯しているものがあった。

【回想②：付随的保険金は〝グリコのおまけ〟】

支払い漏れの対象となった特約による付随的保険金が、金額的に数千円～数万円であったことから、社内においては当初そう重大な問題という認識がなかった。商品開発部門や金融庁と折衝する担当部門の役員は、これを〝グリコのおまけ〟と呼んでいたことが印象的であった。つまり、車両、対人、対物等主要な保険金は間違いなく支払われているのだから、〝アメ〟は渡している。箱についている〝おまけ〟がなかっただけというたとえである。言い得て妙だが、これが問題発覚時の損保経営者の最大公約数的ものの考え方であった。

3　金融庁の処分と損保業界の対応

(1) 金融庁の業務改善命令

２００５年11月25日、金融庁は損保各社からの「付随的な保険金の支払い漏れ」の件数およびその支払完了状況等の調査結果を踏まえ、保険業法第１３２条第1項等の規定にもとづき、26社に対し、業務改善命令を発出した。金融庁が損保各社に求めた措置は以下のとおりである。

(1)経営管理（ガバナンス）態勢の改善・強化、(2)顧客に対する説明態勢の見直し・整備、(3)商品開発態勢の見直し・整備、(4)支払管理態勢の検証・見直し、(5)上記(1)から(4)について、具体策および実施時期を明記した業務改善計画を２００６年1月13日までに提出する、(6)業務改善計画の実施終了までの間、計画の進捗・実施及び改善状況をとりまとめ、改善計画提出後６カ月毎に報告する。

(2) 損保各社の対応

この業務改善命令を受けて、損保各社は支払い漏れを防止すべく保険金支払いに関する内部管理態勢を強化する取組みを推進した。これらの措置は、切り口は保険金の適正支払いを目指すものであったが、実質的には従来の損保の業務プロセス（商品開発、事務・システム構築、販売支援、社員・代理店教育研修、内部監査等）の全面的な革新を促すものであり、これにより損保各社は業務プロセスに関し発想の大転換を行うこととなった。具体的な各社の措置内容はおおよそ以下のように集約できる。

【損保各社の再発防止策[6]】

〈基本姿勢〉

経営陣が先頭に立ち、漏れなく保険金を支払うという保険会社としての基本姿勢を再徹底するとともに内部管理態勢を強化し、全社員・代理店が再発防止策に真摯に取り組んでいくことを通じ、お客様の信頼回復に努める。

〈具体的対策〉

(1) お客様に支払いの対象となる保険金を漏れなく案内する態勢づくり

・保険商品を案内時、保険金の内容についてわかりやすく解説した「説明ちらし」をパンフレットに添付する。

・事故報告を受けた際に、「チェックシート」を活用し、お客様に支払いの対象となる保険金を個別に案内する。

(2) お客様に支払いの対象となる保険金を漏れなく支払う態勢づくり

・保険金支払いにあたっては、「チェックシート」により担当者がチェックした後に、上司が再度チェックを行うダブルチェックを励行する。

・基本的な保険金を支払う際に、あわせて支払うべき付随的な保険金について、「支払いが行われないと業務が終了できない」などのシステムチェックを行う。

・専門家による「保険金審査会」の設置。

(3) 付随的な保険金の支払いに関する適正な業務運営態勢づくり

・付随的な保険金の支払い状況に関するモニタリングを、現場拠点、本部機構、コンプライアンス部門、内部監査部門などで多重的に行う。

・保険金の支払い業務の適正性を点検・監視する部署を新設する。

・上記の点検や監査の結果は取締役会等経営陣に報告され、問題がある場合には原因分析と改善策の検討を指示し、適正な業務運営態勢の構築に努める。

(4)支払い漏れを生じさせない商品開発の仕組みづくり

・付随的な保険金の支払い漏れが生じないような商品の開発や改定を行うために、新たに経営が参画する「商品開発改定委員会」を設置し、商品の開発・改定について、保険金支払いに関する事務・システム対応等を点検・確認する。

(5)支払い担当者の能力向上

・公平かつ適切に保険金を支払うため、新任者研修・階層別研修などを実施するとともに、研修効果の把握などを通じて研修内容を見直し、保険金等支払い業務を行う担当者の業務能力向上を図る。

【回想③：当時の損保におけるＳＣ部門の位置づけ】

損保会社の中でＳＣ部門がどのような位置づけにあったのかは実に微妙な問題である。勿論会社によって異なることだが、ＳＣが実態として営業部門に従属するかのような存在であるケースもしばしば見られた。「営業」と「保険金支払い」はいわば損保業務を円滑に回すための車の両輪であり、後者が前者に従属するような構造は避けなければならない。しかしながら、往々にして営業優位の思想はＳＣ軽視にもつながり、要員の質と量、予算配分面等で営業部門に比して相対的にＳＣが我慢を強いられる場面もしばしば見られた。「保険金の支払いは、保険会社の基本的かつ最も重要な責務」を具現化する態勢づくりができないまま、保険金支払い漏れ問題をむかえたのである。

4　支払い漏れの原因

支払い漏れが多数かつ業界横断的に発生した原因について、金融庁は業務改善命令発出の際、次のように分析している[7]（傍線は筆者による）。

①経営陣は付随的な保険金の支払いに係る特性に応じた態勢整備の必要性に対する認識を十分に有しておらず、その整備を率先して行ってこなかった。

②また、経営陣は、適切な保険金支払いの重要性の認識が不十分であり、支払い漏れを一部の項目の保険金で発見した場合においても他の保険金の支払い漏れの有無を点検していない等、支払管理態勢の整備に向けた取組みが不十分であった。

③事務工程やシステム対応等を含めた支払い事務に係る手続き等の適切な整備、正しい商品知識の徹底が不十分であり、適切に業務運営を行う態勢が十分に整備されていなかった。

④管理部門等は、付随的な保険金の支払いの適切性の認識が不十分であり、主たる保険金とは別に、付随的な保険金の支払いが適切に行われているかに至るまで点検する態勢が整備されていなかった。

⑤商品開発時において、損害賠償責任に係る典型的な損害保険とは異なる性質を持つ付随的な保険金を支払う商品が開発されているにもかかわらず、付随的な保険金の支払い漏れを防止する為の関連部門の連携体制が、十分に構築されていなかった。

そして、これらの発生原因は、個別事案の処理に関するものに留まらず、付随的な保険金にかかる商品開発から支払い管理に至る態勢の不備に基づくものであり、経営管理（ガバナンス）態勢や内部管理態勢の欠陥といった構造的な問題に起因するものと認められる、と総括している。

【回想④：支払い漏れは経営の責任】

金融庁の支払い漏れに関する指摘の根底に流れる思想は、支払い漏れ件数が多数にのぼり、また業界横断的に共通して発現している（しかもマーケットシェアに応じて）事実に鑑み、単に保険金支払い部門の怠慢やミスに起因するものではなく、環境変化に適合した適切な態勢作りをしなかった経営サイドの問題であるというところにある。

これは極めて重大な視点であった。私自身の経験でも支払い漏れや不適切支払いが問題化した際、経営陣から「SCの人間がアホだからこんなことになるのだ」という非難が寄せられ、また関係部門からも同様の言動がなされ驚愕した覚えがある。問題の本質を理解できず、責任を他に求めて矮小化するものであるが、金融庁は損保各社への事情聴取等でこの危険性を察知し、公表されたような指摘すなわち経営自身が解決すべきという警鐘につながったものと思われる。

5　支払い漏れ問題の背後にあるもの

支払い漏れの原因に関する金融庁の上記指摘は、発生したことをもとに振り返ると確かにそのように総括できるし、分析として間違ってはいない。しかしながら、問題はなぜ金融庁が指摘するような理想的な保険金支払いの仕組みが各損保会社において整備されていなかったのかということである。これについて損保業界の営業第一主義や顧客軽視の姿勢の現れと簡単にまとめてしまうのは適当ではない。保険金支払いに関する損保業界の当時の判断基準と社会一般の考え方との間にズレが生じていたことは謙虚に認めるべきであるが、その理由について考察することが、真の意味での再発防止につながると考える。

(1) 保険金は請求主義

元来、保険事故が発生した場合、契約者または被保険者が損害発生の通知義務を負い、保険金支払い業務は保険金請求を待ってはじめて開始されるというのが約款上の建前であり[8]、保険会社としては請求のない付随的特約保険金について、支払っていないとしても、「それは請求者側の問題であるとの認識があり、そのことで保険会社が非難を浴びる事態になるとは考えていなかった」[9]。

またわが国において民法１６６条以下の消滅時効制度を具体化させた法格言（「権利の上に眠る者は保護されない」）も保険会社の常識として存在していた。つまり保険事故発生を知りながら、それについて請求しないことに対し保険会社は免責されるという心理も働いていたのである。これは支払い漏れが指摘され始めてから長く損保各社がこだわった問題である。当時、損保会社の中には、請求がなければ支払うことがないのだから、不払いや支払い漏れという指摘は適切ではないという主張もあって、業界全体で「支払い漏れ」の定義づけをしようにも、そのこと自体調整が困難という時期が続いた。

保険金支払いが保険会社の重要な機能であるから、たとえ請求されなくても支払うべき保険金は保険会社が主体的に見つけ出して支払うべきという理屈は、現在では当然とされるかもしれないが、当時においては容易に受け入れられるものではなかった。もし、保険会社がそのような〝かゆいところに手が届く〟ようなサービスを行うとすれば、当然体制づくりや要員配置などのコストをこれまで以上に投入しなければ不可能であり、これは事業費の上昇を招くものであり、契約者が負担する保険料を低く抑えようとする伝統的な経営風土の中では、そこまでして保険金の支払い業務を拡張すべきという発想は持ちえなかった。

しかしながら、全保険会社全担当者が共通して請求主義に徹していたかというと、そうではなく、担当者によっては同一事故により複数の保険が支払い対象になる場合、契約者に対して請求勧奨を行ったり、漏れなく支払っているケースもあったから、結果的に保険金支払いに不公平を醸成していた。これは契約者保護に係る問題である。

(2) 保険自由化がもたらした問題

１９９４年～１９９６年に開催された日米経済包括協議では、日本市場の「規制緩和」「競争促進」が枠組みとされ、保険分野もその例外ではなかった。米国は全保険種目について料率・商品の自由化を求めたほか、ブローカー制度の導入、販売チャネルの多様化等を要求した。結局日本の保険市場の規制緩和と競争を促すことで日米が合意し、それに応える形で１９９５年、１９３９年以来半世紀ぶりに保険業法が改正された。その後たて続けに自由化措置が進められ、差別型自動車保険の導入（１９９７年9月)、算定会料率使用義務の廃止（１９９８年7月)、保険持ち株会社の許容（１９９８年3月)、保険・銀行間の子会社方式での相互参入（１９９９年10月)、銀行窓販の解禁（２００１年4月）などが実現していった。

従来、護送船団方式で保護され、旧大蔵省の指導のもと統一的料率や約款、保険金支払い基準で運営されていた損保業界も急激な自由化の波にさらされることとなった。自由化による競争原理の導入は、損保会社間の商品開発・サービス競争にとどまらず、業界再編を促し現在のメガ損保の誕生を見るに至った。消費者は、保険の内容や料率を比較して保険商品を選ぶ自由度が高まり、ここにおいて損害保険が供給サイドの厳格な管理で提供される商品から、需要者が主体的に選択する商品に変質していったのである。

損保業界においては、自由化以降、商品開発競争が激化し、特約数が1社で千を超えるなど、保険商品の内容が複雑化・多様化した。[10] これに対し、事務・システム、支払い部門の整備が遅れ、また社員・代理店の商品知識習得も追いつかず、契約者への説明も不十分なものとなって行った。自由化の流れをビジネスチャンスの拡大ととらえながらも、損保会社の経営構造やビジネスモデルが追い付いていなかったのである。

【回想⑤：自由化対応の前提は事業費の削減】

銀行や証券を上回る速度での自由化を求められた損保業界では、何よりも事業費の圧縮が喫緊の課題となった。算定会料率使用義務の廃止に伴い、収益性が悪化することが予想されたため、人件費や物件費を圧縮・効率化することで、競争時代に対応しようとしたのである。

当時１００の保険料収入に対し、損害率60％、事業費率35％、残率５％というのが標準的な損保経営の姿であったが、今後は自由料率によって収入保険料が押さえられ、かつ契約者に還元する支払い保険金が増大すること（70％もありうる）が想定されたから、そのギャップを事業費圧縮、具体的には30％台を切ること、できれば25％程度までに落とす方向での努力が続けられた。その結果、〝聖域なきコストダウン〟が要請され、本来であれば自由化対応のために「ひと・もの・かね」を投入すべき事務・システム部門や保険金支払い部門に対しても、むしろ逆に要員削減やコストカットが厳しく強いられたのである。当時、私はＳＣ

部門担当役員として、経営企画部門が算出した人員・コスト削減目標にいかに近づくかに日々苦労したことを思い出す。結局のところ、個々の組織の全社的な位置づけを考慮することなく、一律にコストダウンを要求すれば、その組織の一人当たり労働量が増加するだけでサービス内容が低下することは避けられないのである。

今から振り返ると、ここに支払い漏れ問題を引き起こす構造的な要因が潜んでいた。結果として金融庁が指摘するように「経営陣は付随的な保険金の支払いに係る特性に応じた態勢整備の必要性に対する認識を十分に有しておらず、その整備を率先して行ってこなかった」となるわけであるが、当時損保の経営陣はその必要性よりも、まず自社の生き残りを賭けてコストダウンを優先し他を省みることができなかったのである。

(3) 乱発される保険商品開発

支払い漏れ問題の根底にあるものとして、自由化対応のためあまりに他社差別化を急ぎ、保険商品の制御できない多様化に陥ったことがあげられる。(11) そのことについて実証的に検証してみたい。保険商品の多様化は1996年の改正保険業法の施行をきっかけとし、実質的には1999年の東京海上社の人身傷害特約の発売によって加速されることとなった。その後リスク細分化商品の開発合戦につながるわけだが、いかにこれが常軌を逸していたかは、次のような事実を見れば容易に理解される。例えば損保ジャパン社の2008年度版ディスクロージャー誌によると、2003年4月から06年5月までの38カ月間に新商品発売と約款・料率改定を全種目計で116件行っている。1カ月平均3件である。ピーク時と思われる２００５年の上半期では、なんと月平均４件を超え、毎週１件以上の新商品発売または改定が行われている勘定となる。これらはディスクロージャー誌に掲載されるような主要なものだけの統計であり、軽微な手直し等を含めればこの数はさらに増加する。この傾向はどの損保社も同じであったはずである。

この数字の重みであるが、新商品発売や料率改定に伴う営業社員研修は言うに及ばず、代理店への伝達や講習、パンフレットや申込書の差し替え送付、そして支払部門への徹底など、おそらく現場第一線は想像を絶する混乱と苦労に見舞われたに違いない。また本社管理部門においても、事務・システム部門の帳票類の改定、システムづくり、マニュアルの改定等の作業が加わる。結論から言うと、どの損保社においても週一回ごとに襲ってくる新商品発売や商品改定を齟齬なくやり続けることは、組織の受容能力をはるかに超えていたということである。この結果、氾濫する商品（多くは主たる種目に付帯する特約）の消化不良が起こり、社員も代理店もめまぐるしく変わる商品内容について正確な把握が困難な状況が生まれていた。これが全社的に発生していた現象であり、支払い漏れが業界横断的なものであった理由である。

【回想⑥：連携を軽視した商品開発がなぜ行われたかのか】

金融庁による支払い漏れ原因の分析に、商品開発部門と関連部門との連携、事前準備が不足していたという指摘がなされている。[12] その背景として、伝統的に損保各社では商品開発部門が社内において関連部門の上位に立ち、自分たちはいい商品を作ったのだから、あとはそれぞれの部門が必要なことをやるはずだ、やるべきだという独善的な観念にとらわれる傾向があった。事務やシステムにどれだけの負荷がかかるのか、営業部門が代理店や顧客に周知徹底するためにどれだけの時間と手間がかかるかなどほとんど考慮しないで商品開発や改定を行うのである。その結果、商品開発部門と関連部署との事前の情報共有がほとんどなされなかった。また、「他社が開発したのだからうちもやれ」と経営から急がされ、デッドラインをあらかじめ決められることもしばしば行われた。

戦略的にスピードをもって商品の開発・発売を行うことは経営として当然の行為でもあるが、本当にそうする意味があるのかという深い吟味に欠け、安易な品揃えにこだわっていなかったか、個別最適に走り、全体最適を損なっていたのではないかという思いがある。金融庁の「保険検査マニュアル」では、新商品開発と販売に関し、取締役会の関与をもとめているが、[13] 上記のような状況の反省に立っての的確な指摘である。

6　むすび――経営としての反省

戦後日本の損害保険業は、１９４６年に設立された日本損害保険協会と１９４８年の料率団体法にもとづく損害保険料率算定会（のちに自動車保険料率算定会が分離）とを軸として運営されてきた。後者の算定する保険料率の使用が加盟損保全社に義務づけられ、また日本損害保険協会内に設置された各種委員会が業務内容を規制していた。そこでは個社単位の自由な商品設計や販売、保険金支払いが制限され、いわば業界としての談合が公認されていた。このこと自体は、国民経済や財産の保障機能を公平にあまねく行き渡らせるものとして、それなりの存在理由があったと考える。この時代における損保会社の経営行動は生産者論理にもとづくものであり、利害関係者の中で重視したのは、とりわけ販売網たる代理店および社員との関係であった。しかし、日本経済が高度成長をへて成熟期に入ってからは、どの産業においても消費者の視点がより重要度を増し、消費者ニーズへの対応が経営の中心的課題になってきたのである。損保業界がこの転換期を迎えたのは、損保経営の枠組みを大きく転換させた保険法改正の時期、１９９５､６年以降と考えられる。

損保会社を巡る経営環境と規範が変化し、取り囲む常識、ビジネス倫理、法律が変質していったわけであるが、まことに遺憾なことに損保各社はその変化を的確に認識することができなかった。観念的には「お客様第一」を標榜し、そのつもりで保険商品を開発したが、販売と商品価値を発揮するはずの保険金支払いのプロセスは依然として旧態依然たるものであった。損保業界を核とした社会に向かっての遠心的拡大の価値観から脱皮できず、消費者のニーズや社会の常識を起点とした価値観への変化に損保業界は対応できなかった。これが保険金支払い漏れ（あるいは不払い）の根本的な原因である。

自由化を迎えるに当たり、当時の損保業界における具体的な問題点を整理すると、次の3点になるであろう。

(1)自由競争時代に突入していたにもかかわらず、相変わらず保護規制下の思想（損害保険業界が市場を管理している）にとらわれ、消費者のニーズをすくい上げる新たな経営思想や態勢の構築ができていなかった。すなわち、環境に適合したビジネスモデルの構築ができていなかった。

(2)事業費圧縮を最重要な経営課題としたため、自由化に伴い増強すべき部署（事務、システム、保険金支払い部門等）をもコスト削減対象として、要員および予算を縮減していった。先述したように、この判断は当時としては必ずしも誤ってはいなかったが、結果的に、自由化の巨大なうねりに幻惑され、目先のコストダウンにとらわれてしまったことになる。商品が多様化すれば保険金支払い業務も複雑化、多様化するであろうということに思い至らなかったのは、まさに経営に想像力が欠如していたのである。

(3)また、社内の業務が自由化によって質量ともに飛躍的に加重されていたにもかかわらず、従来思考の延長線で緻密な業務プロセスの分解・積み上げをしないまま組織が受容できる業務の質と量の範囲を超えて仕事を現場におろしてしまった。これも経営の認識不足によるものであった。

保険金支払い漏れ問題は、損保業界全体が価値の変革（バリューシフト）に対して対応できなかったことにより発生したが、また一方では、損保業界の契約者保護、契約者目線での発想を加速させる契機ともなった。

ただ問題としては、支払い漏れ問題のトラウマ的現象として、保険金支払いに関し契約者とのトラブルや苦情を招かないようにという心理が働き過ぎ、保険金支払いの規律が甘くなっているのではないかという指摘がある。(14) このことは損害率の上昇につながる危険性を伴う。また、契約者目線の丁寧な仕事にも実はコストがかかっており、それは事業費の上昇にもつながっていて、事業費率を30％以下に抑えるという自由化当初の目標は、全く実現できていないばかりか、むしろ当時よりも高い水準で推移している。結局これらの現象は保険契約者の負担する保険料に影響することとなのである。さらに、完璧な仕事を要求されるＳＣ部門の社員の心的疲労も大きいと聞く。保険金支払い漏れ問題を機に、さまざまな改善、改革策がとられてきたが、今後損保経営者としては、それが社内外にどのような効果や影響をもたらしているのかについて十分な検証と見直しをしていく必要がある。

損保各社は、今後ともＣＳＲやステークホルダーを重視し、かつグローバルな動向も踏まえた社会適合的な存在になるべく努力を続けて行くとともに、良好な保険金支払い機能を持続可能にするために、提供するサービスの質・量とコストとのバランスにも配慮する難しいかじ取りが必要となるであろう。

図表Ⅱ－1－1　保険金支払い漏れ問題の時系列的整理

年　月　日	問　題　の　概　要
2005年2月	金融庁検査で富士火災において自動車保険等で付随的保険金の支払い漏れが発覚。(4,800件、1.2億円)
9月	損保16社の自主調査で、16万件、66億円の支払い漏れが判明。
9月30日	金融庁、全損保会社48社に対し過去3年間（2002.4～2005.6）について支払い漏れの件数と支払い完了状況について報告を徴求。
11月25日	金融庁、損保会社48社中26社で、18万件、84億円の支払い漏れがあったことを公表。 同日、保険業法132条第1項等にもとづき、26社に対して業務改善命令を発出。
2006年7月14日	金融庁、全損保会社48社に対し、第三分野保険にかかわる過去5年間の保険金不払い事案について報告を徴求。各社は10月31日に報告。
8月11日	金融庁、各社の業務改善状況のフォローアップの一環として、支払い漏れについて最終的な件数について報告するよう要求。各社は9月29日に報告。
11月17日	金融庁、損保26社の支払い漏れが32万件、188億円に拡大していることを公表。いまだに各社において付随的保険金の支払い漏れの把握が十分でないことから、さらなる調査を要求。
2007年3月14日	金融庁、第三分野保険の保険金不払いが、損保21社で5,760件、約16億円あることを公表。 同日、保険業法132条第1項等にもとづき、重大な問題が認められるとして10社に対し業務改善命令を発出。
6月	損保26社の付随的保険金の支払い漏れが約50万件、380億円に拡大。(最終報告)

出所：金融庁公表文等から作成

［注］

（１）同時期に問題となった生命保険の不払い問題では、コスト削減の意図をもって経営方針として保険金支払いを厳格に運用した会社もあった。

（２）金融庁「損害保険会社の付随的な保険金の支払漏れに係る調査結果について」２００５年11月25日

（３）業務改善命令を受けたのは、以下の26社。東京海上日動、三井住友海上、損保ジャパン、日本興亜、あいおい、ニッセイ同和、富士火災、共栄火災、日新火災、朝日火災、セコム損保、明治安田損保、スミセイ損保、大同火災、ソニー損保、セゾン自動車、三井ダイレクト、そんぽ24、エース損保、アクサ損保、ジェイアイ傷害、アメリカン・ホーム、エイアイユー、チューリッヒ、アシキュラチオニ・ゼネラリ、ザ・ニュー・インディア。

（４）金融庁・保険ワーキング・グループ資料「保険金支払いについて」２００９年4月24日、1頁

（５）金融庁「付随的な保険金の支払漏れに係る調査完了時期等について」２００６年11月17日。最終的な損保各社の支払い漏れ件数と金額の合計については、研究者、機関ごとに若干の差異がみられる。例えば、日本損害保険協会は２００７年11月26日付「費用保険金等の付随的な保険金のお支払い漏れについて」で累計約47万件、約３６８億円としている。これは協会会員19社の数字である。

（６）損保各社の公表資料にもとづき作成。

（７）金融庁「損害保険会社26社に対する行政処分について」２００５年11月25日

（８）保険契約者が保険金の請求をせずに請求事由発生日から3年経過すれば時効となる。法的側面から見れば、ほとんどの不払いや支払い漏れは保険約款には抵触せず、保険会社側には問題がないと考えられる。これに関する理論的説明は、加藤由孝「保険金不払い問題に関する一考察」『名城論叢』第8巻第4号２００８年3月、１９２頁、大森忠夫『保険法』有斐閣、１９５７年１６７-１７０頁、山下友信『保険法』有斐閣、２００５年、４１５-４１９頁を参照されたい。

（９）鴻上喜芳「損害保険業の課題―近年の危機事例と環境変化を踏まえて」『長崎県立大学経済学部論集』第48巻２０１４年6月、１２５頁

（10）鳳佳世子「保険金不払い問題の概要と課題」『調査と情報』第５７２号２００７年、6頁

（11）井上　泉「日本の損害保険会社のコーポレート・ガバナンス」慶應義塾大学『保険研究』第62集（２０１０）、73頁

（12）金融庁「損害保険会社26社に対する行政処分について」２００５年11月25日

（13）金融庁「保険検査マニュアル」２０１５年10月、10頁

(14) 筆者の損保数社の保険金支払い担当者へのヒアリングによる。不当不正請求の疑いのある案件についても対応姿勢が、従来よりも緩くなっているのではないかという懸念がある。

事例研究２　中日本高速道路笹子トンネル天井板落下事故（２０１２年12月）

〈頑なに賠償責任を否定するも訴訟は完全敗北〉

１　はじめに

２０１２年12月２日、中日本高速道路株式会社（以下「中日本高速道路」）が管理する中央高速道路上り線笹子トンネルにおいて、突然トンネル天井板が落下し、３台の車両を押し潰し死傷者計11名を出すという安全安心を標榜する高速道路会社としてはあってはならない事故が発生した。事故の原因は、天井板と隔壁板を吊下げるＣＴ鋼をトンネル天頂部で接着しているアンカーボルトが、経年劣化、施工不良等によって支持力を失ったことによるものであった。遺族が提訴した損害賠償請求訴訟においても、長年にわたりアンカーボルトの保持力、耐久力を確実に点検しなかった中日本高速道路の管理上の過失が認定され、４億６千万円の支払い責任が確定した。

「安全・安心・快適」と「お客さま第一」は中日本高速道路の経営の最優先課題(1)であった。しかしながら、中日本高速道路は笹子トンネルの詳細点検を事故発生まで12年間も行わず、高速道路管理者としての注意義務を怠り、また損害賠償に対しても頑なに責任を否定し、裁判開始直後に中日本高速道路の責任を指摘する第三者委員会の調査報告書が公表されたにもかかわらず、裁判を続行し横浜地方裁判所で完敗ともいうべき敗訴判決を招いた。

本事件は、企業の法的責任に加え、企業が社会に対して約束する社会的責任（ＣＳＲ）を果たすとはどういうことなのか、企業としてのビジネス倫理のあり方について改めて考えさせる事例である。

2　事故の概要

２０１２年12月２日（日）午前８時３分頃、山梨県大月市と甲府市にまたがる中央高速道路上り線笹子トンネル内で、東京側坑から約１１５０ｍ付近で、１枚当たり重さ1トンを超えるコンクリート製天井板が約１３８ｍにわたり落下、車両３台が下敷きになり、うち２台が炎上焼損した。その結果９名が死亡、２名が重傷を負った。特に５名が死亡したワゴン車では、「（死体は）１０００度の熱で３時間も焼かれたので、手もなく、足もなく、体が上下に分かれてバラバラな炭の塊だった。体の中で一番固いはずの歯までなくなっていた[2]」という凄惨なものであった。この遺体の状況は、遺族に強烈な衝撃を与え、後日の中日本高速道路に対する高額な損害賠償請求につながった。

事故直後より中央高速道路下り線は大月ＪＣＴ・勝沼ＩＣ間が、上り線は一宮御坂ＩＣ・大月ＪＣＴ

間が通行止めとなった。下り線は天井板を撤去等の上、２０１２年12月29日（事故後27日目）より対面通行により供用を再開し、上り線は警察による事故の現場検証、天井板の撤去等の後、翌年２月８日（事故後68日目）に通行止めが解除となった。

3　笹子トンネルの概要

笹子トンネルは中央高速道路大月ＪＣＴ・勝沼ＩＣ間にあり、１９７２年よりトンネル工事が開始され、１９７６年に本体工事が完成、１９７７年に天井板工事が完成した。全長下り４７１７ｍ、上り４７８４ｍ（いずれも２車線）であり、中央高速道路では恵那山トンネル（８・５㎞）に次いで２番目に長いトンネルである。天井板工事が完了して事故まで35年が経過していた。

笹子トンネルのような長大トンネルには通行車両の排気ガスを換気する装置が必要である。換気方式として横流換気方式が採用され、送気および排気の両ダクトについてはトンネル断面を活用する天井板構造が採用された。トンネルの上部を天井板で区切り、さらに隔壁板を設け、ダクト空間とする構造である（図表Ⅱ-２-１）。天井板や隔壁板を吊下げるＣＴ鋼（長さ６ｍ）は一基当たり16本のアンカーボルトでトンネル天頂部に固定されていた。その施工方法は、コンクリート壁に孔を穿って接着材カプセルを装填し、そこにボルトをねじ込むことでカプセルを破壊し、カプセル内の接着用樹脂を孔内に充填させるというものである。事故当時、同様の吊り方式天井を有するトンネルは全国で49カ所[3]存在してい

図表Ⅱ-2-1　笹子トンネルの構造

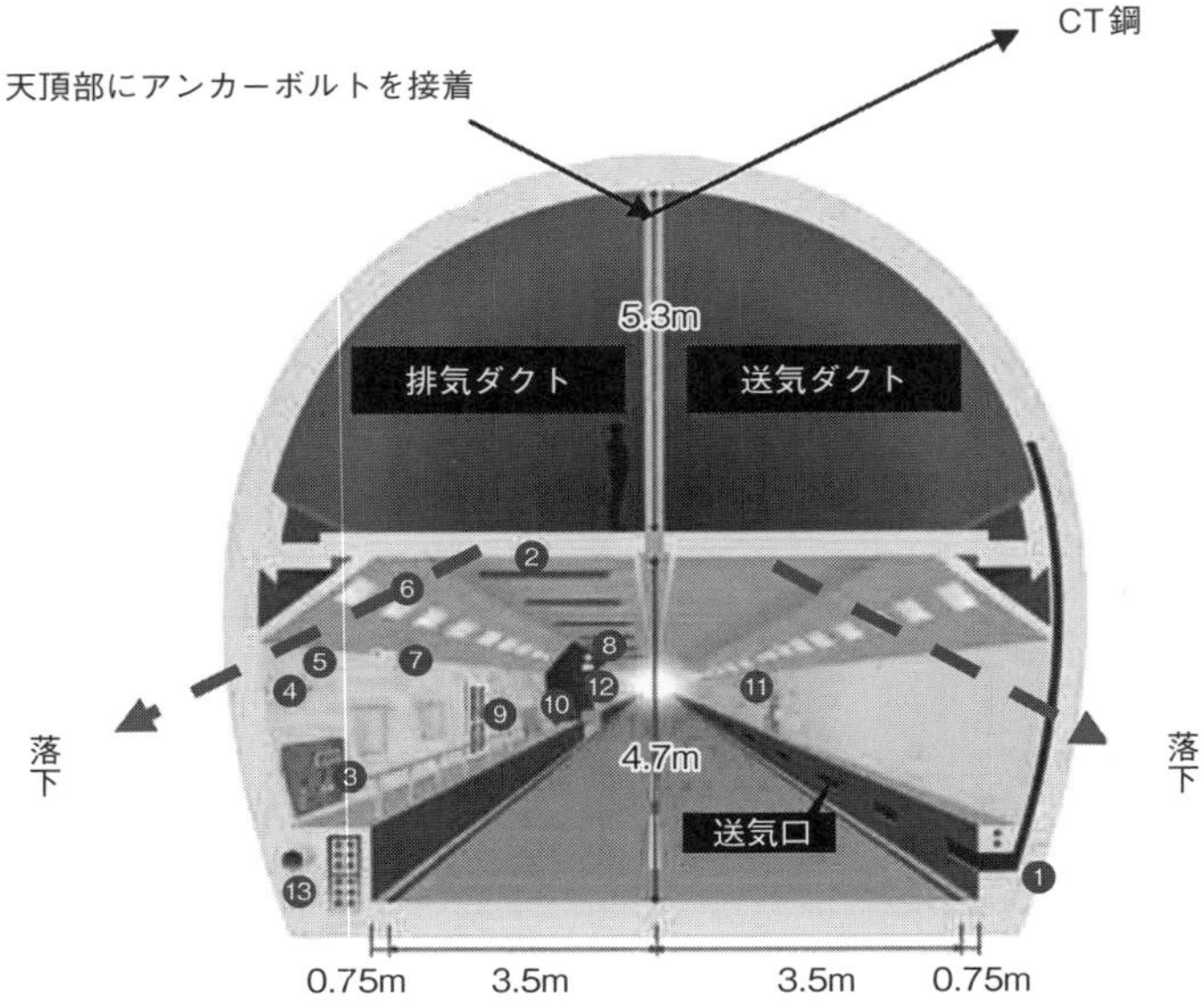

出所：国土交通省トンネル天井板の落下事故に関する調査・検討委員会「報告書・資料集」2013年6月18日、28頁

た。

4　事故原因

(1) 調査・検討委員会の設置

事故後直ちに国土交通省は、落下の発生原因と同種の事故の再発防止策について専門的見地から検討するために、今田徹東京都立大学名誉教授を委員長とする7名からなる「トンネル天井板の落下事故に関する調査・検討委員会」（以下「調査委員会」）を設置した。調査委員会はトンネルの天井板、隔壁板、吊金具などの構造、覆工コンクリート、ボルト鋼材の状況、施工当時の記録、中日本高速道路の過去に実施した点検

記録等を精査し、各種試験も行うなど精力的に調査を行った。その結果、早くも翌年3月27日の第4回委員会において事故原因を「ボルト孔の接着部まわりに絞り込んでよい」とほぼ特定し、最終的に２０１３年6月18日に報告書を公表した。

(2) 推定された落下メカニズム

調査委員会は、早くから事故原因を天頂部接着系ボルトの設計・施工も含めた接着部まわりに絞り込むことができるとし、天井板の落下メカニズムを以下のように推定した[4]。

①天井板に打設された接着系ボルトは、工事完成時点から所定の接着剤引抜強度が発揮されないものも含まれるなど、設計施工段階から事故につながる要因を内在していた。

②落下区間は最もダクト空間の断面積が大きく最も重い天井板および隔壁板を有し、そして最も大きい風荷重を受ける断面であったが[5]、特に建設当初から所定の引抜強度が得られなかった天頂部接着ボルトでは、経年の荷重作用や材料劣化を原因とする引抜強度の低下・喪失が進行した。

③いずれか、または複数のＣＴ鋼において、天頂部接着ボルトは、全体としては天井板および隔壁板等を吊るすための強度が不足し、その結果、接着剤樹脂と覆工コンクリート、または、接着剤樹脂とボルト接合面に沿ったせん断破壊等、単独または複数の破壊形態の複合形態により引き抜けたことで、ＣＴ鋼、天井板および隔壁板の落下が生じた。

要約すると、重い天井板や隔壁板を吊下げていたＣＴ鋼はトンネルの天頂部分でボルトによって固定

図表Ⅱ-2-2　ケミカルアンカーの使用法

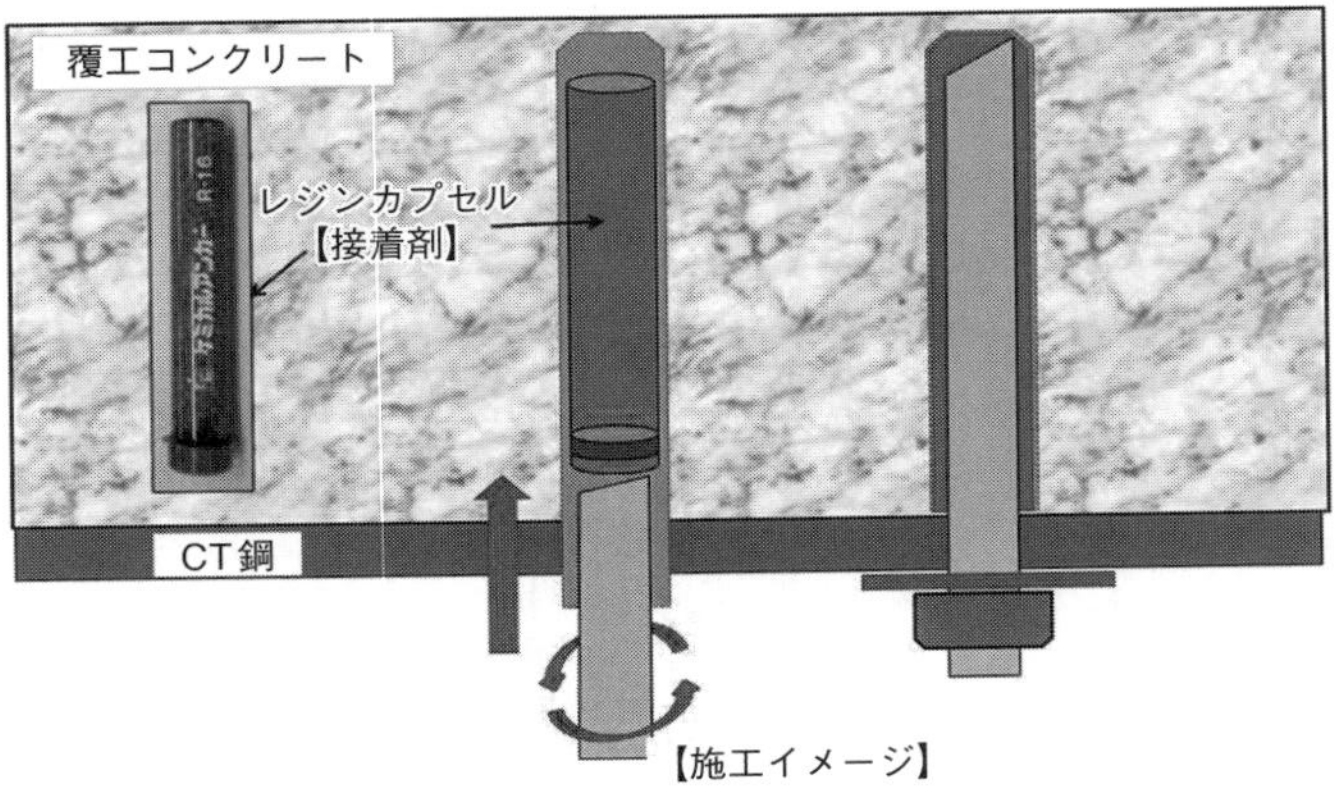

CT鋼一基（長さ6m）当たり16本のアンカーボルトで固定

出所：「調査報告書」18頁

されていたが、そのボルトが施工不良、経年劣化等の理由で想定されていた保持力を失って引き抜け、CT鋼、天井板、隔壁板もろとも落下したという結論であった。

(3) 接着系ボルト

笹子トンネルで用いられたボルトを固定する接着剤は、商品名「ケミカルアンカーレジンカプセルR-16」（不飽和ポリエステル系）といい、ドイツのメーカーが開発した画期的なものであった。接着剤の入ったカプセルを予めボルトをおさめるためにあけた穴に挿入し、下からボルトをねじ込むことでカプセルが破壊され、接着剤が孔内に充填されボルトを固定するのである。接着剤の硬化により接着されたボルト1本当たりの抵抗力は引張力の3倍以上になると想定されていた[6]（図表Ⅱ-2-2）。そして、その前提は、カプセル方式の接着系ボルトをボルト孔底までボルト先端を挿入すること、かつボルト孔壁とボルトの隙間が一定以下になるように削孔径が制御されることで、ボルトとボルト孔の隙間をなくし、付着強度を発揮させるということであった。したがって、適切な径でボルト孔を削孔すること、孔底とボルト先端を一致させるように打設することが求められていた。

(4) なぜボルトの保持力が失われたのか

重量物を支える吊金具（CT鋼）に対し、接着ボルトは想定される荷重の3倍の支える力を保持していることになっていた。設計当初想定していた荷重とは、(1)天井板の自重、(2)隔壁板の自重、(3)CT鋼、モルタル等の自重、(4)天井板における作業員の荷重、(5)送気、排気時の天井板に鉛直にかかる風荷重であった。ところが実際にトンネルを供用し車両の通行が始まると、想定していなかった荷重がかかるようになっていた。すなわち、(6)送気、排気時の隔壁板に水平方向にかかる風荷重、(7)排気設備の稼働時・停止時の風荷重、繰返し荷重振幅（約20万回）、(8)大型車両の通行時の風力による天井板への荷重である。さらに委員会の調査では、接着系ボルトの施行不良（穿孔深さと埋込み長が不一致、ボルトの配置が対称でない）や接着剤樹脂の疲労・加水分解による劣化が観察された。これらの要因が重なり合って、最終的にボルトの引抜強度の低下・喪失が進行し、その結果CT鋼、天井板、隔壁板が落下したというのが調査・検討委員会の結論であった。

(5)施工不良を疑わせる事象

調査委員会は、天井板落下区間内や後述の引抜試験で引抜強度が特に低かったボルト箇所等合計57カ所において、覆工コンクリートのコア採取を行い、天頂部接着系ボルトの埋込み状態を観察したところ、ボルト先端とボルト孔底が一致するように施工されておらず、その結果、ボルト孔の削孔深さがボルト埋込み長に比べて深いこと、ガラス管、骨材、硬化剤および樹脂の一部が十分攪拌されないまま孔底とボルト先端の間の隙間に残留しているものがあった。ボルト孔底とボルト先端位置が一致しない限りは、樹脂等の一部が攪拌されないままボルト先端に残留する傾向がある。これはボルトが所要の固着力を発揮できていなかった可能性を示す。具体的には以下の様な状態であった。

・ボルト削孔径は平均19・5㎜でばらつきが少ない。一方で、ボルト孔の削孔深さは平均で157㎜、ボルト埋込み長は平均129㎜であり、ばらつきが大きい。平均的にも削孔深さが埋込み長よりも約28㎜長かった。

・事故後、天井板が落下した笹子トンネル上り線全線（事故区間を除く）にわたって、アンカーボルトの抜き抵抗力試験が行われた。その結果、得られた有効データ数183カ所のうち想定引抜強度に満たないものが16カ所（約9%）存在することが確認され、中には試験前に触診したときに引き抜けたり、ジャッキによる載荷に対してほとんど抵抗を示さなかったものもあった。[7]

5　笹子トンネルの点検経緯と調査委員会の評価

(1) 点検マニュアル

構造物の点検マニュアルは、中日本、東日本、西日本の高速道路３社が前身の日本道路公団から引き継いだものをもとに、民営化後２００６（平成18）年に共同で作成している。事故発生時点においては「保全点検要領　構造物編（平成24年４月）」が最新の要領であった。(8)

この要領では、点検の種別（初期点検、日常点検、定期点検〈基本点検、詳細点検〉、臨時点検〈特別点検、緊急点検〉）、点検方法（車上目視、遠望目視、近接目視、打音、非破壊検査機器）、点検頻度（日常点検：交通量に応じて４～７日／２週、定期点検（基本点検）：１回以上／年）等について定めている。

このうち、詳細点検は「構造物の健全性を把握するため近接目視・打音等により詳細な診断を行う」と定義され、その頻度は、５～10年の間隔で１回を標準とし、道路交通または第三者に対し支障となる恐れのある箇所の点検は、５年に１回行うことが基本となっていた。近接目視とは、構造物の状況について可能な限り検査路や足場などを利用して、構造物に接近または双眼鏡にて目視により点検する方法であり、打音とは、所定のハンマーにより対象構造物を打音して、構造物の状況（はく離やボルトのゆるみ等）を把握する点検方法である。(9)

図表Ⅱ－2－3　笹子トンネル上り線点検経緯

点検年度	点検種別	点検内容
2000年 (H12)	臨時点検	天井板上面（ダクト空間）を近接目視および打音点検。点検の結果、アンカーボルトの脱落、ゆるみが計217カ所あった。
2005年 (H17)	定期点検	点検の目的が天井板下面からのコンクリート剥落チェックであったため、天井板上面は点検していない。
2008年 (H20)	臨時点検	路面上から近接目視および打音点検を行ったが、タイル面のみ点検しており、天井板上面は点検していない。この時点で、天井板上面点検を2009年度に実施する計画としたが、実際には行われていない。
2012年9月 (H24)	定期点検	路面上から近接目視および打音点検。天井板上面の近接目視と一部打音点検を行うが、足場を組んでおらず、天頂部の点検は行っていない。

出所：国土交通省トンネル天井板の落下事故に関する調査・検討委員会「笹子トンネル（上り線）の過去の点検経緯」（第３回調査委員会資料）より作成

中日本高速道路が笹子トンネルについて事故発生前に行っていた点検は、主として天井板から下の部分を見ており、天井板から上の重量物を支えるＣＴ鋼を天頂部で固定しているボルトについては詳細点検を12年間行っていなかった。

(2) 中日本高速道路の点検経緯

２０００年から事故発生前の２０１２年までの12年間に中日本高速道路は笹子トンネル上り線の点検を4回行っている。その概要は図表Ⅱ－２－３のとおりである。

中日本高速道路の笹子トンネル上り線の過去4回の点検経緯を見ると、実際に天井板上面（ダクト空間）を詳細点検したのは２０００年の１回だけである。その後12年間にわたり、最も注意を払わなければならない天頂部接着ボルトの状況について実際に触診や打音による点検を行っていない。

２０００年の詳細点検時に、天井板上面（ダクト空間）を近接目視および打音点検したところ、アンカーボルトの脱落、ゆるみが計２１７カ所発見された。この実態を踏まえ、翌２００１年７月から丸紅建設に委託し、補修工事および部分的な調査を実施した経緯がある。しかし、どういうわけかその後詳細点検は行われていない。もし、日本道路公団と分割民営化後の中日本高速道路が２０００年の調査結果をより慎重に考慮するならば、事故を防げた可能性が高い。現に事故直後12月3日から実施された笹子トンネル下り線の事故後の緊急点検では、はしごを使って、ＣＴ鋼を固定している接着ボルト1万２００２カ所について近接目視および打音点検したところ、脱落（２カ所）、ゆるみ（６０８カ所）、腐食による断面欠損（22カ所）、計６３２カ所の不具合が発見された。[10] 事故の３カ月前の定期点検において、トンネル上り線について事前にこのような詳細点検を行っていれば、中日本高速道路はトンネル内の異常な状況に気づいたものと考えられる。

(3) 調査委員会は中日本高速道路の点検方法をどう評価したか

こうした中日本高速道路の点検経緯を総括して、調査委員会は、「点検計画の変更、12年間にわたりＬ断面天頂部ボルトに対して、ボルトに近接しての目視および打音が未実施であったことについて、個々にみれば背景があるとしても、天頂部接着系ボルトの状態について明確な裏付けがなく近接での目視および打音の実施が先送りされていた」として、「中日本高速の笹子トンネル天井板に対する事故前の点検内容や維持管理体制は不十分であったと言わざるを得ない」[11]とし、結論として中日本高速道路の点検方法を下記のように評価した。

①中日本高速の笹子トンネル天井板に対する事故前の点検内容や維持管理体制は不十分であったと言わざるを得ない。

②12年間にわたり天頂部ボルトに対して、ボルトに近接しての目視、打音が、明確な裏付けがなく未実施であり、先送りしていた。

③膨大な数の補修補強履歴の保存体制が不備であった。工事関係書類が本来保存されるべき場所とは異なる場所で見つかった。個々の点検情報が、点検計画等の維持管理に適切に反映できていない。工事関係書類が速やかに見つけ出せる状態でなかったため、事故原因調査の途中において、各種資料やデータの整合性の確認作業に少なからず支障をきたした。

世に公表される不祥事や事故に関する第三者調査委員会報告書は多いが、上記③のような指摘をする報告書はあまり見たことがない。膨大な数の補修補強履歴の保存体制が不備であり、事故原因調査に支障をきたしたというのであるから、中日本高速道路は何を根拠に詳細点検をしなくてよいと判断したのか、対外的に説明できなかったのである。

調査委員会の指摘は、中日本高速道路が最も危険なリスクとして認識しなければならなかったはずの天井板の点検に関し、12年間にわたり天頂部ボルトに対して近接しての目視、打音が、明確な裏付けがなく未実施であり、また中日本高速道路がなぜ12年間も詳細点検をしないでよいと考えたのかについて

も理由が判然としないというのである。(12)

6　損害賠償訴訟(13)

(1) 裁判の提起

事故後遺族は中日本高速道路に対し、事故の責任を認め損害賠償に応じるよう求めていたが、中日本高速道路は工作物責任は認めるものの、「事故は予見できなかった」、「点検方法は適切だった」として、自己の過失を認めようとしなかった。そのため、ワゴン車に乗っていて死亡した5名の男女の遺族12名が中日本高速道路と実際に点検業務を行っていた子会社中日本ハイウエイ・エンジニアリング東京株式会社（以下「中日本ＨＥ東京」）を相手取り、２０１３年5月15日、横浜地方裁判所に訴えを提起した。請求額は合計約9億3千万円であった。

中日本高速道路が認めた工作物責任とは、土地の工作物の瑕疵によって他人に損害を与えた場合に、工作物の占有者・所有者が負う賠償責任をいい（民法第７１７条）、法の構造としては第一義的に占有者（この場合中日本高速道路）が無過失責任を負うもので、中日本高速道路が自主的に損害発生に関し責任を認めるということを意味しない。したがって、中日本高速道路としてはあくまでも過失責任はなかったとしつつ、法の定めに従い賠償金は支払うという姿勢であった。これが遺族の許すところとならなかったのは当然である。

(2) 遺族の主張

遺族（原告）は、事故の3カ月前の点検で打音検査などの適切な計画を立て、点検作業を行う子会社（中日本ＨＥ東京）に指示していれば異常に気づき、事故を防ぐことができた、２０００年に実施した詳細点検では、アンカーボルトの脱落とゆるみが２１７カ所もあったのに補修工事をしていない上、それ以降12年以上も詳細点検を行っていない等を主張し、工作物責任（民法７１７条）に加えて使用者責任（民法７１５条）を追及した。工作物責任だけを問うのであれば、過失と損害の間の因果関係は問題とならず、後は賠償金額だけを巡っての争いとなる。遺族が損害賠償の根拠に使用者責任を加えたことの意味は、道路点検の計画と発注を行った「中日本高速道路・保全チーム」と点検を実施した「中日本ＨＥ東京・道路技術事務所」の従業員が適切な点検を行わなかったことに重大な過失があり、それぞれ雇用していた両社にはその使用者責任があるということを裁判で認めさせることにあった。当然、過失と損害発生の因果関係の立証責任は遺族側にあるわけだが、その困難を乗り越えてでも、子供たちの死の原因がなんであったのかを追及せずにはいられない遺族の無念の心情があった。

(3) 中日本高速道路の反論

これに対し、中日本高速道路は、「本事故に関して推定される崩落のメカニズムや複数の原因のうち設計、材料・製品及び施工に関わる事項は、事故調査委員会の調査によって初めて判明したもので、事故発生前には知る由もなかった。事故の危険性を認識できず、重大な過失はない。また、天井板が緊急に補修する必要があるほど劣化しているとの認識はなかった。ゆえに事故は予見できなかった」として、事故の予見可能性も結果回避可能性も否定した。以下中日本高速道路は裁判において以下の様な反論を試みている。

〈中日本高速道路の反論〉

・本件点検の点検方法は、点検要領に即したものであり、中日本高速道路・中日本ＨＥ東京は予見義務と結果回避義務を尽くしていた。
・詳細点検においても目視が基本とされている。
・中日本ＨＥ東京の点検方法は、中日本高速道路の実施計画書に従ったものである。
・事故以前の点検において、ＡＡ（緊急補修必要）と判定された不具合はなかった。
・たとえ天頂部アンカーボルトの全数を打音点検しても崩落の危険性を認識できなかった。
・事故後の緊急点検で、多数のボルトの欠落、脱落、緩みが発見され、他の同構造トンネルの点検結果と比較して、異常とも思える結果が出たのは、事故を受けて、「わずかな変状」をも計上しているからであり、その結果を他と単純に比較することはできない。

(4) 横浜地方裁判所の判断

15回にわたる審理の結果、横浜地裁は２０１５年12月22日、原告の主張を全面的に認め、中日本高速道路らに約４億６千万円の賠償を命じた。判決では争点であった事故予見可能性と結果回避可能性を認定した。横浜地裁判決を精読すると、ひとつひとつの論点を緻密に検討しており、その結果出された最終的な判断にはそれ以上争う余地もなく、中日本高速道路が上級審に控訴することを断念したこともうなずける内容となっている。原告と被告がどのような論旨を展開し、それらを裁判所がどう判断したかは、今後の高速道路事業に係る法的な責任を検討する上で参考になると思われる。ここでは主要な論点について裁判所の判断を判決文より引用する（傍線は筆者による）。

〈事故の原因〉

・トンネル天井板は設置から35年以上経過、天頂部アンカーボルトの経年劣化が進み、16本のアンカーボルトが抵抗力不足で抜け落ち、それによって多数の天井板が連続して落下した。

〈中日本高速道路らの点検方法の妥当性〉

・中日本高速道路は、個々の構造物の性質・特性はもとより、本件トンネルに関する従前の点検結果および補修履歴等を把握した上で、いかなる部位、範囲についてどのような点検を行えば、本件トンネルの通行者に危険を及ぼす可能性の高い不具合を的確に発見可能かという観点から、適切な点検計画の立案、点検方法の選択・設定する注意義務を負っている。

・目視の結果、異常の見られない対象物に何らそれ以上の点検を行わないというのは、点検方法として甚だ不十分と言わざるを得ない。

・中日本ＨＥ東京は、中日本高速道路から本件トンネルの通行者に危険を及ぼす可能性の高い不具合を遅滞なく発見し、適切な対応を採ることによって通行者の安全を確保する目的で点検業務を受託したのであるから、本件トンネルの通行者に危険を及ぼし得る不具合を遅滞なく発見し、通行者の安全を確保し得るか否かは、中日本ＨＥ東京の作成する本件トンネルの点検実施計画および中日本高速道路との協議内容如何にかかっているということができる。

・そうすると、中日本ＨＥ東京は、中日本高速道路と同様の観点から、適切な点検実施計画を作成し、中日本高速道路と協議する際には、上記不具合を遅滞なく発見し得る適切な点検方法を指摘・具申すべき注意義務があった。

判決では、高速道路会社の点検は、単に自ら決めた点検要領に従えばよいというものではなく、安全安心の観点に立って、それまでの点検結果や補修履歴を把握した上で、リスクに見合った最も適切な点検方法を取るべきとしている。実効性あるリスク管理の観点からして、当然の指摘といえる。

〈予見可能性〉

・天井板はコンクリート製で重く、それを支えるアンカーボルトには大きな荷重がかかっており、経年劣化で壊れることは相当前から一般的な知見となっていた。点検時にアンカーボルトが経年劣化している恐れは認識可能であった。事故の約２カ月前まで笹子トンネルの点検を実施していたが、点検前には米国でアンカーボルトが抜けたことで、天井板が崩落する類似の事故も起きていた。(14)

・両社は、適切な点検を実施しなければ、トンネル天頂部のアンカーボルトの不具合を看過し、その結果、天井板が道路上に崩落する可能性を予見できた。２０００年の臨時点検では、打音でアンカーボルトの緩みが２１３カ所で見つかり、２００１年の外部調査でも、打音で数多くのボルトの締め付け不良が指摘された。こうしたことから、両社は目視以外の打音や触診といった適切な点検方法をとれば、天井板崩落事故が起きることを予見できた。

中日本高速道路は、過去行った点検では問題個所が発見できなかったのだから事故の予見可能性がなかったと主張したが、裁判所は過去の点検の方法そのものが不十分だったのであるから、被告の主張は「当を得ない」と退けた。

〈結果回避可能性〉

・事故後の緊急点検では、トンネル内のすべての天頂部アンカーボルトの打音検査が行われた。上り線の1万1613カ所のうち、欠落が5カ所、脱落が3カ所、緩みが213カ所で見つかった。事前の点検で打音検査が行われていれば、同様の結果が得られた可能性が高い。他のトンネル緊急点検では不具合は10カ所以内であったことと比較しても、異常な数と言える。

・適切な点検が行われ、報告されていれば中日本高速道路は安全の確保、確認ができるまでトンネルを通行止めにし、調査や応急対策、補修・補強工事または天井板の撤去工事など、抜本的な対策を始めることで、少なくとも通行者がいる中で天井板が崩落するという事故の発生は回避できた。

中日本高速道路は、たとえ事故前9月の点検で異常を発見しても、それから補修あるいは撤去作業を行うとすれば、業者選び、入札手続き、予算措置には時間がかかるから、12月の事故には間に合わない、よって結果回避可能性はなかったと奇妙な論理を展開した。もとより裁判所が採用するところとはならなかった。

図表Ⅱ-2-4　損害賠償額の請求額／判決額対比（死亡した22歳男性の例）

単位：円

	逸失利益	慰謝料（本人）	慰謝料（両親）	物損	弁護士費用	合計
請求額	58,965,580	60,000,000	40,000,000	319,400	15,800,000	175,084,980
判決額	55,609,211	28,000,000	2,000,000	100,000	7,400,000	93,109,211

姉妹への慰謝料：請求額　各10,000,000円　⇒　判決額　各500,000円

(5) 認定賠償額

遺族の損害賠償請求額は合計約9億3千万円であったが、判決ではそれが半分程度の約4億6千万円に減額されている。請求金額と判決額の対比をある被害者の例（図表Ⅱ-2-4）で示すが、請求と判決の差は、主として遺族が請求額に〝懲罰的賠償〟の意味合いを込めて高額な慰謝料を含めていたところ、判決ではそれらが認められなかったためである。請求額と判決額に約4億6千万円の差があるが、大部分が慰謝料の削減によるものである。請求は死者本人1人当たりに対し6000万円、父母1人当たり2000万円、姉妹1人当たり1000万円としていたが、判決はそれぞれ2800万円、100万円、50万円と減額した。

判決では、中日本高速道路と中日本HEの注意義務の内容を明らかにしたうえで、落下事故の「予見可能性」と「結果回避可能性」を肯定し、中日本高速道路らの過失を認定した。すなわち、事前に打音検査を含めた詳細検査が行われていれば、同社らは危険性を知り得た、そうであれば安全の確保、確認ができるまでトンネルを通行止めにし、必要な措置を取る義務があった、さらに予見可能性として、本事故前に米国で発生した類似の天井板落下事故に言及し、中日本高速道路らがそれらから当然学ぶべきであったとした

図表Ⅱ-2-5　損害賠償訴訟の推移

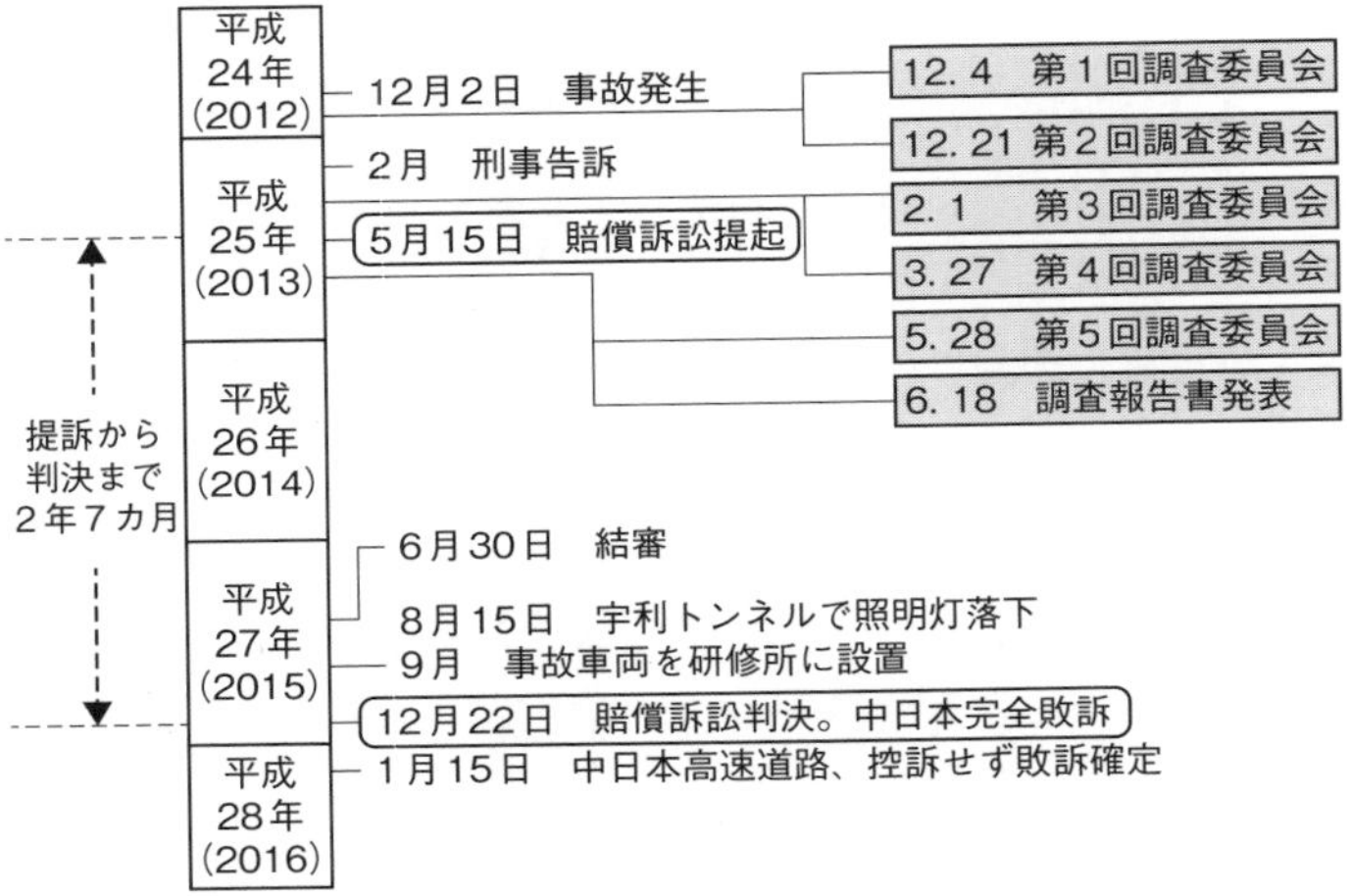

のである。中日本高速道路らの主張は主要な論点においてほとんど採用されていない。中日本高速道路らは控訴を断念し、翌２０１６年1月15日横浜地裁判決が確定した（裁判の推移は図表Ⅱ-2-5）。

7　米国高速90号線ボストントンネル天井板落下事故

笹子トンネル事故の6年前の２００６年7月10日、米国高速90号線ボストントンネルの天井板10枚が長さ12mわたって落下し通行中の乗用車を直撃、助手席に乗っていた女性（運転者の妻）が死亡するという事故が発生した。ボストントンネルはトンネル開通から3年半経過していたが、このトンネルの天井板も笹子トンネルと同様に樹脂接着剤を用いてアンカーボルトを天頂に固定する方式をとっており、ボルトの施行不良が事故の原因であった。[15] 米国国家安全運輸委員会（ＮＴＳＢ）は報告書（２００７年７月10日）において以下のように事故原因を分析し、天井板設置施工業者、建設会社、接着剤メーカー、道路管理者等それぞれの責任を指摘した。

・アンカーボルトを固定するエポキシ樹脂接着剤の製法が適切でなく、長間隔の張力を支えることができなかった。

・建設会社が、エポキシ樹脂接着剤の長期使用における耐用年数、使用可能な形状、仕様、使用上の注意を認識していなかった。

・接着剤メーカーが、長期使用時の張力抵抗力に関する十分にして正確な詳細情報を提供していない。

・マサチューセッツ高速道路公社（ＭＴＡ）は、適切な点検計画にもとづき点検を行っていなかった。もし、適切に点検を行っていれば、事故発生前に、アンカーの現状に気づき、欠陥を補修できたであろう（２００３年１月の開業から事故当日まで、天井パネルシステムを検査した記録は全くなかった）。

そして、ＮＴＳＢはこの事故を全州交通局へ通知し、事故再発防止のための具体的措置とるよう勧告した。

〈全州交通局への勧告内容〉

(1)安全性を確保できる試験基準や原則が制定・履行されるまで、高速道路の上部構造を支える接着アンカーの使用を禁止すること。

(2)管内の高速道路において、接着アンカーを使用している箇所を点検し、それらが接着力不良によって事故を起こさないか確認すること。もし、問題ありと判定するならば、詳細点検と補修を実施し、事故防止に努めること。

ＮＴＳＢの勧告は、事故原因に則した的確なものであり、この報告書は、２００７年７月には公開され、日本でも、独立行政法人日本高速道路保有・債務返済機構（高速道路会社の上部機関であり、高速道路を所有している国の機関）が２００８年４月に本事故を報告書にまとめて公開している。笹子トンネルの損賠賠償訴訟において、遺族側はこのような先行的事故が米国で発生し、その事実と原因が広く公表されていたのであるから、中日本高速道路らは当然これを参考にして点検計画を企画実施すべきと主張した。これに対して、中日本ＨＥ東京は、ボストントンネル落下事故に関する調査報告書を中日本高速道路から受領していないなどと主張し、高速道路の安全安心を預かるプロフェッショナルとしての姿勢を疑わせたのは残念なことであった。判決においては、ボストントンネル事故は笹子トンネル事故の予見可能性を補強するものとして認定されている。

8　問題の所在

(1) リスクマネジメントの失敗

高速道路事業は人の命を預かる重大な使命を負うから、その維持保全については、安全安心を実現する高度な義務を有するが、中日本高速道路には、点検作業の形骸化、記録保全の不備、吊り下げ式天井板の撤去の先送りなど、リスク管理上重大な不備があった。

リスクマネジメントとは企業経営目標の達成を阻害するリスク要因を分析、評価し、それらに対応する手段を構築・実行することであるが、リスクマネジメント体制の構築にあたって何よりも留意しなければならないのは、リスクマネジメントは静的なものではなく動的なものであるということである。企業を取り巻くリスクは常に変化、変容する。すなわち、社会がその企業に期待する役割、法規制、安全対策水準、技術水準、従業員の価値観、要員構成等が時とともに変化し、過去リスクでなかったものがリスクになり、過去リスクであったものがリスクでなくなったりする。リスクマネジメントにはその時々のリスクのあり方を的確にとらえ、適宜適切にリスクの実態に即した対策をとることが求められる。過去想定したリスク要因を常に見直すという作業が不可欠となる。最初から完璧なリスクマネジメントなどは存在しない。採用しなければならない唯一無二のリスク管理体制があるわけでもない。リスクは変化するという事実を踏まえれば、リスクマネジメントは運用しながらＰＤＣＡサイクルによって改善していくというプロセスが不可欠である。

中日本高速道路には建設後35年経過しているトンネルとその構築物に関する当然予期される劣化に対応した適切な点検を企画実行する義務があったはずである。中日本高速道路は、これまで行ってきた点検行為は「点検要領に違反しない」とし、詳細点検において、近接目視と並んで打音点検および触診は「点検要領上要求されていない」とも主張している。[16] しかしながら、これらの中日本高速道路の主張は、まさにリスクマネジメントの動的側面を理解できていないことを示すものにほかならない。自己が過去定めた一定の基準やマニュアルに従って点検しているだけでは足りず、時代とともに対象物のリスクも変容するから、点検方法もそれに応じて、革新していかなければならないというリスクマネジメントの基本とは、相容れないものであった。

(2) クライシスマネジメントの失敗

中日本高速道路が裁判で闘ったことは正しかったのか

不祥事や問題事象を事前に抑止、軽減する行動がリスクマネジメントとすれば、実際に問題が発生してからの損害（風評損害を含む）を抑え込むことをクライシスマネジメントという[17]。事故発生後まもなく、笹子トンネルの天井板点検では危険個所に関する詳細点検を過去12年間も行っていなかったことが明らかにされた。さらに事故後半年して、委員会が中日本高速道路のトンネル天井板に対する事故前の点検内容や維持管理体制は不十分であったと指摘している[18]。こうした客観的事実と指摘にもかかわらず、中日本高速道路は頑なに死亡事故についての責任を否定し、遺族の心情を無視したために訴訟を提起される事態を招いた。本来であれば、自己の点検の不十分さを謝罪した上で遺族との紛争解決を早急に図るため、裁判外での解決あるいは裁判途上での和解に努めるべき事案であった。しかしながら、中日本高速道路は地裁判決まで約3年間係争を引っ張り、遺族を苦しめたのである[19]。事故発生まで12年間も笹子トンネルに関し詳細点検を行わなかったにもかかわらず、中日本高速道路が、裁判において「打音検査をしても事故を予見することはできなかった」、「詳細点検をしないと変更したことに問題はない」と主張し続けたことは、一般社会の受け入れざるところであり、中日本高速道路の社会的評価を著しく毀損させたといえよう。

事故車両が野ざらしのまま長期放置される

また、２０１２年12月の事故後、搭乗していた５人の若者が死亡した自動車は、残骸のまま警察署の駐車場に保管されていた。遺族は早くから車両を中日本高速道路が引き取り、保存活用するよう再三申し入れて、事故後約1年して２０１３年11月に中日本高速道路が引き取った。しかし、この問題についても中日本高速道路は迅速な決定が出来ず、結果として事故車両の長期放置となり、被害者遺族の心を傷つけた。「梅雨の間、酷暑の夏も野ざらしになっていた。事故車両は娘たちの棺だと思っています。事故車両の長期間の放置は、犠牲者や遺族に対して、あまりにも想像力や配慮に欠けた行いであり、事故を教訓にすべき企業が社会的責任を果たそうとはしていないと言わざるを得ません」（被害者の父親[20]）という非難を招いた。

こうした一連の中日本高速道路の対応姿勢は、「自分たちは悪くない」という観念にとらわれて被害者とその遺族を思いやる心の余裕を失ったことに起因するものと思われるが、社会に対して中日本高速道路の組織としての非人間性を印象付けた。これはすなわち、クライシスマネジメントの失敗である。また、この問題はリスクマネジメントやクライシスマネジメントの範疇を超え、中日本高速道路にとって、企業として社会（ステークホルダー）にどう向き合うのかという社会的責任の観点からも大きな失点になったと考えられる。

⑶経営理念と乖離した会社業務の実態

事故発生2012年当時の中日本高速道路の経営理念は、そのCSR報告書では、「私たちは常に変革と向上を求め、安全・安心・快適で、時代をリードする高速道路空間を創出し、地域社会の発展と暮らしの向上、日本経済全体の活性化、そして世界の持続可能な成長に貢献します」とした上で、より具体的に業務の方向性として、中日本高速道路は「供用後40年を経過する東名・名神高速道路をはじめ、供用後30年を経過する道路が全体の約7割を占めます。……高齢化する高速道路ネットワークの長期的な保全事業（適切な点検と集中的な補修・補強）の推進が急務となっています」[21]（傍線筆者）との問題意識も表明している。自社の抱えるリスクファクターを的確に把握しながら、実際の企業活動はそれとは関係なく展開されているのである。このように対外的な見せ方と会社業務の実態が乖離しているのであれば、誰も企業のCSR報告書や社会貢献レポートに信を置かなくなるであろう。企業が謳いあげる社会的責任を全うするためには、その経営理念を会社業務の隅々にまで具体的に織り込み、組織に浸透させる努力が必要なのである。

(4) 結局は事故の責任を認める

２０１９年４月、笹子トンネル入り口付近と事故現場近くの初狩ＰＡの２カ所に、事故犠牲者を鎮魂する慰霊碑が建立された。２カ所の慰霊碑には碑文があり、そこにはこう書かれている（傍線筆者）。

> 碑文
>
> 平成24年12月2日午前8時3分に発生した中央自動車道笹子トンネル天井板崩落事故により9名の方々がお亡くなりになりました。ここに御霊のご冥福を心よりお祈りし、事故を引き起こした責任を重く受け止めてこの教訓を風化させず、再発防止につとめ安全性向上の不断の取組みを続けることをお誓いします。
>
> 平成31年4月
>
> 中日本高速道路株式会社

永く残り誰もが見ることのできる慰霊碑に「事故を引き起こした責任を重く受け止めて」とまで書く勇気があるのなら、なぜ中日本高速道路は、最初からその姿勢で被害者とその遺族に接しなかったのであろうか。[22]

9　まとめ

中日本高速道路に限らないが、日本の企業では不祥事や事故等で第三者被害を引き起こしても、自己の責任を否定し、被害者からの訴訟提起を待って判決を得てから賠償行為に移るところが少なくない。経営責任を主体的に発揮するのではなく、被害者救済の判断を他人に委ねる行為である。

なぜこのようなことが起こるのかであるが、コンプライアンスを「法令等遵守」としか理解しないからである。「法令に違反しなければよい」という発想は逆に「法令に違反したと判定されたら従う」という思考に繋がり、最終的にその判断を行うのは裁判所だということになる。しかし、コンプライアンスを「法令等遵守」と考えていては、企業はその社会的責任を果たすことはできず、ビジネス倫理の貫徹も困難である。

変化し続けるリスクのあり様を勘案せず、対応行動の難易に心を奪われたまま自ら定めた狭小な点検範囲を正当化し、「規程通り点検を行っていたから過失はない」と主張するのは、コンプライアンスの意味を取り違えているからである。法律上の是非に加え、企業が社会から受け入れられるにはどうあるべきかという「社会適合性」、そしてビジネス倫理が今日問われているのである。企業と社会あるいは企業と人間との基本的関わり合いについて、社会に適合し社会から受け容れられるよう振る舞うことがビジネス倫理の根本理念であり、それを組織内に徹底するのは、業績向上と並んで経営者の最大の使命となる。

企業が展開するリスクマネジメントに実効性がなく、ビジネス倫理が揺らぐ企業体が社会にどのようなインパクトを与え、また自らも重大な危機を迎えるかについて、笹子トンネル落下事故は我々に貴重な教訓を示している。

付記：

事故によって破壊炎上し５人の若者が死亡した車両は２０１５年９月、神奈川県宮前区にある中日本高速道路研修施設内に収容され、社員の安全啓発の教育用に展示されていた。２０２１年３月18日、中日本高速道路は社員の安全意識向上を図るための特化した研修施設を八王子支社敷地内に新設したと発表した。この施設は「安全啓発館」と呼ばれ、館内には事故現場の実物大の模型や、遺族から提供された遺品などを展示するとともに、亡くなった５人が乗っていた車両も同施設に移された。ここには、実際に崩落した天井板や緩みが崩落の原因となったアンカーボルトの実物も展示されている。

安全啓発館は、笹子トンネル事故を風化させることなく、同様の事故を二度と起こさないよう高速道路で起こるリスクを学び、安全最優先で自ら行動できる人材を育てるのが目的という。中日本高速道路がその安全安心のための取り組みを継続し続けることを期待してやまない。

［注］

（１）中日本高速道路株式会社「ＣＳＲ報告書（２０１２年版）」
（２）２０１５年12月２日の追悼慰霊祭における遺族の証言（フジテレビ番組「とくダネ」２０１５年12月３日放送より）
（３）国土交通省道路局「トンネル天井板の緊急点検について」２０１２年12月３日
（４）「調査・検討委員会報告書」、37頁
（５）笹子トンネルでは、ダクト空間の断面積を送排気流量に応じてＳ、Ｍ、Ｌの３種類設け、事故区間は最大のＬであった。
（６）「調査・検討委員会報告書」、13、15頁
（７）同報告書、22頁
（８）同報告書、６頁

(9)同報告書、6-7頁

(10)国土交通省「トンネル天井板の緊急点検結果について」２０１２年12月17日

(11)同報告書、39頁

(12)この問題について、中日本高速道路は点検要領では、5年から10年に1回詳細点検を実施するよう記載されているが、12年間それをやらなかったのは、会社の裁量の範囲だという抗弁を行っているが、裁判では全く相手にされなかった。

(13)笹子トンネル天井板落下事故に関する裁判の原告・被告の主張と判決内容は、平成25年（ワ）第１８１９号／第４５０５号「損害賠償請求事件」横浜地方裁判所判決、平成27年12月22日（ＬＥＸ／ＤＢインターネットＴＫＣ法律情報データベース）にもとづいている。

(14)２００６年7月10日、米国高速90号線ボストントンネルにおいて、アンカーボルトの接着不良により天井板が落下、通行中の乗用車1台を直撃、死者1名を出した。この事故に関しては、独立行政法人日本高速道路保有・債務返済機構が報告書にまとめ２００８年に公開している。

(15)この事故の詳細は、NTSB "Ceiling Collapse in the Interstate 90 Connector Tunnel Boston, Massachusetts" July 10, 2006 による。

(16)損害賠償請求事件訴訟における中日本高速道路らの主張。同上判決文より。

(17)井上　泉『企業不祥事の研究』文眞堂　２０１５年、２３５頁

(18)同報告書、39頁

(19)この問題について遺族は、「自らの無責任や怠慢を棚に上げて、訴訟で争う姿勢をとるというのは言語道断です」と怒りを表明している（朝日新聞デジタル２０１３年12月2日）。

(20)朝日新聞デジタル２０１３年12月2日

(21)同「ＣＳＲ報告書」、31頁

(22)碑文では「落下事故」ではなく「崩落事故」と表現していることが注目される。中日本高速道路は、当初「落下事故」としていたが、遺族から点検不備のニュアンスが出ていないと抗議され、結局「崩落事故」になったという。「崩落」の語義に遺族の考えるような意味合いがあるのか定かではないが、遺族の強い悲憤、こだわりを感ぜざるを得ない。

事例研究3　ベネッセ個人情報漏えい問題（2014年7月）

〈子供の情報を軽視した罪と罰〉

1　はじめに

2014年7月、「進研ゼミ」や「こどもちゃれんじ」などを運営する通信教育の最大手である株式会社ベネッセコーポレーション（以下「ベネッセ」）において、保有する顧客の個人情報が大量に流出したことが発覚した。流出した顧客情報は主にベネッセの通信教育を受講する子供と保護者に関するものであり、漏えい件数は、約3504万件に達し、わが国で発生した個人情報漏えい事件の最大件数となった。この事件はベネッセのサービスを利用する保護者と子供にとって大きな不安、不信を抱かせるとともに、ベネッセの信用を失墜させ、ブランドの毀損と相まって、事態収拾のための負担が経営に重大な打撃を与えることとなった。

ベネッセの個人情報漏えい事件の特徴は、漏えいしたのが子供に係わる情報であったこと、漏えい件数が膨大であり、しかもそれが多数の名簿業者に転売されて拡散していったこと、ベネッセは事態収拾のため巨額な費用計上を余儀なくされ、かつ顧客離れにより経営上大きな打撃を被ったこと、さらには被害者から２つの集団訴訟を含む多数の損害賠償訴訟が提起され、ベネッセは今もなおそれらの対応を続けざるを得ないことがあげられる。

本事件は、漏えいがウイルス感染や第三者による不正アクセスによってなされたのではなく、業務委託にもとづく従業者つまり内部者の犯行によるものであった。それ以前過去発生した企業における大規模個人情報漏えい事件（ヤフーＢＢ、大日本印刷、アリコ、三菱ＵＦＪ証券等）の原因もほとんどが従業員か委託先社員の不正行為によるものであるにも関わらず、その教訓が全く生かされていなかった。そして本事件以降も様々な企業において内部犯罪・内部不正行為による個人情報漏えい事件が毎年のように発生している。

幸いなことに、ベネッセの事件では、第三者調査委員会報告書および最高裁も含む裁判所の判決が出揃っており、当時のベネッセとシステム子会社の情報セキュリティの実態、その不備についての責任に関する判断、被害者への損害賠償金額の考え方等が整理されているから、これらを学ぶことは個人情報を取り扱うすべての企業、団体、組織にとって重要な教訓となるものであろう。ここではこの視点に立ってベネッセの事件を振り返り、不正行為の手口、ベネッセの情報セキュリティ上の問題点、事件がベネッセに与えた影響、被害者訴訟における裁判所の判断等を明らかにし、企業等個人情報を扱う事業体が、どのような理念と具体策で個人情報漏えい防止に臨むべきかを考究したい。

２　事件の経緯

(1) 漏えいの発覚

ベネッセ個人情報漏えい事件は、顧客からの問い合わせにより発覚した。２０１４年６月下旬からベネッセが展開する教育サービスに会員登録をしている各家庭に、別の教育関連会社からのダイレクトメール等が届くようになり、不審に思った会員が「ベネッセには登録したが、どこで情報が漏れたのか」、「ベネッセにしか登録していない情報で、他社の勧誘ＤＭが届く」などとベネッセに問い合わせたのである。(1)

２０１４年６月27日、ベネッセは会員からの問い合わせ増加により会員の個人情報が社外に漏えいしている可能性を認識し、緊急対策本部を設置、これらの問い合わせで提供された情報を手がかりとして社内調査を開始した。その結果、入手した名簿にベネッセしか保有していないデータが含まれ、かつ名簿の大半の情報がベネッセの保有データと一致したことから、ベネッセが展開するサービスの登録会員にかかわる個人情報が漏えいしていると判断した。

(2) ベネッセの対応

この事態に対し、ベネッセは直ちに、流出した顧客情報の拡散防止、顧客情報データベースの稼働停止、問い合わせ窓口の設置、各種イベントを含む販売促進活動の停止、被害会員への連絡などの対策を取るとともに、7月15日、社外弁護士からなる「個人情報漏えい事故調査委員会」を発足させた。

当時判明していた漏えい件数は約760万件、その内容はベネッセが提供する「進研ゼミ」、「こどもちゃれんじ」等の通信教育、通信販売サービスの利用者（過去利用者も含む）に関するもので、漏えいした情報項目は、郵便番号、お客様（子供とその保護者）の名前、住所、電話番号（固定電話番号または携帯電話番号）、子供の生年月日・性別であった。一部の契約ではメールアドレスや出産予定日[2]も記載されていた。クレジットカード番号・有効期限、金融機関の口座情報、成績情報などは含まれていなかった。

(3) 拡散する漏洩情報

警視庁はベネッセの刑事告訴を受け、7月17日、ベネッセの子会社（株）シンフォームの業務委託先システム開発会社の社員A（39歳）を不正競争防止法違反（営業秘密の複製）の疑いで逮捕した。Aは、シンフォームに派遣されて顧客データベースのシステム開発を担当していたが、不正に入手した個人情報データを外部に持ち出し、売却していたのである。

塾、通信教育、子供服、教材など子供を相手にする業界では、大量の子供に関する情報は貴重なものである。福武書店[3]で進研ゼミを始めて以来40年以上の通信教育事業で蓄積されたベネッセの保有する個人情報は、業界関係者の垂涎の的であり、高値で取引できる格好の対象であった。[4] Aが名簿業者3社に売却した個人情報件数は、最終的には約2億1639万件、名寄せ作業等で重複分を除くと約3504万件（人単位では約4858万人）となった。[5]

漏えい先は当初3社であったが、その後名簿の転売が繰り返され、最終的には少なくとも95社[6]にベネッセのデータが渡ったと見られている。漏えいは以下のように拡散していった。

〈(株）セフティのケース[7]〉

①Aから最初に購入した名簿業者セフティ（東京都千代田区）は、ベネッセの顧客データを学習塾、呉服店、化粧品店など約50社に転売。

②このうち、九州の教育関連会社に100万件を売り、ほかの学習塾などには子供の住所ごとに分類したデータを数百~数千件単位で販売。

〈(株）ジャストシステムのケース[8]〉

①2014年1月頃、名簿業者パン・ワールド（東京都武蔵野市）が、ベネッセから流出した顧客個人情報リストを購入。

②5月中旬、名簿業者文献社（東京都昭島市）がパン・ワールドから個人情報データを購入。

③5月21日、文献社は通信教育を手掛ける「ジャストシステム」（徳島市）に転売。

④ジャストシステムは、名簿業者から取得したデータがベネッセから流出したものか否かを確認する手段を有していないとしつつも、2014年5月に文献社より257万3068件のデータを購入、これを利用して2014年6月に通信教育「スマイルゼミ」のDMを発送したことを認めた。[9]

〈(株) ＥＣＣのケース〉[10]

①２０１３年11月、千葉県の名簿業者が大阪市の名簿業者に、高校生を中心に７６０万件～８００万件の名簿を販売。

②大阪市の名簿業者は、２０１４年2月と4月に3回に分け、高校1年生のデータ7万４９１２件をＥＣＣに販売。この大阪市の名簿業者はＥＣＣも含め数十社に販売。

③ＥＣＣは２０１４年2月から5月にかけて運営する進学塾の新規生徒募集のため、同データを利用してＤＭを送付。

④ＥＣＣは、このＤＭの送付先として購入していた個人情報データの一部にベネッセから流出した個人情報が含まれていた可能性があると公表した。[11]

(4) 犯行の手口

Ａは、シンフォームにおいてデータベースの保守・管理業務に従事していた必要性から、データベースへの正規アクセス権を与えられ、このアクセス権を用いて、顧客情報にアクセスしデータを業務用ＰＣに保存の上、私物スマートフォンに転送して不正に外部に持ち出していた。その犯行の手口は以下のとおりである。[12]

①Ａに貸与されていたパソコンは、ＵＳＢやメモリーカードを接続してもデータをダウンロードできない仕組みになっていた。

②Aは2013年7月に私用のスマートフォンをパソコンにUSBケーブルで接続して充電できたことから、データの移行が可能であることに気づいた。
③パソコンに個人情報をダウンロードし、充電を装ってUSBケーブルで接続したスマートフォンに情報を移し替え持ち出した。
④当時借金が重なり金に困っていたAは、抜き取ったデータ延べ1億件超を2013年7月から2014年6月の間、15回にわたって約250万円で名簿業者セフティに売却した。名簿業者には「イベントで集めた情報でいらなくなった」と説明し、「盗難品ではない」との誓約書にも署名していた。
⑤Aは名簿業者3社に20回にわたり延べ2億件以上のデータを売却し、計400万円を得ていた。

3　情報セキュリティの当時の状況

シンフォームの情報システムのセキュリティ措置として、こうした情報の非日常的操作をチェックし不正を未然に防止するための3つの仕組みが存在していたが、いずれも実際には機能しなかった。その3つの仕組みは以下のような状況であった。[13]

(1) 外部記憶装置へのデータ書き出し制限機能

シンフォームの社内規程では、社内ＰＣ内のデータを外部メディアへ書き出すことを禁止しており、運用上も「書出し制御システム」が採用されていた。書出し制御システムについては、システム機器のグレードアップや仕様変更等に対応するため、書出し制御設定の見直し（バージョンアップ）を行うことが必要である。しかし、シンフォームにおいて２０１１年の書出し制御システムのバージョンアップでは、特定の新機種のスマートフォン（ＭＴＰを搭載したスマートフォン）を含む一部の外部メディアへの書出しについては対応していないものとなっていた。

ＭＴＰとは、Media Transfer Protocol（メディア転送プロトコル）の略で、米マイクロソフトが、Windows Media 技術の一環として開発した技術仕様であり、ＭＴＰ対応のポータブルメディア機器とWindows パソコンをＵＳＢポートによって接続することで、音楽や動画、写真を相互にやり取りすることを可能とする仕組みである。Ａの持っていたスマートフォンは２０１２年12月頃発売のＭＴＰを搭載した機種であった。

したがって、シンフォームのシステムのセキュリティ措置は、結果として技術革新のスピードに対応できていないものであった。

(2) アラート機能

シンフォームでは、業務担当者が使用する業務用ＰＣから個人情報を保有するサーバへのアクセスの際、業務用ＰＣとサーバとの間の通信量が通常業務における以上の値を超えた場合、データベースの管理者である各担当部門の部長に対して、メールでアラートが送信される仕組み（アラートシステム）を採用していた。しかし、今回漏えいしたデータベースのサーバについては、アラートシステムの対象として設定していなかった。したがって、上位管理職は誰もＡによる異常な規模のデータアクセスに気づかなかったのである。

(3) データベースのアクセスログのチェック

アクセスログとは、ある機器やソフトウェアに対する利用者の操作や要求などを、一定の形式で時系列に表す通信記録のことである。この情報から、自社のシステムに、いつ、どこから、どのような主体が、どのような操作を要求したのか等を知ることができる。現在、情報セキュリティを重視する企業等では、情報システム部門や監査部門が内部でのシステムの利用状況をアクセスログ記録から解析し、異常あるいは不正なアクセスを監視することが行われている[14]。

シンフォームは、データベースについて、担当者が使用する業務用ＰＣからのアクセスについて、自動的にアクセスログを記録し、さらに通信ログまで取得していた。この仕組みにより、事後的であっても不正利用や通常ではありえない異常なデータの引き出しをチェックすることが期待されていたのである。しかし、シンフォームでは仕組みを持ちながら、これらのログを定期的にチェックすることは行っていなかった。

膨大な量のアクセスログを継続的にモニタリングし続けることは、現実の業務としては負担が大きい。しかし、社内のしかるべき部署が、定期的にモニタリングしているという事実を知るだけでも、不正行為への牽制となり得たはずなのである。

こうしたセキュリティ措置の不備は後日の損害賠償請求訴訟でも問われることになるが、２億件を超える膨大な量の個人情報が1年間にわたり発見されず盗取され続けていたことは、異常というほかはない。

4　情報漏えいがベネッセの経営に与えた影響

事件公表の翌日7月10日、ベネッセＨＤの株価終値は前日より２１５円安の４１４５円となり、その後も下落を続け10月17日には３２４０円の最安値をつけた。また7月31日、前代表取締役社長であった福島保代表取締役副会長と明田英治取締役兼ＣＩＯ（最高情報責任者）が事件の責任を取って辞任した。情報漏えいがベネッセの経営に与えた影響はこれにとどまらず、大規模な顧客離れ、決算への打撃、多数の被害者からの損害賠償請求提訴等につながり、長くベネッセを苦しめることとなった。

⑴大規模な顧客離れ

顧客データの漏えいを公表した7月9日以降4日間で、信頼を裏切られた顧客からベネッセに対し

５万４千件を超える苦情や相談が殺到した。このうち３千件が通信教育退会の申し出であった。[15]

ベネッセは漏えいした情報が住所、氏名、電話番号程度であり、クレジットカード情報や銀行口座番号、子供の成績等のセンシティブ情報は漏えいしていないとして、原田泳幸会長兼社長は、７月９日の記者会見では情報漏えいの被害者への金銭補償には応じないとしていた。しかし、この方針はすぐに撤回され、[16]金券等の配布も検討するとしたが、漏えい事実の公表と同時に金銭的補償をしないとまで社長が述べたことは、多くの保護者から、個人情報を軽く見ているとの反発を招いた。そして、その怒りは、ベネッセの主力商品である通信教育講座「進研ゼミ」、「こどもちゃれんじ」の会員数の大幅な減少となって表れた。

「進研ゼミ」、「こどもちゃれんじ」の会員数は、２０１２年には４０９万人とピークを迎えたが、少子化の影響もあり、緩やかに減少しつつある中、顧客情報の漏えい事件後、２０１４年の３６５万人から２０１５年の２７１万人と一挙に94万人も減少（△25％）した。その後２０１６年の28万人減を経て、２０１７年から上昇に転じたものの、直近の２０２０年でも２７１万人とようやく事件直後の水準に戻ったに過ぎない（図表Ⅱ-３-１）。ベネッセはそれまで長い時間をかけてブランドを構築してきたが、一度崩れた信頼は簡単には取り戻せないという事実を見せつけている。

(2) 決算への影響

７月31日、ベネッセＨＤは情報漏えいへの対応に伴い２６０億円の特別損失を計上すると発表し、業

図表Ⅱ－3－1　「進研ゼミ」「こどもチャレンジ」会員数の推移（2011 年～ 2020 年）

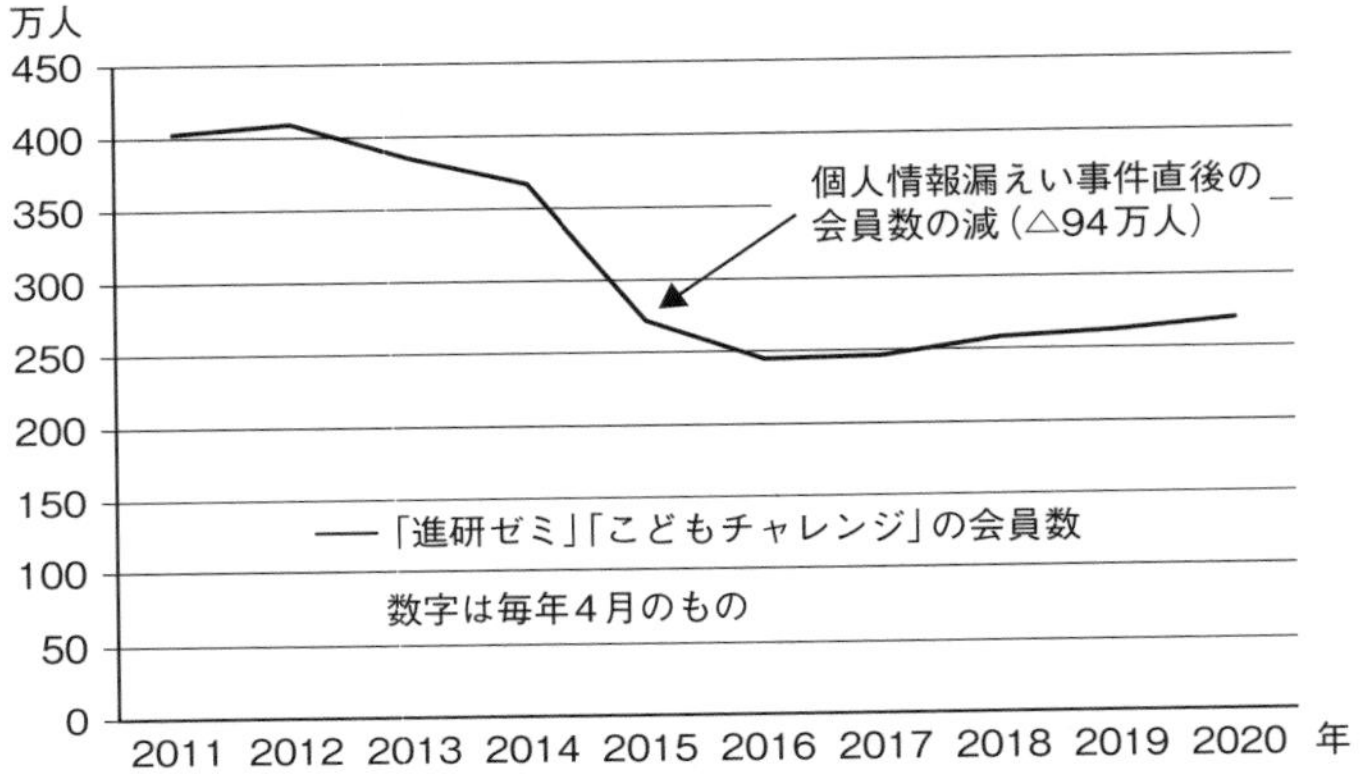

出所：ベネッセホールディングスの有価証券報告書（2011 年 3 月期～ 2020 年 3 月期）

績見通しは未定とした。２６０億円の内訳は、「お客様へのお詫び、お客様へのお詫び文書の発送費用及びお客様からのお問い合わせ対応費用、並びに個人情報漏えいに対する調査・情報セキュリティ対策等に係る費用[17]」であり、この費用は顧客離れと相まってベネッセＨＤの決算に重大な打撃を与えた。この結果、２０１４年度連結決算（２０１５年３月期）では、売上高46万３２６４百万円（△３１３５百万円）、経常利益２万６８３８百万円（△８３７８百万円）、１万０７０５百万円の当期純損失（前年度の当期純利益は１万９９３０百万円）となった。過去２００億円前後の純利益を出していたベネッセＨＤは一転して１０７億円の赤字企業となり、次年度の２０１５年度も82億円の当期純損失を計上した。２０１６年度には黒字に回復したが、直近の２０１９年度の当期純利益の水準は、事件前の３分の１程

図表Ⅱ‐３‐２　ベネッセの当期純利益・当期純損失の推移（2010 年度～ 2019 年度）

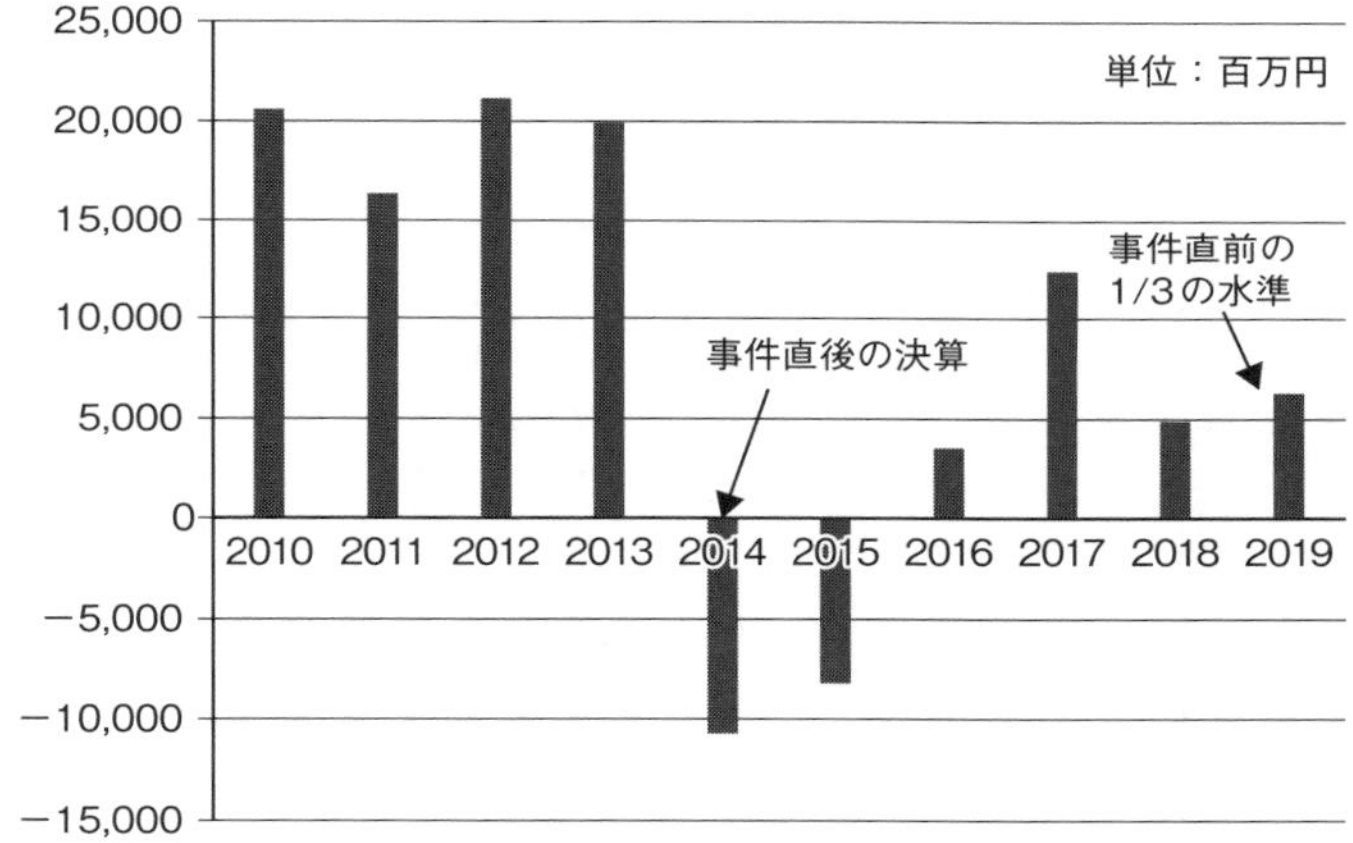

出所：ベネッセホールディングスの有価証券報告書（2011 年３月期～ 2020 年３月期）

度に落ち込んでいる（図表Ⅱ‐３‐２）。

(3) プライバシーマークの取り消し

２０１４年11月26日、日本情報経済社会推進協会（ＪＩＰＤＥＣ）は、ベネッセが取得していたプライバシーマークを、大規模な個人情報の漏えいを理由として取り消すと発表した。[18] ＪＩＰＤＥＣは取り消しの理由について、「委託先の監督及び安全管理措置（資源、役割、責任及び権限を含む）の両面において不備があった」ことや、漏えいした個人情報が膨大で「幼児や小中学生などの若年層の個人情報を多数含むため、長期にわたる事故の影響が見過ごせないと判断された」としている。さらに、「プライバシーマーク制度の信頼性に対しても重大な影響をもたらした」という理由を挙げている。

プライバシーマークは、ＪＩＰＤＥＣが、１９

98年より始めた個人情報の管理体制に関する認証制度である。プライバシーマーク制度では、事業者の個人情報を取り扱う仕組みとその運用が適切であるかを評価し、その証として事業活動においてプライバシーマークの使用を認める。プライバシーマーク制度の審査基準は、JIS Q 15001：2017「個人情報保護マネジメントシステム―要求事項」をベースに個人情報保護法等、法令への遵守も包含しているから、プライバシーマークを取得することは、その事業者が法令等への適合性は当然として、高度なレベルの個人情報の管理体制を確立し運用していることを取引先や消費者に示すことができることでもある。したがって、ベネッセに対する情報セキュリティ体制の不備を理由としたプライバシーマークの剥奪は、教育産業の雄たるベネッセにとって誠に不名誉なことであった。[19]

また、JIPDECはベネッセから流出した個人情報を大量に購入していたジャストシステムに対して勧告措置を行った。[20] ジャストシステムの場合、多量の個人情報を名簿業者から購入したことについて、「ベネッセコーポレーションから流出した情報と認識したうえでこれを利用したという事実は一切ない[21]」としていたが、257万件もの子供の情報を一挙に入手できること自体、何かがおかしいと疑ってしかるべきであった。

5　襲いかかる損害賠償訴訟

ベネッセが6月下旬に顧客情報漏えいの可能性をキャッチして以来、事実の公表、漏えいした個人情報を利用していると思われる事業者への利用停止の働きかけ、第三者による調査および再発防止策の策定等を２カ月余りの短期間で進めてきたことは評価されるべきであろう。再発防止策の柱として、グループのシステム運用・保守機能とセキュリティレベルの大幅な向上をはかるため、システム子会社シンフォームの全面的改組と新たな合弁会社の設立も決断している。このような新規巻き直しの施策をもって、信用回復に取り掛かろうとした矢先に、ベネッセは被害者からの多数の損害賠償訴訟に襲われることとなった。

ベネッセは情報流出した顧客に対し、お詫びとして、５００円分の金券を交付したが、子供の個人情報を不特定の第三者に漏えいさせ多大な不安感を抱かせている中、５００円の金券という些少な謝罪で済まそうとするベネッセの姿勢に怒りを感じている被害者がいたのである。また、５００円が不要な人は、ベネッセが設立した「ベネッセこども基金」に「ご寄付をお選びいただくことが可能」という被害者への案内文[22]もその怒りの火に油を注いだ。ベネッセは「ご賛同いただければ」という条件を付してはいたが、個人情報管理の不備で漏えいさせながら、自社の基金にお詫び金を誘導していると多くの被害者に理解されたのである。[23]また、ベネッセの管理不備を法的に追及したいという気持ちの人たちもおり、ベネッセに対する損害賠償請求訴訟が続々と提起された。

(1) 株主代表訴訟

２０１５年12月15日、東京都内の個人株主が、ベネッセＨＤの原田泳幸会長兼社長ら歴代経営陣６人に対し、情報漏えいで生じた損害約２６０億円を会社に賠償するよう求める株主代表訴訟を岡山地裁に起こした。ベネッセは事件の収拾のために、巨額の費用（約２６０億円）を要したが、この費用をベネッセの親会社たるベネッセＨＤの役員を被告として賠償するよう求めたのである。

２０１８年９月12日、岡山地裁は個人データの安全管理については、一次的にはベネッセの取締役会で決定される事項であり、株主の主張では、親会社のベネッセＨＤにどのような義務違反があったのか立証が果たされていないとして請求を棄却した。(24)

(2) 損害賠償請求訴訟

ベネッセとシンフォームを被告として慰謝料を求める民事上の損害賠償請求訴訟の中でも注目すべきは、２つの集団訴訟である。ひとつは、東京のフォレストウォーク法律事務所を事務局とする弁護団が組織する「ベネッセ個人情報漏えい被害者対策弁護団」（以下「被害者対策弁護団」）が行うもので、２０１４年12月29日の東京地裁１次訴訟を皮切りに６次訴訟まで提起した。

もうひとつは、東京の松尾千代田法律事務所が組成した「ベネッセ個人情報漏洩事件被害者の会」（以下「被害者の会」）である。(25)２０１５年１月29日に１次訴訟を東京地裁に起こし、その後５次訴訟まで提起している（図表Ⅱ-３-３）。

これまでにも、同様の損害を被った多数の被害者が、集団訴訟で臨んだ例は多く、欠陥商品による消費者被害、医療・薬害、投資被害等において行われている。集団訴訟の利点としては、各被害者が持っ

図表Ⅱ-3-3　「ベネッセ個人情報漏洩事件被害者の会」訴訟の状況

	提訴日	原告数	@1人請求額	請求総額
1次訴訟	2015年1月29日	1,789人		98,395千円
2次訴訟	同　2月27日	1,751人		96,305千円
3次訴訟	同　4月23日	5,000人	55,000円	275,000千円
4次訴訟	同　5月29日	1,019人		56,045千円
5次訴訟	同　10月6日	1,170人		64,350千円
		（計）10,729人		（計）590,095千円

出所：「ベネッセ個人情報漏洩事件被害者の会」のHPより作成。

ている証拠を全体で共有できること、費用負担が軽くてすむことがあげられるが、最大の狙いは、訴訟参加者の人数の多さとトータルの訴額の大きさにより被害の深刻さをより強く訴えて注目も浴びるという社会的な効果であろう。現に「被害者の会」訴訟では、弁護士の呼びかけに応じて5次まで合計1万人を超える原告が参加し、訴額も5億9千万円を超えるという大規模なものになっている（図表Ⅱ-3-3）。

また、参加費用はいずれの集団訴訟においても、弁護士の着手金なし、判決額に応じた一定割合の成功報酬となっており、訴訟に参加しやすい仕組みとなっている。[26] 被害者が積極的に訴訟参加できる状況下、ベネッセは膨大な数の原告と対峙し、法廷での戦いを続けなければならなかった。

(3) 情報漏えいにかかわる賠償責任額

個人情報の流出があった場合、被害者に対し、どの程度の補償が行われているのであろうか。ベネッセ事件以前に発生した漏えい事例から、慰謝料あるいはお詫び金の額を整理してみる。

図表Ⅱ-3-4　個人情報漏えい事件に係わる補償額（慰謝料・お詫び金）の水準

発生年月	企業・団体名	漏洩数	補償額	備考（漏洩した個人情報の内容他）
① 1998年11月	早稲田大学	—	@5,000円（判決）	東京高裁2004年3月23日判決。原告3名。江沢民講演時の参加者名簿（学籍番号、氏名、住所、電話番号）を警察に提供。
② 1999年5月	京都府宇治市	住民記録22万件	@10,000円（判決）	大阪高裁2001年12月25日判決。原告3名。住民番号、住所、氏名、性別、生年月日、転入日、転出先、世帯主名、続柄。
③ 2002年5月	東京ビューティーセンター（TBC）	5万人	@30,000円〜@17,000円（判決）	東京地裁2007年2月8日判決。原告14名。住所、氏名、年齢、職業、メールアドレス、アンケートへの回答、関心を持ったエステコース名。第二次被害に遭った人もいた。
④ 2003年6月	ローソン	56万人	@500円（自主的）	住所、氏名、性別、生年月日、電話番号
⑤ 2003年11月	ファミリーマート	18.2万人	@1,000円（自主的）	住所、氏名、性別、生年月日、電話番号、メールアドレス
⑥ 2004年2月	ヤフーソフトバンクBB	450万人	@500円（自主的）	住所、氏名、電話番号、メールアドレス
			@5,000円（判決）	大阪地裁2006年5月19日判決。原告1名。恐喝に利用される危険性を認定。
⑦ 2004年3月	サントリー	7.5万人	@500円（自主的）	住所、氏名、電話番号、生年、申し込んだ商品名
⑧ 2005年3月	オリエンタルランド	12万人	@500円（自主的）	氏名、住所、電話番号、生年月日、性別、ディズニー・パスポートの番号、有効期限
⑨ 2009年1月	三菱UFJ証券	5万人	@10,000円（自主的）	住所、氏名、勤務先、年収、電話番号

出所：事件当時の全国紙記事、会社公表文、裁判記録から作成。

図表Ⅱ-３-４からもうかがえるように、機微情報を含まない日常的個人情報（住所、氏名、電話番号、メールアドレス等）が漏えいした時に、当該企業の自主的判断によるお詫び金額は５００円が相場であると見て取れる。また、判決による慰謝料の額が、５千円から３万円と区々であるのは、案件ごとの個別事情を考慮したからである。①は原告が講演会場において騒動を起こし、警察に規制された。②③は漏えいした情報に機微なものが含まれている、第二次被害が発生またはその恐れがあった等の事情が勘案されている。⑥は企業の自主判断によれば５００円であったが、裁判では５０００円[27]と10倍になっているのは、漏えいした情報を使って恐喝に利用される危険性を認定したからである。したがって、漏えいした情報が日常的個人情報であり、二次被害が認められなければ、お詫びとして５００円を提供するというのは一般的な理解であり、ベネッセもそれにならって５００円で謝罪を済ませようとしたものと考えられる。

6　ベネッセ事件における慰謝料判決額

ベネッセの個人情報漏えいに関する民事訴訟中判決の下された訴訟は８件、図表Ⅱ-３-５のとおりである。

「被害者対策弁護団」による６つの集団訴訟（図表２-３-５の〔２〕〔３〕〔４〕〔５〕）では、いずれも原告１人当たり３３００円の慰謝料を認める東京高裁判決が出されている。

図表Ⅱ-3-5　ベネッセ個人情報漏えい事件裁判判決一覧（2020年3月末現在）

	地裁	高裁	最高裁
〔1〕神戸地裁案件 原告数：親子2人 請求額：10万円	神戸地裁姫路支部判決：2015年（H27）12月2日 請求棄却	大阪高裁判決：2016年（H28）6月29日 請求棄却 大阪高裁差戻し審判決：2019年（R1）11月20日 慰謝料：@1,000円	最高裁判決：2017年（H29）10月23日 差戻し。ベネッセの情報流出によるプライバシー権の侵害を認め、損害額については精神的損害の有無等を審理させるべく、大阪高裁に差し戻した。
〔2〕東京地裁案件A （2次・5次）*1 2次原告数：363人 （5次原告数は不明） 請求額：10万円*2	東京地裁判決：2018年（H30）12月27日 判決額：@3,300円*3 シンフォームの責任のみ。ベネッセの責任は認めず。	東京高裁判決：2020年(R2)3月25日 判決額：@3,300円 シンフォームとベネッセ両社の責任を認定。	—
〔3〕東京地裁案件B （4次・6次） 4次原告数：202人 （6次原告数は不明） 請求額：10万円*2	東京地裁判決：2018年（H30）6月20日 請求棄却	東京高裁判決：2020年(R2)3月25日 判決額：@3,300円 シンフォームとベネッセ両社の責任を認定。	—
〔4〕東京地裁案件C （1次） 原告数：13人 請求額：10万円*2	東京地裁判決：2019年(R元)9月6日 判決額：@3,300円 ベネッセ、シンフォーム両社の責任を認定。	—	—
〔5〕東京地裁案件D （3次） 原告数：656人 請求額：10万円*2	東京地裁判決：2019年(R元)4月25日 判決額：@3,300円*3 シンフォームの使用者責任のみ認定。	—	—

	地裁	高裁	最高裁
〔６〕東京地裁案件E 原告数２人 請求額：子供10万円 親　3万円	東京地裁判決：2018年（H30）６月20日 請求棄却。 ベネッセの委託先監督責任も認定したが、慰謝料が発生するほどの精神的苦痛ではないと判断。	東京高裁判決：2019年(R元)6月27日 判決額：@2,000円 ベネッセとシンフォームの責任を認定。	―

＊１　２次訴訟と５次訴訟および４次訴訟と６次訴訟はそれぞれ併合された。
＊２　10万円の内訳は、未成年は慰謝料90,000円、弁護士費用10,000円、成人はその半額。
＊３　内訳は、慰謝料3,000円、弁護士費用300円。
出所：ベネッセ個人情報漏えい被害対策弁護団「ベネッセに対する集団訴訟ブログ」（2014年12月27日より開設中）、判決当時の全国紙記事、裁判判決から作成。

また、〔１〕神戸地裁案件は、最高裁の差戻判決を経て、１０００円、〔６〕東京地裁案件Ｅは２０００円の東京高裁判決が、それぞれ確定している。

同一事件であるにもかかわらず、提起された地裁ごとにその上級審も含め損害賠償責任の有無および損害額の認定の判断が分かれている。同一事件において地裁、高裁、最高裁とで判断が異なることは珍しくなく、また、同じ地裁レベルでも裁判官が異なれば、結論も異なることも当然ありうるが、原告の立場からすれば戸惑いを感じたであろう。

7　シンフォームとベネッセの注意義務違反——東京地裁・高裁の判断

本個人情報漏えいに関する損害賠償訴訟の主要な争点は3点であった。すなわち、個人情報管理について、①シンフォームの過失の有無、②委託者たるベネッセの過失の有無、③権利侵害および損害発生の有無である。これらについて裁判所がどう判断したかを、原告が地裁では敗訴、高裁では勝訴した上記〔6〕東京地裁判決（2018年6月20日）、東京高裁判決（2019年6月27日）を引用しながら振り返ってみる。[28]

(1)シンフォームの5つの注意義務

本訴訟では、シンフォームはベネッセから委託された業務に関し、個人情報漏えいを防止するため以下の5つの措置を執るべき義務があったのに、これを怠った過失があると追及された。

ア　私物のスマートフォンの持ち込みに係わる注意義務
イ　USB接続に係わる注意義務
ウ　データ書き出し制御に係わる注意義務
エ　異常通信に係わるアラートシステムに係わる注意義務
オ　監視カメラに係わる注意義務

判決では、東京地裁、高裁とも、ウの「データ書き出し制御に係わる注意義務」違反のみ認定し、他は本件漏えいを回避できたか疑問として否定した。

アは、Ａが業務を行う部屋に私物のスマートフォンを持ち込むことを禁止する措置を取っていれば、漏えいを阻止できた、そうしなかったのはシンフォームの過失であるというものである。判決では、個人情報以外にも通常の業務を行う部屋に、一切の私物のスマートフォン持ち込みを禁止するというのは、「当該執務環境において従事する者にとって、非常に大きな制約になることは明らか」であり、「同様の効果を上げられる他の代替手段があり得ることに照らすと」私物スマートフォンの持ち込み禁止をすべき注意義務があったとまではいえないとした。

イは、業務用パソコンのＵＳＢポートを塞ぐことで、自由にパソコンにＵＳＢ接続できないようにすべきであったという主張であるが、判決では、「パソコンのＵＳＢポートは、外部記録媒体の接続以外にも、マウスを使用する際に用いるなど、業務上必要な装置を接続することが想定されている」からＵＳＢポートを使用できなくするという措置は、「業務に従事する者に対する制約として、過度なものである」として退けた。

ウは、パソコンのＵＳＢポートにＭＴＰ対応スマートフォンを接続しても、データの書き出しができないようにする措置を講じる注意義務があったというものである。判決ではこの措置こそが実効性がありかつ業務従事者に必要以上の制約が生じない方法であったと認定した。

この問題についてベネッセらは、当時ＭＴＰ対応を含むスマートフォンに対する書き出し制御措置をとるべきと明示していたガイドラインはなかった、ＭＴＰ制御のソフトが一般的ではなかった等の抗弁を行った。判決では、ベネッセらは「大量の個人情報を扱っていたところ、本件漏えい当時、ＭＴＰ対応スマーフォンによる情報漏えいの危険性を予見でき」、「ＭＴＰ制御機能を有する商用デバイスソフトは、本件漏えい当時、日本国内で十分入手可能な状況にあった」から書き出し制御措置をとることができたのであり、「ガイドライン等に記載がなかったことや同様の措置をとっている会社が少なかったとしても前記判断が左右されるものではない」として、シンフォームの注意義務違反を認めた。

エは、データベースと業務用パソコン間に、通常業務以上の通信量が認められた場合、それに対して管理責任者に警告するアラートシステムを設置すべき義務があったとするものである。しかし、判決では、アラートシステムは一定量の情報が一度に移動した際に発動するもので、「当該状況に対してどのような対応をすべきかを判断する機会ができるというものであるから、情報漏えいを未然に防ぐことができるわけではない」、「どの程度の情報が移動した場合にアラートが発せられる設定とするかによって、それ以下の情報量であればアラートが発せられないことになり、必ずしも情報漏えいの全てを防ぐことができる対策ともいえない」として、アラートシステムを設置しなかったことが注意義務違反にはあたらないと判断した。

オは、シンフォームが執務室を含む施設の主要な出入り口には防犯カメラを設置していたものの、執務室内部を監視するカメラを設置していなかったので、これが本件情報漏えいについての過失であるとしたものである。判決は、当該執務室の全体的な状況を確認できる監視カメラに加え、さらに高精度の監視カメラを設置していても、従業員がパソコンに向かって業務をしているところが撮影されているとして、「それが通常業務なのか不正行為なのかまで見分けることはできず」、「本件漏えいを回避できたのかそもそも疑問」として原告の主張を退けた。

(2) 委託者ベネッセの責任

個人情報保護法22条は、個人情報データの取り扱いを委託する場合、個人データの安全管理が図られるよう委託を受けた者に対する必要かつ適切な監督を求めているが、原告は、ベネッセの委託先選任および監督に係わる注意義務違反を主張し、ベネッセが行うべき「必要かつ適切な監督」とはどの程度のものであるべきかについて、具体的に前述の５つの注意義務違反をもとに問うたのである。

判決では、地裁、高裁とも大量の個人情報の取扱いをシンフォームに委託していたベネッセには、シンフォームに対する監督義務があり、ベネッセがＭＴＰ搭載スマートフォンに対する書き出し制御機能の対応状況についてシンフォームに適切に報告を求めていれば、シンフォームに適切なセキュリティソフトへの変更を指示できたはずであり、これを放置していたことが注意義務違反にあたるとした。

(3) 権利侵害および損害発生の有無

原告は、住所、電話番号、氏名、性別、子の生年月日、続柄が名簿業者に漏えいしており、このような情報は入手を欲する者にとっては、ターゲットを絞った効率的な営業活動等に利用できるから、原告は好まざる迷惑勧誘を受けることにつながり、さらにはＩＴ技術の進歩に従い、個人情報を突合、特定する可能性もあるとし、個人のプライバシー侵害を主張した。

一審の東京地裁は、「本件個人情報は原告らのプライバシーに係る情報として法的保護の対象となるものであり、本件漏えいによって、原告らはそのプライバシーを侵害されたというべきである」との判断を示しながら、原告の懸念は、「他の事業者から何らかの勧誘等があり得るという抽象的な不安感にとどまる」、「民法上、慰謝料が発生する程の精神的苦痛があると認めることはできない」として慰謝料の請求を棄却したのである。

これに対して、東京高裁は、慰謝料については、「自己の了知しないところで個人情報が漏えいしたことに対する不安感及び生活の平穏等に対する不安感」は「具体的なものでなく抽象的なものであったとしても何らかの精神的苦痛を生じさせることは避けられない」、また個人情報を提供する者の「自己の欲しない他者にみだりにこれが開示されることはないという期待は保護されるべき」として、一人当たり２０００円の慰謝料の支払いを命じた。この東京高裁判決は、図表2-3-5〔1〕の最高裁判決（２０１７年10月23日第二小法廷判決）および早稲田大学名簿事件[29]の最高裁判決（２００３年9月12日第二小法廷判決）の考え方を踏襲するものであり、この論点は今後の個人情報漏えいに対する補償の基本的な判断基準になるものと思われる。

8　問題の所在

(1) 個人情報保護対応措置のあるべき水準

個人情報保護法では、個人情報データベース等を事業の用に供している者をすべて個人情報取扱事業者と定義し（２条５号）、個人情報取扱事業者は、取り扱う個人データの漏えい、滅失またはき損の防止等の安全管理のために「必要かつ適切な措置」を講じることを義務づけている。さらに、従業者と委託先に対しても「必要かつ適切な監督」を行わなければならないとしている（20条～22条）。また、個人情報保護委員会「個人情報保護法ガイドライン（通則編）」では、組織的安全管理措置、人的安全管理措置、物理的安全管理措置、技術的安全管理措置の４つのカテゴリーを設け、合わせて14の講じなければならない措置を示している。

しかしながら、法もガイドラインも講じなければならない措置の具体的な中身までは規定していない。例えばガイドラインの技術的安全措置の項目中、「(4) 情報システムの使用に伴う漏えい等の防止」は「情報システムの使用に伴う個人データの漏えい等を防止するための措置を講じ、適切に運用しなければならない」とし、手法の例示として、「情報システムの設計時に安全性を確保し、継続的に見直す（情報システムのぜい弱性を突いた攻撃への対策を講ずることも含む）、個人データを含む通信の経路又は内容を暗号化する、移送する個人データについて、パスワード等による保護を行う」などと抽象的に記載するだけで、何をどこまでやればいいのか、すなわちとるべき対策の幅と深さはガイドラインの対象外である。ここに個人情報保護の取組みについて、各事業者の主体的な判断と行動が求められる理由がある。

前述の東京地裁、東京高裁でのベネッセの抗弁には必要とされる措置をとらなかったのは、法やガイドラインに規定されていなかった、あるいは一般的ではなかったからと主張するものが目立つ。例えば、

・内部不正防止ガイドラインを定めたＩＰＡは、経済産業省の外郭団体に過ぎず、内部不正防止ガイドラインは……法的義務として位置づけられたものでもない。

・ＵＳＢ接続禁止措置については経済産業分野ガイドラインでは、義務的事項として記載されていなかった。

・（内部不正ガイドラインでは）情報書き出し制御措置については記載されていない。

・いずれのガイドライン等にも、本件漏えい当時、アラートシステムについて記載されていなかった。

・本件漏えい当時、高度な情報セキュリティ対策をとっていた企業であっても、アラートシステムを採用していたものは少数であって……。

・（個人情報保護法上、安全管理のための組織体制の整備が義務づけられているとしても）顧客情報の利用・管理に責任を持つ部門を設置することまで義務づけられているものではない。

こうした抗弁の内容は原告の主張に対抗する応訴技術としては理解できるものの、本質的な問題は、

ベネッセが個人情報保護についてどのような根本理念を持ち、自社の事業内容と規模、扱う個人情報データの性質と量に合わせて必要な措置をとっていたのかということに帰着する。上記のような抗弁は、中小企業や扱う個人情報量が少ない事業者であれば、許されたかもしれない。しかし、億を超える膨大な子供と保護者の情報を収集してデータベース化し、販売の主要なツールとしていたベネッセとしては、法やガイドラインの規定や他社の整備状況はどうであれ、自社の業務の実態に即したより慎重で確実な漏えい防止策をとる義務があったはずである。自社の顧客データの性格、質量に照らして最も適切な管理方法を採用することは、リスク管理の基本である。また、法で定められているか否か、他の会社がやっているか否かが判断基準の最初に来るとすれば、ベネッセ自身の経営理念やビジネス倫理概念は危ういものと言わざるを得ない[30]。

(2) 子供の情報の取り扱い

ベネッセは漏えいした個人情報が住所、氏名、電話番号等日常的情報であり、銀行口座や子供の成績等の機微情報が含まれていなかったことから、仮に漏えいした情報をもとに各種勧誘行為があっても、「ごくありふれた行為で、一般に許容されており、それによって不快感、不安が生じ、平穏な生活を送る利益が害されるとは一般に考えられていない[31]」と認識し、それが被害者対応の基本的な姿勢につながっていた。

実はこうした問題の捉え方が誤りだった。子供の情報は大人の情報と異なり、最大限の注意をもって接しなければならないのである。子供の情報が開示されることで、子供の誘拐、連れ去り、わいせつ被害等を心配する親は多い。離婚を争う場合、夫のDV等を恐れて、夫の元を離れて妻と子供が別居するケースは珍しくない。そのとき別居先の住所等は秘匿の対象である。離婚をめぐる調停や裁判においても妻が申請すると、別居先住所等は夫にも開示しない厳重な措置が取られる。また、小学校や公民館等では行事に参加している子供の写真を撮ることに慎重になっている。(32)現在のSNSでは写真をもとに位置情報を割り出し、目を付けた子供へアプローチすることが可能になっているからである。

住所、氏名等は何でもない情報のように見えるが、それらが子供に関係した場合、重大な意味を持つことがあり、ベネッセはこれを数千万件の規模で流出させたのであるから、被害を被った親の不快感、不安感は格別のものがあったであろう。ベネッセは子供の情報の特殊性に気づかないまま、一般的漏えい事案の例にならって問題に対処しようとしたことから事後対応に配慮不足を招き、それが他の個人情報漏えい事件とは異なった困難さをもたらしたのである。

(3) 経営におけるシステムの位置づけ

わが国において、コンピュータを事業に活用するようになったのは、1960年代からとされるが、当時は情報の大量処理や事務の効率化といった事務処理の次元の活用であった。その後、事務分野でOA（オフィス・オートメーション）、製造分野でFA（ファクトリー・オートメーション）などが進行し、MIS（経営情報システム）に拡張されていった。1980年代後半に至って、情報を企業経営に結びつけるＳＩＳ（戦略的情報システム）が登場した。ＳＩＳとは、情報システムを単に既存業務の支援や効率化など補助的・間接的な役割として捉えるのではなく、競争上の優位を築くための経営戦略の中核に位置づける概念である。[33] ＳＩＳの導入の成功例としては、アメリカン航空の座席予約システム、花王の受発注システム、セブンイレブンのＰＯＳシステム、ヤマト運輸の荷物追跡システムなどが知られている。

ベネッセのＳＩＳ

ベネッセでは、顧客データの収集を従来は主として住民基本台帳の閲覧によって取得していたが、２００５年にこれをやめて、独自に個人情報の直接取得に切り替えるとともに、マーケティング戦略の見直しを行い、従来のダイレクトメールに加えて、ＴＶコマーシャル、インターネット、テレマーケティングの積極活用を打ち出した。[34] 少なくともこの時点でベネッセのコンピュータ活用が企業戦略と緊密に結び付けられ、ＳＩＳのレベルに達していたと判断されるが、ベネッセの経営陣の情報リテラシー（情報システムの意義を正しく認識する力）が、その域に達していなかった。ＳＩＳを有効に機能させるためには経営者のＳＩＳに関する十分な理解と会社資源配分の判断を必要とする。しかしながら、ベネッセにおいてそれらが確たるものとして存在していたのか疑問なのである。

システムは総務領域という誤った概念

事件発生前のベネッセの経営陣の情報システムに対する認識の程度を示す例がある。事件前の2014年3月期有価証券報告書に記載されている事業系統図では、ベネッセグループの事業を大きく国内教育事業、海外教育事業、生活事業、シニア・介護事業、語学・人材教育事業、その他事業の6つに区分し、システム子会社シンフォームは「その他事業」に位置づけられている。「その他事業」には他に、施設管理、保険代理店、総務業務代行、教具販売の会社があり、いずれもベネッセの中核事業の扱いではない。事業の中核をなす個人情報を収集、蓄積、処理するシンフォームを、おそらくは売上高の多寡かあるいは収益を生まない事業との誤った認識のもと、「その他事業」と位置づけ、事務や総務関係業務のカテゴリーに編入し最前線の扱いとしていないのである。投資家や利害関係者に経営情報を提供する有価証券報告書において、このような系統図を掲載することは、対外的に経営陣の情報システムに関する問題意識がこの程度であることを表明していることに他ならない。そしてこの掲載は現在に至るまで変わっていない。[35]

経営者が主体的にシステムに係わらない

ベネッセ、シンフォームでは情報システム管理について一定のレベルにあったことは認められるが、システムに関し経営者が主体的な関わりを持っていなかったことは、調査報告書からもうかがえる。すなわち、①情報システムのセキュリティをグループ全体で統括的に管理する部署がなかった、②情報システムのセキュリティに関するグループ全体の統括責任者が明確に定められていなかった、③個人情報管理の責任部署が不明確、④実効性のあるシステム監査が行われていなかったという。[36]これらは担当者レベル、部署レベルで解決できる問題ではなく、すべて経営判断と経営資源の投入を必要とする。情報戦略の担当役員であるＣＩＯ（Chief Information Officer）を置くことも、間接部門の一部とみなされてきた情報システム部門を経営戦略の中枢に位置づけたことに由来する。

ベネッセらの経営者が情報システム部門の動向を経営マターとして認識できなかったため、情報システム部門において、「頻繁に行われる組織再編の結果、従前行なわれていた業務が再編後の組織に継承されなかったり、各組織間で責任・権限の所在が不明確になる場合」があり、シンフォームでは、その重要な顧客であるベネッセの「事業部門の意向に従わざるを得ない傾向が認められ」、情報セキュリティの維持・向上のための措置が十分に行われなかった。[37]系統図にあるようなシステム子会社の位置づけは、無意識のうちに、収益事業優先、システム従属の風土を形成していったのである。

9　まとめ

ベネッセ事件の教訓とは、以下の3点に集約されるであろう。

(1)個人情報の活用を戦略的に行う事業体においては、経営者が情報セキュリティの構築運用に関して、経営資源の配分も含めて主体的に関与する。

(2)個人情報保護のための安全管理措置（組織的、人的、物理的、技術的）には一律に定型的なものは存在しない。自己の組織力、財務力等も踏まえつつ、事業体の業種、業容、扱う個人情報の種類と量に適合した措置でなければならない。

(3)個人情報保護措置に限らず、ある重要な業務プロセスを整備するためには、規定や制度の考案とともに、それが期待通り動いているかどうかを確認するモニタリング（監視）機能が必要である。

とりわけ(2)が経営的視点からは重要である。〝身の丈に合った〟システムとは、消極的な概念ではない。事業体の規模と実態に適合した柔軟かつ的確な態勢と措置をいうのである。そこには法やガイドラインに記載のないこと、触れていないことは実施しないでよいという観念は存在しない。

情報化社会においては、社会全体のデジタル化が進み、現実世界のあらゆる場所において生成された膨大な個人情報が蓄積されている。そして、この個人情報データを収集活用することで、新サービスの創出、ビジネス競争力の強化等が図られ、経済成長やイノベーションの進展が期待されている。一方、個人情報の自由な利活用の対価として、個々の事業主体が実効性をもって個人情報・プライバシー保護措置を行うことが求められていることを忘れてはならない。

個人情報を利用するすべての企業は、情報セキュリティ対策強化を「コスト」ではなく、健全な事業継続や新たな価値創造のために不可欠な「投資」と理解すべきであり、それは人、もの、金の経営資源を大胆に投入することにつながる経営者本来の役割でもある。ベネッセ個人情報漏えい事件は、個人データを活用するすべての事業者にとって、そのことを気づかせてくれた貴重な事案と評価すべきであろう。

［注］

（１）ベネッセお客様本部「不審な勧誘を抑止するための活動」２０２０年２月20日時点。毎日新聞２０１４年７月11日朝刊。

（２）ベネッセは学習関係講座のほか、育児用品の通信販売サイト「ベネッセライフスマイルショップ」と女性向け会員制サイト「ベネッセウィメンズパーク」も開設していた。

（３）ベネッセの出自は、１９５５年設立された岡山市に本拠を置く（株）福武書店である。１９９５年にベネッセと社名変更後、２００９年に持株会社ベネッセホールディングス（以下「ベネッセＨＤ」）を設立し、ベネッセはその完全子会社となった。

（４）読売新聞２０１４年７月12日朝刊

（５）ベネッセＨＤ「個人情報漏えい事故調査委員会による調査報告について」２０１４年９月25日、4-5頁。

（６）同「不審な勧誘を抑止するための活動」２０２０年６月29日時点

（７）日本経済新聞２０１４年７月24日朝刊

（８）日本経済新聞２０１４年７月14日朝刊

（９）（株）ジャストシステム「ベネッセコーポレーションの個人情報漏洩の件に対する当社の対応につきまして」２０１４年７月11日

（10）読売新聞２０１４年７月19日朝刊

（11）（株）ＥＣＣ「当社の対応につきまして」２０１４年７月18日

（12）ベネッセＨＤ・ベネッセ「お客様情報の漏えいに関するご報告と対応について」２０１４年９月10日、読売新聞２０１４年７月18日朝刊

（13）同「お客様情報の漏えいに関するご報告と対応について」、同上「個人情報漏えい事故調査委員会による調査報告について」

（14）経済産業省「個人情報の保護に関する法律についての経済産業分野を対象とするガイドライン」（平成16年10月）

（15）日本経済新聞２０１４年７月18日朝刊

（16）７月17日の記者会見では原田会長兼社長は、一転して全顧客に補償するとし、「事態の重大さを認識した私の決断」と説明した（読売新聞２０１４年７月18日朝刊）。

（17）ベネッセＨＤ「特別損失の計上に関するお知らせ」２０１４年７月31日

(18)日本情報経済社会推進協会「株式会社ベネッセコーポレーションのお客様情報の漏えいについて」２０１４年７月10日、同「株式会社ベネッセコーポレーションへの措置通知について」２０１４年11月26日

(19)なお、ベネッセは1年間の取り消し措置期間の後、審査を受け２０１６年11月２日にプライバシーマークを再取得した。（ベネッセお客様本部「よくいただくご相談とその回答」２０１８年５月８日）

(20)日本情報経済社会推進協会「プライバシーマーク付与事業者に対する措置について」２０１４年10月10日

(21)ジャストシステム「本日の一部報道につきまして」２０１４年７月10日

(22)同「お客様情報の漏えいに関するご報告と対応について」。実際に被害者に送付されたベネッセからの「重要なお知らせ」にも、同様の選択文言が記載されている。お詫びの品として、５００円分の金券・ギフト券、図書カード、そして「こども基金」への寄付を選択するようになっている。

(23)ベネッセＨＤの２０１５年３月26日付「ベネッセこども基金への寄附に関するお知らせ」によれば、「お客様よりご選択頂いた寄附金」は、３億１９３５万７５００円（63万８７１５名分）である。これは、お見舞いの対象となった被害者数の２％弱に相当する。

(24)朝日新聞デジタル２０１５年12月17日、https://www.asahi.com/articles/ASHDJ449VHDJUTIL014.html　２０２０年７月６日アクセス。日本経済新聞電子版２０１８年９月12日、https://www.nikkei.com/article/DGXMZO35276900S8A910C1AC8Z00/　２０２０年７月６日アクセス

(25)「ベネッセ個人情報漏洩事件被害者の会」は、専用のブログを立ち上げ、会の活動状況を公開している。http://www.benessesaiban.com/pc/index.html　２０２０年７月６日アクセス

(26)「被害者の会」ＨＰの「参加費用」欄（http://www.benesse-saiban.com/pc/index.html#5）では、本訴訟に係わる費用負担を、予想される判決内容を場合分けして明示している。

(27)判決額は慰謝料として５０００円、弁護士費用として１０００円を認めた。この５０００円の慰謝料は、ソフトバンクが被害者と考えられる会員全員に５００円の金券を交付していることを考慮している。

(28)東京地裁判決（ベネッセ個人情報漏えい事件損害賠償請求事件）平成26年（ワ）第３１４７６号、平成30年６月20日、ＬＬＩ／ＤＢ判例秘書搭載、東京高等裁判所判決（平成30年（ネ）第３５９７号／令和元年６月27日）ＬＬＩ／ＤＢ判例秘書搭載

(29)１９９８年11月に来日した中国の江沢民国家主席が早稲田大学で講演を行った際、早稲田大学が警視庁からの要請に応じて、講演会に参加する学生の学籍番号、氏名、住所、電話番号を記入した名簿を事前に警視庁に提出したことが、プライバシーの

侵害とされた。

(30)ベネッセの直近の「個人情報保護方針」（２０２０年4月1日改定）では、「私たちは、個人情報取扱事業者が守るべき義務や社会倫理に基づき、個人情報を守るために社内の組織体制を整え、規程を整備していきます」とあり、法を超えて社会倫理に言及している。事件の反省を踏まえた記述と思われる。

(31)東京地方裁判所判決（平成26年（ワ）第３１４６７号／平成30年6月20日）におけるベネッセらの主張。

(32)私自身が所属しているＮＰＯ法人では、児童に対してコミュニケーション能力を向上させる取組みを行っているが、その活動状況を写真撮影することは、ほとんどの学校、施設で拒否されている。

(33)ＳＩＳについては、チャールズ・ワイズマン「戦略的情報システム―競争戦略の武器としての情報技術」ダイヤモンド社１９８９年が詳しい。

(34)ベネッセコーポレーション「有価証券報告書」２００６年3月期、20頁

(35)有価証券報告書の系統図等は、「企業内容等の開示に関する内閣府令第二号様式」で記載内容が例示されており、ベネッセに限らずどの会社も似たような系統図になっている。しかし、関係会社の主な事業へのかかわり方をどう表現するかは、当該企業が主体的に判断し、戦略観を反映させるべき問題である。

(36)同「調査報告」、６頁

(37)同「調査報告」、6-7頁。調査報告書では控え目に記載しているが、企業の現場では、業部門等のユーザー部門からの現実を無視した仕様や期日の要求により、システム部門の安全性や正確性に関する手当てが疎かになるケースはしばしば起こる。これを適切に処理し全体の調整を図る機能がＣＩＯのはずである。

事例研究4　東洋ゴム免震ゴム検査データ偽装問題（2015年2月）

〈不正を知って逡巡する経営陣〉

1　はじめに

2015年2月9日、東洋ゴム工業株式会社（以下、東洋ゴム）[1]は、子会社東洋ゴム加工品株式会社（以下、ゴム加工）が製造した免震材料高減衰ゴム系積層ゴム支承（以下、免震ゴム）について、大臣認定の内容に適合しない製品を販売していたこと（大臣認定不適合）、技術的根拠のない性能評価にもとづく不正な申請書を提出し、性能評価にかかわる大臣認定を受けていたこと（大臣認定不正取得）が判明した旨、国土交通省に報告した。その時点で判明していた大臣認定不適合は、共同住宅、官公庁舎、病院等55棟（販売された免震材料2052基）、大臣認定不正取得は2006年、2007年、2011年の3件であった。これにともない国土交通省は、不正取得に係る免震材料の大臣認定3件を即日取り消し、実態調査に乗り出した。

東洋ゴムの免震ゴム検査データ偽装は、その後立て続けに発生した検査データ偽装・検査不正事件の先駆け的存在となった。すなわち、三菱自動車燃費試験データ不正（２０１６年４月）、日産自動車、スバル、スズキの完成車検査不正（２０１７年９月以降）、神戸製鋼（２０１７年10月）、三菱マテリアル（２０１８年２月）、ＫＹＢ（２０１８年10月）等であるが、これらはいずれも日本のものづくりに対する信頼性を大きく揺るがす事件であった。(2)

検査データ偽装という行為は、製品が本来保持していなければならない性能値やクリアすべき検査基準値に達しないという現実を前にして、計算方法や計測方法を恣意的に操作して、自己にとって都合の良い数値を創作するというものであるが、検査の意味を失わせるものであり、消費者の製品の安全に対する信頼性を根底からくつがえす悪質な行為である。

本事件の特徴は、担当者レベルの不正行為が14年もの長期間にわたったことと、問題の存在を知ってからも、経営陣が迅速に適切な措置をとろうとせず、隠蔽と言われてもやむを得ないような問題先送り行為を繰り返し、最終的には経営の主体的判断ではなく、顧問弁護士の警告で、公表に追い込まれたということである。担当社員によるデータ偽装の疑いの報告を子会社ゴム加工の社長が受けたのは、公表の１年前であり、また親会社東洋ゴムの社長が報告を受けたのは、８カ月以上も前であった。その間、具体的な対策が取られないまま、認定不適合の製品が出荷され続けていったのである。

２　不正行為の内容(3)

東洋ゴムによる免震ゴムに係わる検査データ不正は、製造前の規格に関する国土交通大臣への認定取得申請時、社内の性能検査時、顧客への成績証明書交付時において行われていた。具体的には以下の三場面である（図表Ⅱ‐４‐１）。

(1) 大臣認定を取得する際の問題行為(4)

不正行為１

東洋ゴムは、２０００年12月14日から２０１２年２月17日までの間、免震ゴムについての大臣認定として合計20回にわたり、延べ24個の大臣認定を取得しているが、これら各認定のうち、少なくとも合計16回、延べ20個の大臣認定の取得に際し、技術的根拠のない乖離値（または乖離値の平均値）を記載して申請を行い、大臣認定を取得した。

(2) 出荷時の性能検査における問題行為

不正行為２

東洋ゴムは、２０００年11月から２０１５年２月までの間に、合計１７５物件に対して、免震積層ゴムを出荷したが、免震ゴムの出荷時の性能検査において、技術的根拠のない恣意的な数値を用いて、実際には大臣認定の性能評価基準に適合していない免震ゴムを出荷していた。

(3) 検査成績書作成における問題行為　不正行為3

東洋ゴムは、２００１年１月から２０１３年３月までの間、顧客に対して交付する免震ゴムの性能試験の結果を記載した検査成績書について、測定結果の数値をそのまま転記せず、技術的根拠のない恣意的な数値に書き換えた上で、顧客に交付していた。

これら不正行為のもとで出荷した免震ゴムが設置された全２０９棟のうち、１５３棟は、建築基準法上の違反建築物となる事態を招いた。うち16棟は工事中（建設未完）であり、完了確認が受けられない状態となっていた。特に、２０１４年２月に社内で本件発覚してからも、直ちに出荷差し止め等の措置を取らなかったため、市場における違反建築物を増加させる事態を招いた（２０１４年２月から２０１５年２月までに製品を継続販売した納入先：22棟）。

3　事件の時系列的整理

(1) 発覚の端緒――引継ぎ担当者の疑問

ゴム加工社員Ａは、兵庫事業所において先輩社員Ｂとともに免震ゴムの開発・設計を担当していたが、２０１３年１月のＢの異動に伴い、Ａは単独で免震ゴムの性能検査を担当することになった。Ａはかねてから、免震ゴムの性能検査のデータ処理に関して疑問を持っていた。Ａは、同検査での測定値を

図表Ⅱ－４－１　免震ゴムの受注から出荷までの流れ

① 免震ゴムの受注	顧客との間で免震ゴムの販売契約を締結する。
② 出荷する免震ゴムのうち１基の製造と性能	製造部が、出荷する免震積層ゴムのうち、まずは１基のみを製造した上で、製造部及び開発技術部が当該免震ゴムの性能検査を実施する。
③ 開発技術部による合否判定	上記②の検査結果について、開発技術部が、性能指標が大臣認定の性能評価基準に適合しているかを判定し、合否判定の結果を品質保証部等に報告する。
④ 出荷される全品の製造と性能検査	製造部が、出荷する免震ゴム全品を製造し、製造部及び開発技術部が当該製品の性能検査を実施する。
⑤ 開発技術部による合否判定	上記④の検査結果について、開発技術部が、性能指標が大臣認定の性能評価基準に適合しているかを判定し、合否判定の結果を品質保証部等に報告する。
⑥ 品質保証部による検査成績書の作成	開発技術部からの合否判定の結果を元に、品質保証部が全品についての性能指標の数値及び合否判定の結果をまとめた検査成績書を作成する。
⑦ 生産管理部による塗装工程への進行決定	開発技術部からの合否判定の結果の連絡を受け、生産管理部が塗装工程に進むことを決定するとともに、顧客に対しても、その旨を連絡する。
⑧ 顧客立会いの性能検査と成績証明書の交付	出荷する免震ゴムのうちの１基について、顧客立会いのもとで製造部が性能検査を実施する。当該性能検査の結果については、開発技術部が、性能指標が大臣認定の性能評価基準に適合しているかを判定し、品質保証部に報告する。報告を受けた品質保証部は、顧客に対して検査成績書及び立会検査の判定結果を交付し、その確認を得た上で、全免震ゴムを出荷する。

出所：免震積層ゴムの認定不適合に関する社外調査チーム「調査報告書」2015 年６月 19 日 p16 ～ 17 から作成

算出する過程において、
①載荷試験の性能検査において、試験機の摩擦による影響を解消するための補正の数値として、同じ試験機に対し異なる数値が用いられており、かつその根拠が不明であること
②試験機の摩擦による影響を解消するための補正以外にも趣旨が不明な補正が行われていること
に気付き、性能指標の検査におけるデータ処理には、技術的根拠がないのではないかとの疑いをもつようになった。そして、Aは、各種記録資料を確認したり、免震ゴムの材料の担当者に対して、測定値の算出に用いられている補正の根拠、合理性等について質問したりしたが、いずれも納得できる回答を得ることはできなかった。

(2) 上司と社長に報告

2013年夏頃、Aは、当時Aの上司であった開発技術部長Eに対して、一部の免震ゴムの出荷時の性能検査において技術的根拠が不明な補正が行われていると報告した。この旨の報告は、Eに対し数回にわたってなされたが、Eは特段の具体的な指示をしないまま、これらの対応をAに一任した。

2014年2月頃、技術・生産本部長Fは、Aから、一部の免震ゴムの出荷時の性能検査において技術的根拠が不明な補正が行われていることについて報告を受けた。FはAに対して問題点を整理した報告資料の作成を指示し、Aは、同月中には当該報告資料の作成を完了した。

2月26日、AおよびFは、ゴム加工社長に対して、上記の報告資料を用いて、一部の免震ゴムの出荷

時の性能検査において技術的根拠が不明な補正が行われていること、および当該補正の結果として大臣認定の性能評価基準を充足していない免震ゴムが製造・販売されている可能性があることを報告した。当該報告資料において、Ａは東洋ゴムにおける免震ゴムの製造技術が未熟であり、製造条件を基礎から確立することが必要であることも指摘していた。

(3) 親会社東洋ゴム社長が報告を受ける

５月12日の会議において、親会社東洋ゴムのダイバーテック事業本部長（取締役）は、Ａから出荷時の性能検査時にあたり補正のために乗じている数値が一定でなく、補正を名目として技術的な根拠のない恣意的な数値を用いる方法で、その検査結果を大臣認定の性能評価基準に適合させていたようである旨の説明を受けた。これに対し、再度確認するよう指示がＡになされたが、再確認しても結論は変わらなかった。

５月21日頃、Ａの前の検査担当者であるＢに対してゴム加工社長の同席のもと事情聴取が行われ、これまでの出荷時の性能検査における測定値の算出のために行ってきた補正の根拠等の説明を求めた。しかし、これに対するＢの説明は、合理的なものではなく、Ｂの行ってきた測定値の処理が技術的根拠を有するものであると納得することはできなかった。

５月27日、東洋ゴム社長は、ゴム加工社長からから免震積層ゴムの性能指標にばらつきがあり、その詳細を調査中である旨の報告を受けた。ここでは、性能指標の根拠なき修正とは言わず、バラツキと巧妙に言葉を変えて報告しているので、東洋ゴム社長はこの時点では単なるトラブルと受け取り、重大な法令違反の問題とは認識しなかった。

7月17日の東洋ゴム本社の会議において、東洋ゴム社長、技術統括センター長（取締役）は、ダイバーテック事業本部長（取締役）、ゴム加工の兵庫事業所長兼技術・生産本部長（取締役）から、出荷時および大臣認定申請時の性能検査における技術的根拠のないデータ処理の疑いについての報告がなされた。この報告では、これまでの調査経緯とともに、①出荷時の性能検査および大臣認定の申請時に技術的根拠のない補正が行われていたこと、②性能指標が大臣認定の性能評価基準に適合していないこと、③大臣認定申請時の届書類中の数値の中に実測値にもとづかないものが含まれること等についての説明がなされた。この説明を受け、技術統括センター長（取締役）は技術的見地からさらなる調査が必要とし、報告したゴム加工の兵庫事業所長兼技術・生産本部長に対して、実測値を含め具体的な数値を用いた再報告を行うように指示した。

その後、東洋ゴムでは報告対象者が広がるごとに、さらなる調査指示とその報告が繰り返され、翌年2月まで顧客対応措置が取られることなく、また国交省への問題事象報告も行われないまま時間が経過していった。

(4) 不正だが問題はないというロジック

データ偽装が東洋ゴムの経営陣全体の知るところとなってからは、偽装であっても結果的に問題がないというロジックを正当化する様々な調査や報告が行われた。以下はその例である。

・2014年8月13日、東洋ゴムの代表取締役専務執行役員、取締役常務執行役員らが出席した会議では、地震が発生した場合の建築物への影響は限定的であること、並びに東日本大震災を経験した宮城県および福島県の物件で具体的な問題は生じていないこと等が報告された（傍線筆者、以下同じ）。

・2014年8月中旬頃、社内では、載荷試験を行って得られた、振動数の差異を解消するための補正を行う前の実測値が、基準となる設計値にかなり近いものであることに着目し、この実測値に対して振動数の差異を解消するための補正を行わなければ、大臣認定の性能評価基準からの乖離を小さくすることが可能ではないかとの考え方が出された。また、大臣認定の申請に際して示す性能指標の試験において、いかなる振動数を基準として定めるかは、当該申請を行うメーカーの自主的な判断に委ねられているところ、大臣認定申請時に提示した申請書類には振動数の基準が明示されていないから、振動数の差異を解消するための補正を行う必要性はないのではないか、という考えも主張された。

・2014年9月上旬、ダイバーテック事業本部長、執行役員兼ダイバーテック事業本部新規事業担当、自動車ゴム製品技術本部長らの間で、載荷試験を行って得られた実測値に、振動数の差異を解消するための補正を施さずに、測定値を算出するという方法を出荷時の性能検査において用いるという方針を決定した。

・2014年9月12日、ダイバーテック事業本部長（取締役）、CSR統括センター長（執行役員）、法務部長が、法律事務所を訪問し本件の対応を相談した。弁護士からは「出荷停止にした方がよい」、「基準に満たない場合には国土交通省への報告が必要になる」旨の助言を受けた。この助言にもとづき、2014年9月16日、社長、専務が出席した午前の会議では、9月19日に出荷を予定している物件について、出荷を停止する方向で準備をすること、直ちに国土交通省に本件を報告すること等が確認された。

・ところが、午後の会議において、載荷試験を行って得られた実測値に、振動数の差異を解消するための補正を行わない方法を採用し、かつ試験機のこのような差異を解消するための補正およびその他必要となる補正を行うと、同年9月19日以降に出荷が予定されている製品の性能指標を大臣認定の性能評価基準に適合させることが可能であるとの報告があり、この説明を受け、社長は午前の会議において確認されていた方針を撤回し、9月19日に出荷が予定されている製品は、予定どおりに出荷されることとなった。

・2014年10月6日、技術統括センター長（取締役）、ダイバーテック事業本部長（取締役）らが出席した会議では、過去に出荷された物件のうち、少なくとも3物件については、9月16日に確認された方法を用いて再計算した場合でも、性能指標の乖離値が、大臣認定の性能評価基準から大きく外れているとの報告がなされた。

これまでのデータ偽装を正当化するはずもない恣意的な測定手法の〝発見〟をもって、問題の公表と国土交通省への報告を回避しようとしたのであるが、結局は無駄なことであり、いたずらに時間を空費したただけであった。

⑸ 表沙汰にしたくない経営陣

２０１４年10月10日、技術統括センター長（取締役）は、自己が委員長を務めるＱＡ委員会を10月23日に開催すると決定し、関係者に通知した。委員長として、もはや本問題を放置し続けることはできないと判断したからである。東洋ゴムにおいて、ＱＡ委員会とは重大品質問題の対応を審議、実施させる機関である。委員会メンバーは、技術統括センター長（取締役）、ダイバーテック事業本部長（取締役）、ＣＳＲ統括センター長（取締役）らと４人の監査役を必須の出席者としていた。

２０１４年10月23日午前の社長、専務が出席した会議では、どのように検査値を工夫しても、大臣認定の性能評価基準に適合しない物件が26物件あると報告された。しかし、ダイバーテック事業本部および加工品社の担当者の総意として、これらの物件に関しては、「社内特例」[5]として処理し、出荷された製品のリコールをしないとの見解が示された。

こうした問題を先送りするに過ぎない楽観的な報告を受けて、この会議では、午後に予定されていたＱＡ委員会の開催は見送り、引き続き社内での調査・検討を継続することとなった。監査役４名に対しては、特段の理由が説明されることなく、中止の旨のみが連絡された。

その後、専務、常務、技術統括センター長（取締役）らの間で打ち合わせが行われ、「今回の問題の影響は、建物への安全性や耐震性能については小さく、誤った対応で事が大きくなることは会社や株主の大きな損失（信用、金銭、株価）につながるため、実際の影響度に見合った慎重な対応が求められる」旨を確認した。

２０１４年11月１日、社長は体調不良のため社長職を専務に譲り、代表取締役会長に退いた。11月12日から12月７日までの間、手術のため再度入院している。社長は過去７月にも１カ月間入院していた。

２０１５年１月30日、社長、常務らが出席して会議が開催され、中央研究所長からは載荷試験の基準振動数を恣意的に変更しているが、それに技術的な根拠がないことが報告された。この報告により、当該会議の出席者全員が反論の余地なく、本件を解決するための方法として提唱されていた再計算の方法の前提が誤りであったこと、そして、出荷済み製品のほとんどについて、性能指標の乖離値が大臣認定の性能評価基準に適合していないことを認識した。しかし、この会議では出荷が予定されている製品に関する出荷停止等の決定は行われなかった。

(6) ようやく国土交通省に報告する

２０１５年２月２日、ＣＳＲ統括副センター長、法務部長らが、弁護士事務所を訪問し、今後の方針について相談した。差し迫った案件として某社への納品が控えており、その立会検査は同年２月13日であることを説明し、その実施の妥当性について質問したところ、弁護士からは、今後は全ての立会検査及び出荷を停止すべきであるとの警告を受けた。

２０１５年２月８日、社長、元社長らは、東洋ゴム本社にて弁護士と面談した結果、国土交通省に対して本件の疑いの一報を行うことを決めた。社長らは疑いのある対象製品を限定的にしようとしたが、弁護士は、不正が疑われる製品については全て国土交通省に報告するべきである旨を助言した。

２０１５年2月9日、上記の決定を受けて技術統括センター長（取締役）、広報企画部長らが国土交通省を訪問し、本件の疑いの一報を行った。

担当者Aが性能評価偽装の疑いを認識してから実に約2年の歳月が流れていた。

4　公表後の対応と社内処分

(1) 公表後の対応

２０１５年3月13日、東洋ゴムは、子会社のゴム加工を通じて建築物の基礎部材として製造・販売していた免震ゴムについて、その一部が大臣認定の性能評価基準に適合していないこと、過去免震ゴムの大臣認定の取得の際、技術的根拠のない性能評価基準の申請により、大臣認定を受けていた事実も判明したことを公表した。国土交通省は、これを受けて即日当該認定の取消しを行った。これにより、当該認定を前提としていた免震ゴムは、大臣認定を受けた指定建築材料として認められないこととなった。国土交通省は、あわせて、大臣認定不適合が判明した免震材料が設置された建築物の所有者に、その旨を早急に説明するとともに、速やかに構造安全性の検証を実施すること、構造安全性の検証を踏まえ、必要なものについては免震材料の交換・改修その他必要な対策を速やかに実施すること、徹底した原因究明を行い、再発防止策を検討すること、東洋ゴムが保有する他の大臣認定について、改めて法適合性を確認すること等を指示した。

3月25日、当該免震ゴムの実測データを建設会社、設計事務所に提供し、構造計算の再計算を行った結果、55棟すべての建築物について、震度5強程度の地震に対して十分な耐震性を有しており、倒壊するおそれはないことを確認した旨公表した。さらに同日、所有者、使用者、施主、建築会社等の関係者の意向に反しない限り、原則として、当該免震ゴム全基（納入物件数55物件、全２０５２基）について、当初の設計段階において求められた性能評価基準に適合する製品へと取替える方針を決定した。

3月30日、55棟すべての建築物について、震度6強から震度7程度の地震に対して倒壊するおそれはないことを確認した旨公表した。

結果としては、認定の不正取得、性能試験結果の偽装等にもかかわらず、製品に致命的な欠陥はなかったことになるが、早期に自主的判断で収拾策を図ればよかったものを、長期間経営が迷い、うまく行けば、隠し通せるのではないかと考えたことが、破滅的な信用失墜につながったのである。

(2) 経営責任および役員等の処分

6月23日、東洋ゴムは、「建築用免震ゴム問題における原因究明・再発防止策・経営責任の明確化について」と題する公表文を発表し、国の認定制度、国民、関係者の信頼を踏みにじるような不正行為を行っていたこと、生命、身体および財産の安全に直結する製品を扱いながら、これを脅かすような事態を招いたことは、企業としてあるまじき社会的背徳行為であると反省した上で、同日開催された臨時取締役会において、役員に関し本来果たすべきであった役割・責任に照らし、相応する経営処分（辞任、降格、報酬返上）を決定した（図表Ⅱ-４-２）。

この他に、２０１４年度決算で引当済の業績連動報酬（役員賞与）を対象役員全員に不支給（１３３百万円）とした。

興味深いのは、会長、社長らは２０１４年７月に遡って、すなわち処分決定の1年前に遡って報酬返上させられていることである。２０１４年7月は、それぞれが社長、専務であった時代であり、当時既に出荷時と大臣認定時の性能検査において根拠のないデータ処理が行われていることが報告されているにもかかわらず、毅然としたリーダーシップを示さず、積極的な対応措置をとらなかったことが、「本来果たすべきであった役割・責任に照らし」て、もとると判断されたためであろう。

また、社外取締役と監査役も直接業務執行には関わらないが、不祥事を発見、指摘できなかったことに道義的責任を感じての自主返上と思われる。

5　問題の所在

⑴安全安心思想を阻害するもの

本件の問題行為が行われたことの原因は、現象面からは、免震ゴムの性能評価業務を担当していた社

図表Ⅱ-4-2　東洋ゴム免震ゴム不正に関する経営責任と役員等処分

〈辞任・退任・降格〉

対象役員	処分内容	備考
代表取締役 会長	辞任	7月1日付
代表取締役 社長	辞任	臨時株主総会 11月12日付*
代表取締役 専務執行役員	取締役は辞任。 常務執行役員に降格。	7月1日付
取締役 常務執行役員A	辞任	7月1日付
取締役 常務執行役員B	辞任	臨時株主総会 11月12日付
元取締役 ダイバーテック事業本部長	顧問職を退任	7月1日付
執行役員 元加工品社ビジネスユニット長	退任	7月1日付
相談役	辞任	7月1日付
常勤顧問	退任	7月1日付

＊東洋ゴムの決算期は1月～12月。本来であれば、株主総会は翌年3月開催。臨時株主総会まで在留するのは、次期経営陣確定するまで免震ゴム対応するためという理由。

〈役員の報酬返上〉

対象役員	返上割合
代表取締役社長	50%（社長在任中）
取締役専務執行役員	30%　6カ月
取締役常務執行役員A	30%　3カ月
取締役常務執行役員B	30%　6カ月
執行役員C	30%　3カ月
その他の執行役員	10%　3カ月
社外取締役（2名）	20%　3カ月
監査役（4名）	20%～10%　3カ月（自主返上）
代表取締役会長	50%　12カ月（2014年7月～辞任まで）
相談役	50%　6カ月（2015年1月～辞任まで）
顧問	30%　12カ月（2014年7月～辞任まで）

出所：東洋ゴム株式会社「当社および当社子会社製 建築用免震ゴム問題における原因究明・再発防止策・経営責任の明確化について」2015年6月23日

員の規範遵守意識のなさに帰せられるが、経営の視点としては、なぜ彼らがそのような愚行を繰り返したのかという、さらなる問いが必要である。不正にはまった彼らの供述する動機を読むと、個人の資質の良し悪しを超えた組織の問題が浮かび上がる。これについては、安全安心に係わる業務プロセスに対する無理解と販売重視の社内風土を指摘しなければならない。当該社員らの供述は以下のとおりであるが、東洋ゴムにおいては、明らかにタテマエとしての規範遵守とホンネとしての仕事の遂行が乖離していたことが分かる。データ偽装を行っていたゴム加工の開発技術部の歴代担当者は、問題行為に及んだ動機について以下のように供述している。

〈上からの圧力〉

(1) 2002年6月17日から2004年3月4日までの間に取得した大臣認定の申請時においては、当時の上司から、あらかじめ東洋ゴムが定めた大臣認定の申請予定日に間に合うように、大臣認定取得のための申請資料を作成するよう、厳しい指示を受けた（傍線筆者、以下同様）。

(2) 認定の取得を予定しているすべての規格について、試験体を製作した上で載荷試験を実施し各試験体の性能確認を行っていたのでは、東洋ゴムが定めた大臣認定の申請予定日までに作業を間に合わせることは到底不可と報告したところ、上司は「仮に、大臣認定の申請予定日までに基準内に収まる試験結果を得ることができないのであれば、かかる試験結果が得られたものとして申請資料を作成するように」と指示した。

(3) こうした上司の指示に従い、実際の載荷試験に依拠しない推定値を用いるなどして、大臣認定の取得申請を行った。これらの推定を行う際には、上司がその場に立会い、いかなる方法で推定を行うかについて、逐一指示を出していた。

(4)２０１１年4月から２０１２年12月までの間の上司からは、日頃から免震ゴムの性能検査において、大臣認定の性能評価基準に適合しない場合があると、「お前が数値を入れろ」などと指示されていた。

〈他部署からの圧力〉

(1)親会社たる東洋ゴムにおいて強い立場にあった製造部から、免震ゴムの性能検査に関し心理的圧力を受けることがあり、いかなる方法を用いても、免震積層ゴムの性能指標を大臣認定の性能評価基準に適合させる必要があると考えた。

(2)製造部からは、「納期に間に合わない」、「製造部には非がないから数字を入れろ」等と心理的圧力を受けることを言われた。大臣認定取得については、営業部から、「早く認定を取得してほしい」旨の強い要望を受けることがあった。

〈その他の要因〉

(1)免震積層ゴムの性能検査において、大臣認定の性能評価基準に適合しない場合があると、開発技術部は再製作を望むが、製造部との関係で、再製作の費用を開発技術部が負担する必要があり、問題が生じたすべての場合について、製造部に再製作を申し出ることはできなかった。

(2)出荷する際の立会検査において、大臣認定の性能評価基準に適合しない検査結果が出てしまった。

しかし、出荷前の最終段階において、出荷対象製品が大臣認定の性能評価基準と乖離していると顧客に対し説明できないと考え、技術的根拠のない処理を行った。

(3)品質保証部が開発技術部から測定結果を受領する時期が顧客の立会検査の数日前のこともあり、時間的な余裕がない中で検査成績書を作成しなければならないことがあった。そのため、測定結果の受領が遅くなると予想される場合には、あらかじめ先にループ図を作成し、開発技術部から受領した測定結果の数値を当該ループ図に合わせる目的で数値を書き換えることがあった。

(4)上司は、免震積層ゴムにつき十分な知識を有していなかったため、検査成績書に関して相談をすることはなかった。

(5)立会検査において、製品ごとの性能指標の乖離値の差異が大きいと、顧客から、クレームを受けることがあった。製品ごとの性能指標の乖離値の差異を小さくし、顧客からのクレームを受けることを避ける目的で数値を書き換えることがあった。

(2) 抵抗できない検査担当者

ここで述べられていることは、上司や他部門からの圧力であるが、もし、検査担当者がコンプライアンスに則って、「大臣申請には、確認テストに時間を要するから、所定の期日には間に合わない」、「検査値が基準に達していないから、顧客への検査証明は出せない」と抵抗したならば、どのようなことになったであろうか。実はこの問題は東洋ゴムに限らず、データ偽装・検査不正に共通にして根本的な問題を投げかけている。一連の確立された業務プロセスの中に組み込まれた担当者は、その秩序を壊すことを恐れるという心理的な葛藤に加え、自分が異をとなえることで、想定された業務プロセスが中断し、次工程の部門や顧客に多大な迷惑がかかるという現実的な問題に直面するのである。このような場合、再発防止策として起こったことの裏返し的に、コンプライアンスマインドの徹底や上司のチェック、監査の強化などを挙げても、ほとんど意味をなさないであろう。なぜなら、チェックする上司や監査要員もまたホンネとしての仕事の遂行にとらわれるからである。

(3) 迷走する経営陣

不祥事や問題事象を未然に防止する目的でリスク管理の各種対策を取っていても、その間隙を縫って様々な事故や事件が発生することは、組織の常である。そして、万が一それらが発生したときに、経営者がどのように立ち向かうかは、内部統制上の統制環境の性格を決定づける。しかしながら、東洋ゴムの経営陣は性能評価基準を巡る不正を認知してからも、適宜適切な対応策を指示しなかったばかりか、対応についてその都度変わる下からの報告に一喜一憂し、できることなら大きな問題にしたくないという思惑のもと、意思決定を遅らせ続けた。その結果、ゴム加工の社長に本件の問題行為の疑いが報告された２０１４年２月から、東洋ゴムにおいて出荷停止が決定される２０１５年２月６日までの１年間に、東洋ゴムと加工品社は、性能指標が大臣認定の性能評価基準に適合しない免震ゴムを、合計22物件出荷している。このような出荷は、本件の問題行為により影響を受ける範囲を拡大するものであり、東洋ゴムと加工品社経営陣が出荷停止を決断しなかったことは、重大な不作為であるというべきである。

(4) 届け出るリスクと届けないことのリスク

こうした経営陣の不作為は、問題の重要性が十分に理解されなかったから起きたのではない。ことの重要性を知りながら、本件をなるべくおおごとにせず内部的に問題を収めたい、出荷停止が東洋ゴムらの異常事態を察知させ、取引先や国交省の知るところとなって、既存納入品の回収補修や損害賠償に応じる事態となるのを避けたいという身勝手な判断によるものであった。

その証拠としては、先述のとおり、２０１４年10月23日に開催された東洋ゴム社長、専務を交えた会議において、自動車ゴム製品技術本部長を報告者として、性能評価基準に適合しない物件についてもリコールは不要との見解が示されたばかりか、リコールに関するメリットとデメリットまで論議されているのである。リコールした場合のデメリットとして、①東洋ゴムでは過去に免震ゴムの交換工事を行った実績がないこと、②設計依頼、工事手配、訴訟対応等について東洋ゴム独自で対処が必要であること、③ゼネコンおよび設計事務所の東洋ゴムに対する信頼が失墜すること、④免震ゴムに対する社会からの信頼性が崩壊し、他メーカー・免震業界を巻き込む大問題に発展すること、⑤膨大な対応費用（想定がつかない補償費用）が発生することが指摘された。一方、リコールしない場合のリスクとして、内部通報により本件が公になることを挙げつつ、その対応策として通報者の想定リストを作成し「事前説明」を行うこと、内部通報があった場合の対応シナリオを策定しておくことが提案されているのである。

自分たちが抱えている問題が、社会の指弾をうけることを承知の上であくまで隠し通そうとし、内部通報をリスクと位置づけ、内部通報しそうな社員を特定し、事前に彼らに対して個別の対策を打とうとしたのである。

6　断熱パネル問題

実は、東洋ゴムには大臣認定不正取得の前科があった。１９９２年～１９９３年頃および２００４年頃に、東洋ゴムが、主として、工場、倉庫・店舗等の壁・天井用に製造・販売をしていた硬質ウレタン製断熱パネルの一部製品について、実生産では使用しない物質を混入させた技術的根拠のない試験データを用いて、防火認定の大臣認定を複数回にわたって不正取得していたのである。断熱パネルの性能試験を受ける際、サンプルには燃えにくい物質を混ぜていた。しかし、販売される製品には、その物質は使われていなかった（製品は、認定基準の１／３程度の性能しかない）。性能の偽装は、歴代の担当者が把握していた。断熱パネル問題は、２００７年10月、担当従業員の告白により発覚し、当時社会問題化した事件であるが、技術的根拠のない試験データにより大臣認定を取得した点で、本件の問題行為と類似している点が多い事件である。

したがって、東洋ゴムが断熱パネル問題の発覚を受けて、適切に再発防止策をとっていたならば、断熱パネル問題が発覚した２００７年頃には、免震ゴムに係わる問題行為を発見することができ、その後の新たな問題行為も未然に防止できていた可能性が高い。しかし、免震ゴム不正は、２００７年以降も問題行為は繰り返し行われていた。当時東洋ゴムは一体何を反省したのであろうか。

断熱パネル問題は、不祥事について真の反省がなく、世間体だけを取り繕った再発防止策を掲げた場合、その企業に何が起こるかを示す格好の事例として紹介する価値があるだろう。

(1) 断熱パネル問題の再発防止策

断熱パネル問題は、東洋ゴムが海外のメーカーからの技術導入によって製品化しようとしたが、自社の技術力が追い付かず法規制がクリアできないことから、偽装に走ったものであった。もし、無理な製品化を抑えてその後の技術開発を待てば、15億円程度の設備投資損で済んでおり、会社のブランドの毀損、社会的信用の失墜は防げたものである。

断熱パネル問題に係る「社内調査報告書」（２００７年12月26日）[6]では、原因として、①事業化検討の不足、②経営判断の甘さと監査機能の不足、③事業部での隠蔽体質、④コンプライアンス意識の希薄さ、⑤独断専行のリーダーシップ、⑥組織の壁の存在が指摘されている。その上で、東洋ゴムはこれらの原因を踏まえた再発防止策として、(1) 品質監査室の設置、(2) 全従業員を対象としたコンプライアンス研修の実施、(3) 部門長を対象としたコンプライアンス特別研修の実施、(4) 内部統制システムの強化、(5) 社員教育の徹底、(6) 事業監査・品質監査の徹底した推進、(7) 新事業・新製品・設備投資・出資に関する決定プロセスの改善・強化、⑻内部通報制度の活用促進、⑼ＴＯＹＯ ＴＩＲＥＳ（ブランド）の価値観の共有と伝道を掲げた。

　そして、責任をとって当時の代表取締役が辞任、取締役・執行役員5名の報酬減額が行われた。

⑵再発防止策に実効性がない

　問題発生後、東洋ゴムでは新設された社長直轄の品質監査室による緊急品質監査を２００７年末に実施した。この緊急品質監査は、すべての国内外の生産拠点を対象とし、生産するすべての分野の製品について実施するものであった。しかし、この緊急品質監査を担当したチームには、すべての分野の製品について技術的な知識を網羅する人材がおらず、形式的なチェックが行われるにとどまった。より実質的な事項、例えば本件で問題となったような製品の性能検査結果中の数値の真実性やデータ処理の過程の妥当性のチェック等は行われなかった。

　また、この緊急品質監査は、少数の担当者により、国内と海外のすべての生産拠点に係る品質監査を計2カ月で行ったものであり、その結果として、免震ゴムを含む個別の製品に関する調査には、ごく短い時間しかかけることができず、各製品分野の調査時間は、それぞれ1時間から2時間程度であった。こうした形式的な調査は、免震ゴムの性能評価担当者にとって、何ら恐れるものとはならず、監査の目をかいくぐって、不正は続行されたのである。それにもかかわらず、２００７年12月14日付で東洋ゴム社長は、国交省に対して「国内全生産拠点の品質監査を行った結果、全工程において、厳しい品質管理のもと規定通りに生産していることを確認しました」と報告している。

鳴り物入りで行われた品質管理室の緊急監査は、必要とされる時間をかけず、かつ十分な人員を投入することもなく実施されたもので、断熱パネル問題の発生を機に社内の問題行為を一掃し、膿を出し切ろうという真剣味に乏しく、「すべての製品に関して調査を実施したが、問題がなかった」と対外的に公表したいがために行ったに等しい行為であった。

断熱パネル問題を真に会社の教訓とすることなく、うわべだけの再発防止策を公表しただけで終わったことが、今回の免震ゴム問題につながったのである。

7　まとめ

一見すると、現場社員の規範意識の希薄さが原因とされる不都合は、実は安全安心にかかわる経営思想とその実施という大きな経営上の問題に深くかかわっていることが分かる。

安全とは、人、組織、施設、設備等に損傷、損害がないと客観的に判断されることである。安心とは、人が知識・経験を通じて予測している状況と大きく異なる状況にならないと信じていること、自分が予想していないことは起きないと信じ、何かあったとしても受容できると信じることができる状態のことをいう。[7]人々の安心を得るための前提として、安全の確保に関わる組織と人々の間に信頼を醸成することが必須となる。この信頼関係が揺らぐなら、安全を確保しさらにそのことをいくら伝えたとしても相手が安心することはない。

免震ゴムのような災害時において建築物の居住者または利用者の生命の危険に直結する製品を製造・販売する場合、業務に従事する役職員には、安全性に関する慎重な姿勢と意識が求められる。とりわけ、その経営陣には高い規範遵守意識が求められ、製品の安全性や性能について何らかの疑いを認識した場合には、建築物の安全性の程度、一般消費者に与える不安感、自社のレピュテーションに与える影響その他の事情をも考慮した上で、製品の出荷停止、国土交通省への報告、公表等の必要な措置を適時・適切に実施することが必要である。こうした経営の基本的な姿勢があってこそ、安全安心をつかさどるものとして顧客や社会への信頼を獲得することができる。

しかし、東洋ゴムの経営陣は、未然防止としてのリスクマネジメント、問題発生後のクライシスマネジメントの両面において失敗を重ね、社会との信頼関係を破壊していった。東洋ゴムの経営陣の関心は、安全安心の追求よりも、発生している自分たちに不都合な問題を無かったようにすることであり、無責任で緊迫感に欠けた対応がなされた。法令違反が判明し顧問弁護士から事件の公表と出荷差し止めを助言されてからも、部下からの根拠の怪しい楽観的な説明にすがりつき、とるべき対策を遅らせるなど、責任ある経営者としてあるまじき判断の甘さを指摘しないわけにはいかない。

思いもかけない窮地に陥ったときに、経営者はその力量と人格そして倫理観念が試されるのである。

［注］

（１）東洋ゴム工業株式会社は２０１９年1月、社名をＴＯＹＯ ＴＩＲＥ株式会社と変更している。

（２）それ以前にも、一級建築士による地震などに対する安全性の計算に係わる構造計算書の偽造（２００５年11月）、ＪＲ北海道の検査データ改ざん（２０１３年９月）、旭化成建材のマンション建設に係わる杭打ちデータ改ざん（２０１４年11月）などが発生しており、社会問題化していた。

（３）以降、本件の事実関係については、「免震積層ゴムの認定不適合」に関する社外調査チーム（長島・大野・常松法律事務所小林英明弁護士他９名）による「調査報告書」（公表版）２０１５年６月19日、東洋ゴム工業株式会社社内調査チーム「調査報告書」２０１５年12月25日に拠っている。

（４）建築基準法第37条等は、建築物の基礎や主要構造部等に免震材料を使用する場合、免震材料について大臣認定を受けなければならない旨を定めており、これに違反する建築物は、建築基準法に違反することになる。したがって、免震材料の製造・販売業者は、製造・販売する免震材料の全てについて、当該大臣認定を受けなければならない。

（５）「社内特例」の定義は明確でなく、関係者は異なった意味を供述している。ある者は「オープンにしないでおこうという意味」といい、別の者は「特別採用のことで、規格からは外れているが、問題としないという意味である」と言っている。要するに規格外であるが、特に問題としない措置の扱いにすることである。

（６）国土交通省「免震材料に関する第三者委員会」第５回資料（平成27年６月29日）に収納されている。

（７）文部科学省・安全・安心な社会の構築に資する科学技術政策に関する懇談会「調査報告書」２００４年４月、６-７頁

事例研究5　三菱自動車燃費データ不正問題（2016年4月）
〈「自社技術では達成できない」と言えない技術者たち〉

1　はじめに

わたしたちが自動車を購入しようとするときには、利用の目的、車のサイズ、性能、装備、デザイン、安全性、環境適合性などをもとに検討していくことになるが、とりわけ性能面での燃費は購入の判断にあたり大きな位置を占める。自動車取得時の税金も燃費性能に応じて、非課税あるいは割引といった優遇措置が適用される（いわゆる「エコカー減税」）。したがって、自動車の燃費や排ガス規制適応状況は自動車販売上大きな競争ファクターとなる。国土交通省は、燃費性能の高い自動車の普及を促進するため、「自動車の燃費性能の評価及び公表に関する実施要領（平成16年国土交通省告示第61号）」にもとづき、自動車の燃費性能を評価し、毎年「自動車燃費一覧」として公表している。また、自動車メーカーは、「エネルギーの使用の合理化等に関する法律（省エネ法）」にもとづき、消費者に対し燃費性能の比較を可能とし、より燃費性能の良い自動車の普及を促進する目的から、販売する自動車について型式指定時に国土交通大臣が算定した燃費値を表示することが義務づけられている。こうした措置により自動車メーカーが環境保護面での技術向上の努力を続けることを期待し、消費者には自動車購入にあたり適切な判断材料を提供しようとしているのである。

しかしながら、三菱自動車工業株式会社（以下「三菱自動車」）は、長年にわたり燃費算定に用いる各種のデータを、国の指定によらない方法で測定し、実際とは異なる数値を作為して、あたかも業界トップクラスの燃費を達成したかのように装っていた。この問題は、自動車メーカーの開発、生産技術、生産の一貫したプロセスの中に、経営による有効なリスクマネジメントが機能しなかったという問題に加え、現場の技術陣の技術者倫理の堕落という現象が色濃く観察される。この三菱自動車燃費データ不正問題は、経営が重要な業務プロセスについて、現場任せにして現場がやりたいように放置すると何が起こるかを示す事例でもある。そしてその結果は、三菱自動車のブランドを大きく毀損しただけでなく、自動車の型式審査の信頼性を根本から損ない、わが国の自動車産業への信頼をも傷つけるという重大なものであった。

2　事件の経緯

2016年4月20日、三菱自動車の相川哲郎社長は、記者会見を行い、同社製造の軽自動車の型式認証取得において、国土交通省（以下「国交省」）へ提出した燃費試験データについて、燃費を実際よりも良く見せるため、不正な操作が行われていたこと、また国内法規で定められたものと異なる試験方法がとられていたことを公表した。該当車は、２０１３年６月から生産されている「ｅＫワゴン」「ｅＫスペース」と、日産自動車（以下「日産」）向けに供給している「デイズ」「デイズルークス」の計４車種であった。これまでに同社は計15万7千台を販売し、日産向けには計46万8千台を生産していた（２０１６年３月末現在）。

当初、三菱自動車は軽自動車だけについて不正があったとしていたが、その後の調査で軽自動車のみならず、普通自動車も合わせた合計20車種[1]すべてについて、国の定める測定法とは違う測定法の採用、データの虚偽記載、改ざん、机上計算等の不正が行われていることが判明し、自動車メーカーに対する信頼性を揺るがす大事件となった。

(1) 問題の発覚

この燃費不正が発覚したきっかけは、三菱自動車と共同で軽自動車を開発していた日産からの指摘であった。燃費試験については、軽自動車４車種の開発を担当し認証届出責任を持つ三菱自動車が実施していたが、次期モデルの開発を担当することになった日産が、現行車種の性能確認を行うため走行試験を繰り返したが、結果が目標燃費に遠く及ばず、さらに説明できないデータの乖離が発見された[2]。２０１５年12月、日産はこうしたデータの乖離について合同調査を三菱自動車に申し入れ、これを受けた社内調査の結果、実際より燃費に有利な走行抵抗値を使用した不正が発覚したのである。さらに、その他の国内市場向け車両についても、国内法規で定められたものと異なる試験方法がとられていたことが判明した。

国交省はこの報告を受け4月20日、三菱自動車に対して更なる詳細調査を指示するとともに、国内で型式認証を取得している自動車メーカー41社に対し、排出ガス・燃費試験に用いるデータについて保安基準によらない測定方法を行っていないかの調査を指示した。これに対し、スズキ株式会社（以下「スズキ」）は5月18日、四輪車の排ガス・燃費試験に関し、国交省が定める規定と異なる取り扱いがあったことを公表した。(3)

4月25日、三菱自動車取締役会は軽自動車の型式認証取得の問題に関し、元東京高等検察庁検事長渡辺恵一氏を委員長とし、他に2名の検事出身の弁護士からなる特別調査委員会を設置することを決定した。のちに独立性のある外部有識者としてトヨタ自動車ＯＢの技術者を委員に追加選任した。

(2) 拡大する不正

4月26日、三菱自動車は燃費試験においてデータ不正が行われていた経緯と法規から外れた測定方法を利用していた経緯について報告したが、いずれも起きた事象を述べるだけにとどまり原因や責任について不明としていたため、国交省は内容が不十分だとして、5月1日までに現在販売する全車種について不正の有無も含め調査し再報告するよう指示した。また、国交省はメーカーが提出する走行抵抗値その他の数値に係る不正防止対策を検討するためのタスクフォースを設置した。

6月17日、2006年以降に販売してきたすべての車種で、燃費データの不正があったことが判明し、取締役、執行役員の報酬自主返納を公表した。

6月21日、国交省が軽自動車4車種について国で定められた惰行法によって走行抵抗値を測定し、燃費値確認試験を行った結果、三菱自動車公表数値は約5%~約16%の幅で平均約11%の燃費の水増しがあったと公表した。8月30日、同じく軽自動車4車種以外の試験を行ったところ、9車種21台中、8車種15台の車両で燃費値等が諸元値に達していなかったと公表した（最大で約8・8%、平均で約4・2%下回った）。

(3) 国交省から指摘されても不正を続ける

9月15日、国交省から驚くべき事実が公表された。それは三菱自動車において、不正発覚後、国の定める正しい測定方法を認識した後も、これに従わず、しかも得られた数値の中から最も良い燃費値を選び公表するという「常軌を逸する」[4]行為が行われていたというのである。国交省は、4月28日に三菱自動車に対し正しい燃費の測定法として5回程度計測して最低と最高を除いた3回の平均値を使うよう指示していた。ところが三菱自動車は意図的に燃費が良く出るデータを抽出するため計測を約30回も行い、その中から都合のいい数字を選んでいた。国交省は、このような三菱自動車の無軌道さについて、現場における法令遵守意識の欠如とともに、経営陣が技術的な側面を専門家任せにして、問題意識も持たず、チェックも行っていないと厳しい指摘を行った[5]。

3　自動車の型式指定審査

(1) 型式指定制度の概要

製造販売される自動車の安全性の確保および環境の保全を図るには、流通・使用過程に入る前に安全性等についての審査を行い、保安基準に適合するかどうかをチェックすることが必要である。大量生産される自動車は、通常同一で均一な構造、装置、性能を有するから、一台ごとに検査するのではなく、自動車メーカーからの申請により、その流通使用過程に入る前に保安基準適合性および均一性を有するかどうかについての判定を行った上で型式指定を行い、当該型式指定を受けた自動車については、新規検査時の現車提示を省略することができる制度としている（道路運送車両法第75条にもとづく自動車の型式指定制度）。具体的には自動車メーカーが提示したサンプル車とブレーキ試験や排出ガス試験などの基準適合性や品質管理の状態を国が審査し型式指定を行う。自動車のカタログに記載される自動車性能に関する数値はこの審査を通ったものである。なお、自動車の型式についての指定に関する事務は、国交大臣が実施主体となるが、国交大臣は、当該自動車が保安基準に適合するかどうかの審査を独立行政法人自動車技術総合機構（以下「機構」）に行わせることとしている（車両法第75条の5）。

(2) 基準適合性審査に用いるデータ

自動車の型式指定審査において、当該自動車が保安基準に適合しているかどうかの確認に用いるデータは、①機構が自ら測定するデータ、②自動車メーカーから提出を受け、試験の中でその真正さを確認しているデータ、③自動車メーカーから提出を受け、そのまま試験に使用するデータ、の3種類があり、問題となった燃料消費率試験における走行抵抗値は③のカテゴリーに入っていた。[6] すなわち、乗用車の燃費測定にあたり、シャシダイナモメータ（測定機械）への負荷の設定に用いる走行抵抗値についてはメーカー提出データをそのまま使用している。

自動車メーカーからの数値をそのまま採用する理由は、数値によっては一定の気象条件の下で測定する必要があるものや、複数回にわたり測定する必要があるものなど、機構が審査時にすべてを測定することが困難なものがあるからである。したがって、自動車メーカーへの信頼を前提に自動車メーカーから燃費試験における走行抵抗値等のデータの提出を受け、特段のチェックを行わず試験時にそのまま使用していた。三菱自動車の不正はそこにつけ込む形で行われたのである。

(3) 燃費試験

国交省は、１９９１年に燃費測定方法として10・15モード法を定めたが、その後のユーザーの使用環境の変化や測定技術の進歩を踏まえ、より実際の走行に近づけるため、２０１１年４月から新たな測定方法としてＪＣ０８モード法を導入している。[7]

図表Ⅱ-5-1　シャシダイナモメータのイメージ

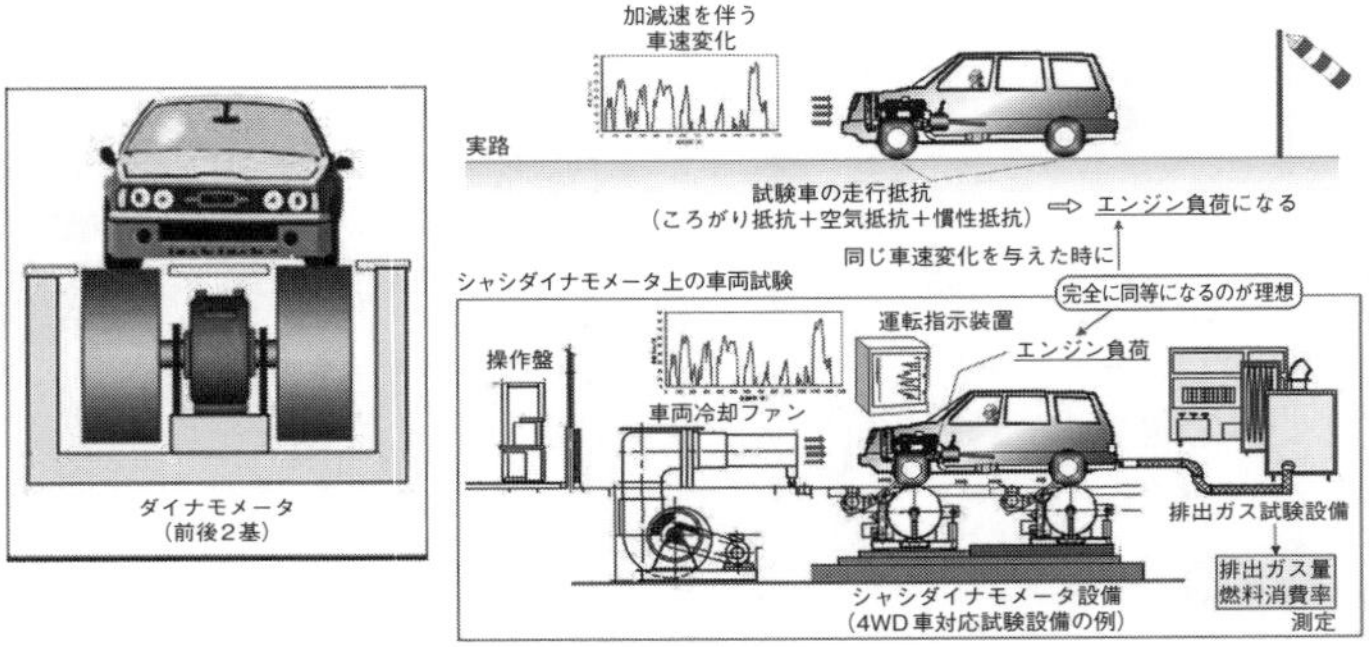

出所：公益財団日本自動車輸送技術協会 HP および一般社団法人日本自動車研究所 HP より

燃費は燃料1ℓ当たりの走行距離をいうが、型式指定審査における燃費試験は実際に車を市街地や郊外で走行させて測定しているのではない。車体を試験室内に設置されたローラー状の測定装置シャシダイナモメーター（図表Ⅱ-5-1）に載せてエンジンをかけ、車輪を回転させて行われる。しかしタイヤでローラーを回すだけでは実際に走行しているときのエンジンにかかる負荷を再現することは出来ない。したがって試験車を実際の道路で走行したときの環境に近づけるため、車種ごとにその車が実際に走るときに受けるであろう抵抗（走行抵抗）を測定装置に設定し、一定の負荷をかけて試験を行うこととしている。

(4) 転がり抵抗と走行抵抗

走行抵抗には加速時に慣性力によって発生する加速抵抗、車体が受ける空気抵抗、走行路面の勾配抵抗、転がり抵抗等があるが、影響が大きいのは、タイヤの転がり抵抗と空気抵抗である。タイヤの転がり抵抗の主たるものは、タイヤの転がりに伴いタイヤの接地面が変形するが、ゴムの性質上元に戻ろうとする力が働き、その時に発生する運動エネルギーの損失（熱エネルギーに変換）である。空気抵抗の構成要素としては、車の前面投影面積（車を前から見たときの面積）、形状、速度などがある。

審査においてはこれらの要素をひとつひとつ個別に計測することは不可能であるから、「惰行法」（図表Ⅱ-５-２）と呼ばれる試験方法を定め、これによって得られたデータを走行抵抗と見なすことにしているのである。そして走行抵抗を小さくすることで優秀な燃費が得られることになる。

(5) 燃費改善の要素

燃費を改善させるための要素（燃費改善アイテム）には多様なものがあり、大別して、エンジの改良、補機ロスの低減、駆動系の改良、車両の軽量化、転がり抵抗、空気抵抗の低減がある（図表Ⅱ-５-３参照）。三菱自動車の燃費不正とは、車の開発にかかわる本来の技術力では達成できない燃費目標を、走行抵抗値（転がり抵抗と空気抵抗）を目標燃費に応じて都合のいい数値に作り変えることで、あたかも達成したかのように装っていたというものである。

４　三菱自動車で行われていた燃費不正の全体像

軽自動車４車種（「ｅＫワゴン」シリーズ）、それ以外で現在販売している９車種、２００６年から

図表Ⅱ－５－２　走行抵抗値の測定方法：惰行法と高速惰行法

測定方法	概　　要
国が定める惰行法	・惰行法による走行抵抗の測定は、20km/h、30km/h、40km/h、50km/h、60km/h、70km/h、80km/h 及び 90km/h を指定速度とし、試験自動車を指定速度＋５km/h を超える速度から変速機を中立（ニュートラル）にして惰行させ、指定速度＋５km/h から指定速度－５km/h に至るまでの時間（以下「惰行時間」）を 0.1 秒以下の単位で測定することにより実施する。 ・各指定速度における惰行時間の測定は、往路及び復路について最低各３回ずつ行い、その平均値（以下「平均惰行時間」）を求める。なお、往路ごと又は復路ごとの惰行時間は、それぞれの最大値と最小値の比が 1.1 以下であることが必要とされる。 ・次に、各指定速度における平均惰行時間、走行抵抗測定に用いた自動車の測定時の重量及び走行抵抗測定自動車の回転部分の相当慣性重量から、各指定速度における走行抵抗を求める。 ・このようにして求めた各指定速度における走行抵抗をもとに、最小二乗法により走行抵抗を速度の二乗の関数として表し、転がり抵抗と空力抵抗係数（μa）を求めた上で、転がり抵抗と空力抵抗係数（μa）について標準大気状態への補正を行い、これを目標走行抵抗とする。この目標走行抵抗に相当する数値がシャシダイナモメータに設定されることとなる。
三菱自動車が採用した高速惰行法	・実験に用いる自動車の暖機を行った後、実験に用いる自動車の車速を 150km/h（又はその自動車の最高速度の 90％）まで上げ５秒間保持した後に惰行を開始する。 ・データの収集は惰行開始後、自動車姿勢が安定したら開始し、車速 10km/h 以下まで実施するものとし、１秒ごとの車速又は車速が 10km/h 低下するごとの経過時間を収集する。 ・１回の実験で車速が 10km/h まで落ちない場合は、数回に分けて実施し、データの収集は、往路、復路の両方向で少なくとも３回実施する。このように収集したデータからある時間の減速度又はある区間の平均減速度を算出し、この減速度も踏まえ、各車速における走行抵抗を算出する ・データの処理に使うべきデータの選び方については、明確な制限は設けられていない。

出所：三菱自動車特別調査委員会「燃費不正問題に関する調査報告書（要約版）」2016 年（平成 28 年）８月１日、５－６頁

図表Ⅱ-５-３　燃費改善の要素

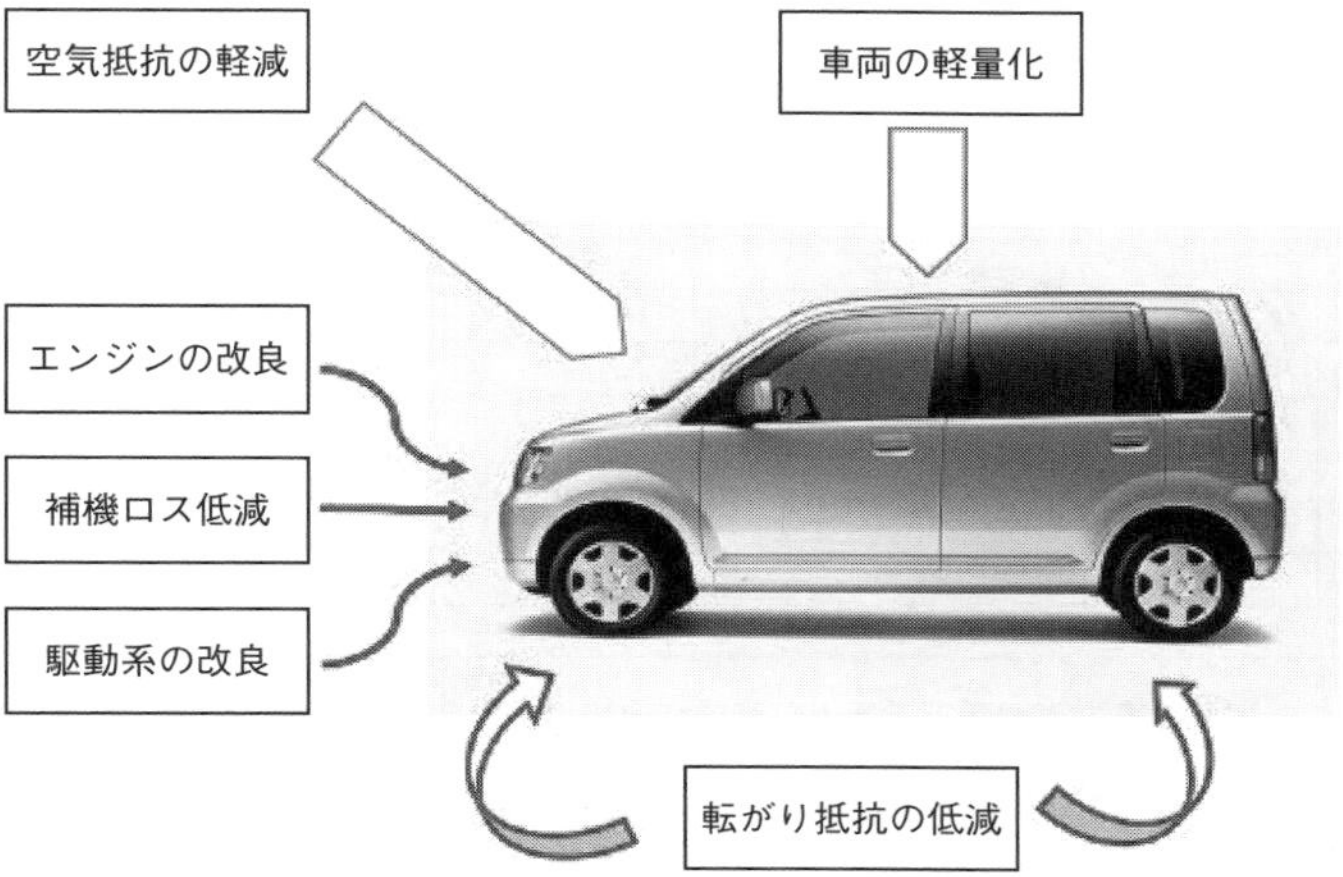

出所：特別委員会「燃費不正問題に関する調査報告書」2016年８月16日、15頁をもとに作成

２０１６年までの過去10年間に販売した20車種について、どのような燃費不正が行われていたかは図表Ⅱ-５-４のとおりである。

⑴ 不正行為は４パターン

三菱自動車の燃費不正行為を集約すると、次の４つパターンとなる。

Ａ：法令で定められた「惰行法」と異なる走行抵抗測定方法を使用

・三菱自動車独自の「高速惰行法」（１９９１年から使用、図表Ⅱ-５-２）を常態的に使用

Ｂ：法令で定められた成績書（負荷設定記録）に惰行時間、試験日、天候、気圧、温度等について事実と異なるデータを記載

Ｃ：走行抵抗を恣意的に改ざん

・転がり抵抗を低い数値に改ざん

図表Ⅱ-5-4　三菱自動車燃費不正行為の車種別分類（その1：現行販売車種）

No.	車種	A 異なる測定法	B 虚偽記載	C 恣意的改ざん	D 机上計算
1	アウトランダー PHEV	—	○	—	○
2	アウトランダー（ガソリン車）	○	○	—	○
3	ミラージュ	—	○	—	—
4	デリカD：5（ガソリン車）	○	○	—	○
	デリカD：5（ディーゼル車）	—	○	—	—
5	RVR	○	○	○	○
6	パジェロ（ガソリン車）	○	○	○	○
	パジェロ（ディーゼル車）	○	○	—	○
7	i-MiEV	○	○	—	—
8	ミニキャブ MiEV	○	○	—	—
9	ミニキャブ MiEV トラック	○	○	—	—

三菱自動車燃費不正行為の車種別分類（その2：過去販売車種）

No.	車種	A 異なる測定法	B 虚偽記載	C 恣意的改ざん	D 机上計算
1	ミニカ、ミニバン	○	○	—	○
2	旧型 eK ワゴン	○	○	—	○
3	eK スポーツ	○	○	—	*
4	トッポ	測定せず	○	—	○
5	パジェロミニ	○	○	—	*
6	ミニキャブ、タウンボックス	○	○	—	○
7	i（アイ）	○	○	—	○
8	i-MiEV	○	○	—	○
9	ミニキャブ MiEV	○	○	—	—
10	パジェロ（ガソリン車、ディーゼル車）	○	○	○	—
11	アウトランダー	○	○	—	○
12	アウトランダー PHEV	—	○	—	○
13	デリカD：5	○	○	—	○
14	旧型アウトランダー	○	○	○	○
15	ランサーエボリューション	○	○	—	○
16	ギャランフォルティス	○	○	○	○
17	コルト、コルトプラス	○	○	○	○
18	RVR	○	○	○	○
19	ミラージュ	—	○	—	—
20	トライトン	○	○	—	—

注：*印はデータ保存期間を過ぎており、確認できなかったもの。

出所：三菱自動車「当社製車両の燃費試験における不正行為に係る国土交通省への報告について」2,016年6月17日の別紙①より作成

・別の車の空気抵抗を使用
・実測した走行抵抗データを使用せず、別の車のデータを用いて机上計算
・過去の測定データの中から、転がり抵抗と空気抵抗を各々別の車の値を組み合わせて使用
Ｄ：過去の試験結果などをもとに机上計算
・実測した走行抵抗を使用せず、既存の車両の走行抵抗データから変更分を机上計算して走行抵抗を設定

⑵ 不正発生のプロセス

三菱自動車の社内において燃費不正行為がどのような事情で進行していったのかを「ｅＫワゴン」の例で見てみよう。「ｅＫワゴン」は三菱自動車と日産が提携して製造した最初の車である。三菱自動車と日産は、２０１１年にそれぞれ折半出資して合弁会社である株式会社ＮＭＫＶを設立した。三菱自動車はＮＭＫＶからの委託により新型軽自動車を開発し、水島製作所で製造を行い、生産された軽自動車のネーミングを変えて三菱自動車と日産がそれぞれの販売網で販売していた。このような提携関係が成立したのは、両社にとってコスト面で大きなメリットがあったからである。日産は軽自動車市場への新規参入を検討した際、単独ではコスト的に合わないと判断、すでに軽自動車を扱っていた三菱自動車も販売台数が少なく、利益を出しにくいという事情を抱えていた。

そのＮＭＫＶが手掛けた商品開発第一弾が14年型「ｅＫワゴン」であった。２０１１年頃の商品構想

当時は、軽自動車の主流はトールワゴン（全高1600㎜～1700㎜の車高の高いワゴン車）であり、商品コンセプトして、燃費・価格・使いやすさを高次元でバランスよく実現し、スズキのワゴンRやダイハツのムーヴと対抗できる車とすることを掲げた。また、「eKワゴン」のバリエーションとしてさらに車高を高くすることで居住性を高めた「eKスペース」も合わせて開発することになった。

当初の燃費目標は26・4㎞／ℓ（燃費目標の決定：2011年2月1日）(8)

他社との競争において、トールワゴンとしてのデザイン性に特徴を見出すことは難しかったから、燃費性能でトップを目指すことが開発目標となった。開発当初の認識は、10・15モード法で30・0㎞／ℓ（JC08モード法で換算すると26・4㎞／ℓ（換算率0・88））の燃費を達成できれば、2013年6月予定の販売開始時にトールワゴンでトップレベルの燃費になるというものであった。そして、2011年2月1日の開発会議では、14年型「eKワゴン」の燃費訴求車（類別中最も燃費性能を良くしたもの）の燃費は26・4㎞／ℓ（JC08モード法による数値。以下JC08モード法で表記する）とすることが決まった。しかしながら、この時点においてもその達成は容易ではなく、代替案も含めて検討を進める必要があることも認識されていた。

14年型「eKワゴン」には、燃費訴求車の他、標準車（2WD、4WD）、ターボ車（2WD、4WD）の類別があったが、26・4㎞／ℓというのはあくまで燃費訴求車の目標であり、他の類別の燃費目標は、その後随時設定されることとなった。

燃費目標を27・0㎞／ℓに（1回目の燃費目標の引き上げ：2011年5月23日）

ところが、5月23日の商品会議における資料には、「燃費訴求車の燃費目標として27・0㎞／ℓ」となっていた。これは、10・15モード法で30・0㎞／ℓを換算率0・9でJC08モード法に換算した数値である。おそらく元の目標値26・4㎞／ℓは、換算率0・88を採用していたから、その下2桁を四捨五入して0・9と見栄えを良くしたものと推測されるが、当初の26・4㎞／ℓも達成容易な目標ではなかったにもかかわらず、27・0㎞／ℓに引き上げたのは、2月1日以降の商品会議において、JC08モード法で30・0㎞／ℓを達成しなければ、クラストップにならないのではという疑問が呈されたことを配慮したものと考えられる。しかし、これは技術の裏付けとは関係のない書類操作でしかなかった。

燃費目標を28・0㎞／ℓに（2回目の燃費目標の引き上げ：2011年6月9日）

5月23日の商品会議では、益子修社長から、燃費に関し、今の目標で十分なのかという疑問が表明された。これに対し開発本部からはコストとさらなる低燃費化のバランスを含めて検討するなどと慎重な回答がなされたが、益子社長は「低燃費化とコストを比較検討するのではなく、両者を両立すべき」と発言し、その結果燃費目標を、30・0㎞／ℓとすることを検討することになった。この会議の議論を踏まえ、三菱自動車の性能実験部長とMAE（子会社の三菱自動車エンジニアリング（株））のプロジェクト・マネジャーは、担当技術者に30・0㎞／ℓの燃費目標を検討するよう指示した。

その後、その方策が種々検討されたが28・1㎞／ℓまでは達成できる可能性はあるものの、30・0㎞／

ℓは極めて困難という状況であった。その結果、6月9日の日産との会議において、燃費訴求車の燃費目標は28・0km／ℓ、標準車（2WD）は24・6km／ℓと設定されることになった。

担当技術者は燃費目標の達成に向けて検討を行ったが、燃費訴求車の燃費は27・6km／ℓまでしか達成できず、目標に対し2%未達のままであった。[9]この状況は7月12日の開発会議で報告されたが、その後、9月26日の商品会議において、益子社長は、ダイハツのミラ・イースの後継モデルの燃費が30・0km／ℓであり、これが新型車の基準ラインになるのではないかと指摘し、国内営業担当役員は「発売時点で競合他社に負けていないことが重要」と発言した。このような雰囲気の中で、燃費目標を変更することなく、商品力目標を固める目標固定段階[10]を通過した。

燃費目標を28・2km／ℓに（3回目の燃費目標の引き上げ：2012年2月23日）

その後、2012年2月23日の商品会議では、燃費訴求車の燃費目標が28・2km／ℓに引き上げられたが、その目標は三菱自動車のプロジェクト・エグゼクティブ（商品の企画・開発・生産・販売を一貫して統括する役員）らの意向を反映したもので、三菱自動車やNMKVの開発担当責任者に技術的に達成が可能かどうかを確認することなく決められたものであった。

3月末ごろ、燃費訴求車の試作車が完成し、MAEは試作車を使って燃費実験を行ったが、結果は26・9km／ℓであった。

5月22日の開発会議では、性能実験部は、試作車に反映されていない燃費改善アイテムを盛り込むことで、シミュレーション上28・３km／ℓを達成する見込みであると報告した。席上開発本部長Ｙは、「燃費を訴求するからには、発売時に1番でなくてはならない」と発言した。６月頃、ＭＡＥは試作車にこれまで検討してきた燃費改善アイテムを盛り込みながら、シャシダイナモメータ上の実走実験や机上計算を繰り返したところ、燃費は27・７km／ℓに改善できたと報告した。

燃費目標を29・０km／ℓに（４回目の燃費目標の引き上げ：2012年7月18日）

７月頃、日産からスズキが発売する次期「ワゴンR」の燃費が28・８km／ℓであるとの情報を伝えられ、開発本部副本部長やプロジェクト・マネジャーは性能実験部長や開発担当技術者に対し、燃費訴求車の燃費を28・８km／ℓ以上とする方策を考えるよう指示した。７月18日の会議では、プロジェクト・マネジャーは「スズキの『ワゴンR』の28・８km／ℓの情報は確度もあり、これ以上狙わざるを得ない」と発言し、別の出席者からは「29・０km／ℓという目標にもなるのではないか」という発言も出た。これに対し、性能実験部は「日程的に間に合うネタがない」と回答したが、会議の結論として燃費目標を見直すこととされてしまった。この間、性能実験部長は、開発本部の他の部署の部長らに、燃費改善アイテムのさらなる検討を依頼していたが、すでに生産着工図を作成する段階に来ていたため、設計部署から提案できる燃費改善アイテムは、その効果がほとんど期待できないものか、採用が現実的でないものばかりであった。

転がり抵抗値に着目

こうした中で、燃費改善のためにタイヤの転がり抵抗を減少させることが発想されるようになった。開発担当技術者は、当初0・008であるとされていた転がり抵抗係数をタイヤを改善することで0・007に引き下げ、さらに机上計算を繰り返して、0・0055または0・0052という数値もありうると見込んでいた。8月末から9月前半頃、シャシダイナモメータ上での実走実験をした結果、燃費訴求車の試作車の燃費は29・0km／ℓを達成したとされた。これは転がり抵抗係数を机上計算で得た0・0055に設定しなおしたことが大きかった。これを受け、性能実験部は9月11日の会議で、29・0km／ℓの燃費を達成したと報告した。

燃費目標を29・2km／ℓに（5回目の燃費目標の引き上げ：2012年11月16日）

11月16日に開催された開発会議において、プロジェクト・エグゼクティブは、燃費訴求車について29・0km／ℓの燃費目標を達成したと報告されたことを踏まえ、さらに燃費をよくすることができるのではないかと発言した。そして12月20日の開発会議でプロジェクト・エグゼクティブは、燃費訴求車について「できれば29・2km／ℓにしてほしい。ナンバー1と言いたい」と発言した。この発言によって、性能実験部は29・2km／ℓを達成するため、必要な燃費改善アイテムについてさらなる検討を余儀なくされた。その案として車のテールランプにLEDを導入することなどいくつかの技術的変更が検討されたが、この時点では開発完了時期が差し迫っており、採用が困難であった。

２０１３年1月21日の開発会議において、性能実験部は29・２km／ℓの燃費実現は厳しいことを報告した。この時点では、候補に挙がった燃費改善アイテムは他部署からの反対に遭い、導入することができないことも判明していた。これに対しプロジェクト・エグゼクティブは性能実験部に、自分が依頼した29・２km／ℓが達成できないのか再度尋ねたため、性能実験部は「まだ検討を続ける。タイで走行抵抗が下がれば可能性もある」と答えた。

タイでの走行とは、燃費訴求車の燃費目標が高く設定される中、開発担当技術者は燃費改善効果を上げるため、試作車をタイに持ち込んで走行抵抗を測定することを２０１２年5月頃までに構想しており、そのことを指している。走行抵抗、特にタイヤの転がり抵抗の測定には、高温の環境が良いと理解されていた。すなわち気温が高くなることで、空気圧が上昇し、タイヤはたわみにくく、タイヤの転がり抵抗は低くなり、それは気象条件補正をしても、なおより低い走行抵抗を得ることができるのである。

実は、三菱自動車には２０１２年3月、13年型ミラージュの走行抵抗をタイのテストコースで測定し、好環境のもとで想定された走行抵抗を得られた実績があった。開発担当技術者は、14年型「ｅＫワゴン」についてもタイで走行抵抗を測定することを性能実験部長とプロジェクト・マネジャーに提案し、了解を得ていた。

タイで実走実験を行う

２０１３年1月31日と2月1日、タイのテストコースにおいて実走実験が行われた。この時使われた方法は、機構が指定する「惰行法」ではなく、三菱自動車独自の「高速惰行法」であった。そして同じく指定された試験回数を超え、できるだけ多くのテータを取り、その中から目指すべき最良の転がり抵抗係数が導き出せるデータのみを抽出しようというのである。具体的には、グラフ上にばらつく多くの測定データのうち、上方にばらつくデータ群（転がり抵抗が高い）を除去し、下方にばらつく測定データ群を採用して二次曲線を引き、目論見に近い転がり抵抗係数を算出した。

このタイで測定された走行抵抗をもとに算出された目標走行抵抗が14年型「eＫワゴン」の型式指定審査の際の排出ガス・燃費試験においてシャシダイナモメータに設定される負荷として用いられたのである。さらにその後に開発された14年型「eＫスペース」、15年型「eＫワゴン」、15年型「eＫスペース」および16年型「eＫワゴン」で用いられた走行抵抗にも引き継がれた。

日本での使用を想定する車両については、日本の平均的天候環境の下で試験を行うことが当然前提となっている。測定する際に自分たちの都合の良い環境（より暖かい）の外国で行うというのは、法令違反以前の問題として企業としての誠実さの問題である。ここでの技術者の行為はあさましいというほかはない。

(3)不正に不正を重ねても初期の燃費目標と同レベル

２０１３年2月6日、国交省に提出する届出燃費を検討する会議が開催され、タイでの計測結果を反映した最終的な燃費目標、実測値および燃費が決定され、翌7日の商品会議をもって14年型「eＫワゴン」の開発が完了し、生産開始の段階に進んだ。

後日不正発覚後、国交省（機構）が国で定められた惰行法による走行抵抗値の測定、燃費・排出ガス試験を実施したところ軽自動車４車種のすべての車両で、燃費値が届出燃費に達していないことが確認された。２０１１年２月の燃費目標設定から２０１３年２月の国交省届出まで、当初の燃費目標26・４km／ℓであったものが、その後27・０km／ℓ、28・０km／ℓ、28・２km／ℓ、29・０km／ℓ、29・２km／ℓと５回にわたり順次引き上げられた。これについては、三菱自動車自身が、「新型競合車の燃費を強く意識したもので、現実的には達成が困難でありながら、根拠に乏しい安易な見通しに基づく開発が進められた[11]」と総括しているとおり、三菱自動車の技術力を超えた無理な引き上げであった。国の規定に従わない走行実験方法の採用、机上計算、恣意的なデータの選択、タイでの走行実験等２年間にわたり、三菱自動車の開発部門は評価に値しないが多大な労力を投入したものの、結局実際に達成できたのは、せいぜい27・１km／ℓ程度の燃費であり、初期の燃費目標と同レベルのものであった（図表Ⅱ-５-５）。

５　燃費不正問題が三菱自動車に与えた経営上の影響

(1) 特別損失の計上

燃費不正問題の公表の翌日２０１６年４月21日の三菱自動車の株価は20％下落し、前日比１５０円安の５８３円となった。製造工場の水島製作所での対象車種の製造停止、販売停止の影響が予想されたた

図表Ⅱ－5－5　14年型「eKワゴン」届出燃費と確認試験結果

A、B、C、Dの単位はkm／ℓ

類別	A 燃費目標	B 実測値	C 届出燃費	D 試験結果	E 乖離率
燃費訴求車	29.0	29.1~29.3	29.2	27.1	7.2%
標準車（2WD）	25.8	25.6~25.9	25.8	23.4	9.3%
標準車（4WD）	26.0	25.9~26.2	26.0	22.8	12.3%
ターボ車（2WD）	23.0	23.3~23.6	23.4	22.0	6%
ターボ車（4WD）	22.2	22.5~22.8	22.6	21.3	6.2%

出所：三菱自動車「特別調査委員会報告書」、116頁、国土交通省自動車局「三菱自動車工業製軽自動車4車種の確認試験結果について」2016年6月21日

め、三菱自動車は4月27日に予定していた2017年3月期業績予想の公表を見送った。その後、2006年以降に販売してきたすべての車種で燃費データの不正があったとし、6月17日、問題となった車種の既購入者に対する補償について、改ざんが大きい軽自動車4車種（eKワゴン、eKスペース、デイズ、デイズルークス）は一律10万円、それ以外（パジェロ、アウトランダー他）は3万円とすると公表した。この「お客様への補償金」は10万円、3万円と少額であり、ガソリン代補助的な意味合いを持つ。しかし、2016年度（2017年3月末）決算では、補償に必要な費用（補償金とその支払いに係る付帯費用）、エコカー減税の返還金および生産、購買、販売関連費用も含めると特別損失は、連結で1655億円に達した。ちなみに三菱自動車のその前年度（2015年度）の当期純利益は778億円であったから、燃費不正にまつわる特別損失は三菱自の利益規模を大きく超えるもので

図表Ⅱ-5-6　三菱自動車の決算の悪化状況（連結ベース）

	A 2016年3月期	B 2017年3月期	B－A
売上高	2兆2,678億円	1兆9,066億円	▲3,612億円
営業利益	1,383億円	51億円	▲1,332億円
経常利益	1,410億円	89億円	▲1,321億円
当期純利益	778億円	▲1,967億円	▲2,745億円

出所：三菱自動車「平成27年度有価証券報告書」

あった。

(2) 決算に与えた影響

上記の特別損失に加え、燃費不正の影響は車の販売減による減収と収拾策の費用増を招き、販売台数は前年度比12％減、売上高は3612億円減、営業利益は1332億円減、経常利益は1321億円減、最終的な当期純利益は2745億円減（当期純損失1967億円）となり、三菱自動車グループの経営成績に重大な影響を与えた（図表Ⅱ-5-6）。

(3) 日産自動車の傘下に入る

2016年5月12日、日産は2370億円を投じて三菱自動車の株式の34％を取得すると発表した。日産の34％資本参加は株主総会時の特別決議拒否権を有するものであり、これにより三菱自動車は日産の持分法適用関連会社となった。日産からは代表取締役会長カルロス・ゴーン氏、取締役副社長（開発、品質担当）山下光彦氏、社外取締役として川口均氏、軽部博氏が取締役会メンバーとして送り込まれた。三菱自動車取締役11名中、4名が日産出身となった[12]（2021年6月末現在、取締役13名中、3名が日産自動車からの派遣である）。

この資本参加は、燃費不正問題で揺れる三菱自動車の再建を日産が支援する目的のほか、両社の連携強化により、環境規制の強化や自動運転車など次世代車開発に積極的に対応しようという意味合いを持つものであった。日産との連携強化は、三菱自動車の信頼回復と経営の安定をもたらし、さらには「日産・ルノー・三菱自動車」連合の世界販売台数は９５９万台となり、トヨタグループ（１０１５万台）、フォルクスワーゲングループ（９９３万台）、ゼネラルモーターズ（９８４万台）に迫る第４極に位置することとなった。この意味で、三菱自動車が日産・ルノー傘下に入ることは、今後巨額の開発費と高い技術力を維持発展させていかなければならない自動車メーカーとしてむしろ賢明な選択であったと考えられる。

(4) 消費者庁から課徴金を命令される

２０１７年1月27日、消費者庁は、三菱自動車に対して景品表示法違反を理由として4億８５０７万円の課徴金納付を命じた。[13] 三菱自動車が国の定めた規定によらず燃費を測定し、それを販売カタログ等に掲載していたが、実際の燃費を下回るものであった。具体的には、その行為が、「商品又は役務の品質、規格その他の内容について、一般消費者に対し、実際のものよりも著しく優良であると示し、又は事実に相違して当該事業者と同種若しくは類似の商品若しくは役務を供給している他の事業者に係るものよりも著しく優良であると示す表示であって、不当に顧客を誘引し、一般消費者による自主的かつ合理的な選択を阻害するおそれがあると認められるもの」（景品表示法第5条第1項）、すなわち優良誤認に該当するということであった。

景品表示法の課徴金制度は、2013年に全国のホテルや百貨店などで発覚した食材虚偽表示問題(14)を受けて導入されたものである。違反企業が不当表示で得た利益を課徴金として回収し、不当表示への抑止力を高めるのが目的である。2014年11月の法改正、2016年4月1日の施行を受けて、三菱自動車は課徴金を適用された最初の企業となった。グローバルに展開する大企業としてまことに不名誉なことであった。

6　問題の所在

調査報告書では、燃費不正問題の責任を「すべての経営陣と役職員が自分の問題として受け止めるべきである」と指摘している。論としてはもっともであるが、経営陣と役職員がどの局面で不正に責任があるのかを明らかにしなければ、真の反省にもつながらないし、再発防止策も的外れとなろう。経営陣と役職員特に不正に直接関与した技術者たちの責任とを分けて分析してみる。

(1) 自社の実力を知らない経営陣

燃費不正に経営陣が直接かかわった形跡は特別委員会の報告書では見当たらない。しかし、先に見たように14年型「eＫワゴン」の開発をめぐる会議の場で、経営陣や幹部社員はもっぱら競争優位の思いから業界トップクラスの燃費を技術担当者に求めるばかりで、自社製造車両の技術的可能性を踏まえた具体的な開発論議を展開した形跡がない。記録に残る経営陣の燃費をめぐる発言を再現すると以下のようなものである。(15)

・「低燃費化とコストを比較検討するのではなく、両者を両立すべき」（２０１１年5月23日商品会議）
・「燃費は他社も向上してくるはずであり、必達を目指し進めること」（２０１１年7月12日開発会議）
・「発売時点で他社に負けていないことが重要」（２０１１年9月26日商品会議）
・「開発目標達成は開発部門のタスクなので必ず達成のこと」（２０１２年1月13日開発会議）
・「燃費を訴求するからには、発売時には1番でなければならない」（２０１２年5月22日開発会議）
・「燃費はできれば、29・２km／ℓにしてほしい。№１と言いたい」（２０１２年12月20日開発会議）
・（性能実験部から、29・２km／ℓ以上の燃費を出すことは現実的ではないと言われて）「最後まであきらめずに努力するように」（２０１２年12月27日）

経営者や幹部社員が車両開発の詳細まで熟知する必要はないが、プロジェクトの推進責任という立場であれば、目標に向かってその可能性や難易度、困難の解消方法などについて具体的に技術者と意見を交換し、問題把握した上で指導助言を行い、必要に応じて経営資源の追加投入を検討するのが仕事であろう。しかしながら、ここで見られる経営者や幹部社員の発言は、およそそのような〝科学的〟なものではない。経営陣と幹部社員は自動車開発の実情や自社の実力を十分に把握しないまま、根性論や建前論ばかりを述べて現場を叱咤するだけであった。

(2) 技術者倫理の堕落

三菱自動車は１９７０年、三菱重工の自動車部門を分離独立させて設立された。当時の日本のモータライゼーションの波に乗り、クルマ作りに特化した会社として、より良いクルマづくりを通じて社会に貢献することを目的としていたはずである。そうでありながら、クルマづくりの技術者たちは、法規に従わない実験方法の採用、虚偽データの記載、データの恣意的操作、机上の計算値を実走値とごまかすなど、技術者倫理にもとる信じがたい行為を平然と行っている。そして一連の不正行為が明らかになった後も、国交省が指導した正しい燃費値の測定法を取らず、なお不正な測定方法を続けていたことが２０１６年９月12日の国交省の立入検査で判明した。国交省は「常軌を逸する」と表現したが、測定現場の法令遵守意識の欠如には目に余るものがある。[16]

こうした現場のごまかしは、そもそも自分たちの力では絶対に達成することのできない数値目標をあたかもできるかのように経営に表明し、最終的にはできないとは言えなくなってそれを糊塗するための手段であった。一体なぜそのような愚行が行われたのかについてであるが、経営陣や上司からの圧力に抗しきれなかった、何度もできないといったが聞いてもらえなかったなどという説明をしていることが調査報告書からはうかがえる。しかし、問題はどこまで本気で実証的データをもって経営陣や上司に、課題の困難性や非実現性を伝えたのかであろう。経営陣には、そのような困難な状況にあることがほとんど認識されていなかった。例えば、経営陣は次のようなコメントを残している。

「現場が苦しんでいることに気付かなかった。トップが現場をもっと知るべきだった」（相川哲郎社長[17]）。

「（開発部門が）閉鎖的になっており、開発が抱えている問題を共有できなかった」（益子修会長[18]）。

「軽自動車は他社との燃費競争が確かにあった。他社の情報が入ってきて、当社の技術力から判断してできそうなら目標を上げていた」（中尾龍吾副社長―開発担当[19]）。

不祥事が発生して経営者は「知らなかった」では済まないし、チャレンジが無理・無茶・無謀を要求していないかの吟味は、常に経営者が心すべきことである。しかし、いかなる優れた経営者といえども現場から真の声が発信されなければ、それを汲み取ることはできない。汲み取る仕組みがあったかどうかがしばしば問題になるが、まず現場がその気になって意見具申することがものの順序であろう。特に燃費測定の問題などは、担当部署以外は通常は関知しないことである。それを知らないと経営ができないという性格のものでもない。

したがって、技術陣には与えられた目標値が自社の実力を超え実現可能性がないことについて経営陣に正しく意見具申する義務があったはずである。しかし、技術陣は上からの要求に対し、記録を見る限り明確な反論や実現するために必要な諸条件をどれだけ正確に伝えたのかが判然とせず、むしろその場を繕う言動に終始している。実態を経営陣に伝えることで、自分の処遇に不利益が発生すると恐れたのか、上にはいい顔をしたいという心理が働いたのか理由は不明であるが、少なくとも社内の風通しが悪かったなどという言い訳はプロとして通用しないであろう。[20]

また、調査委員会によるヒアリングに対して、「多くの性能実験部の（元）従業員らは、『惰行法でも、高速惰行法でも、最終的に得られる走行抵抗は〝理論上は〟異ならないから、高速惰行法を用いることはそれほど大きな問題ではない』などとして、自らの不正行為を正当化しようとする様子であった[21]」という。技術的に走行抵抗の計測として国が定める惰行法と三菱自動車が独自に策定した高速惰行法のどちらが正しいか、必ずしも優劣を付けられるものではないが、要は法令で定められた手法によらないことが問題であるという認識が薄かったということである。これは、消費者の目から見れば、技術者の独善的な開き直りと映る。〝上からの圧力〟とは別の問題として、技術陣自身のビジネス倫理意識が低劣であったこと示すことに他ならない。目的を達成するためには手段を選ばないとする典型例であるが、三菱自動車グループの開発担当技術者がプロフェッショナルとしての自覚と責任感を脱ぎ捨て、消費者の安心や公正の優先よりも、自分たちの仕事のやり易さや立場を優先させる心情に陥いっていることに驚きを禁じ得ない。

(3)三菱自動車の実力

三菱自動車は三菱財閥グループに所属する名門企業である。生産・販売規模は小さいものの、古くからモータースポーツ事業にも力を注ぎ、「ランサー」、「パジェロ」を用いて世界ラリー選手権（ＷＲＣ）やダカール・ラリーに参戦し、存在感を示したメーカーであった。しかし、三菱自動車は、

2000年および2004年に発覚したリコール隠し問題[22]によって、その後の企業活動に多大な制約が生じることとなった。これらの制約は、燃費不正問題の原因・背景にも直接間接的に大きな影響を与えている。

その制約とは、まず人材の流出である。リコール隠し問題をきっかけとして三菱自動車では、多数の従業員が退職した。性能実験部においても、2000年度、2004年度の合計30名もの従業員が退職している[23]。これは不祥事責任の追及と関係が深いと思われるが、三菱自動車の技術力を低下させることにつながった。また、事業再生計画にもとづく厳しい経費削減措置により、三菱自動車は2004年問題の発覚後、「聖域なきコストカット」という名のもとに、徹底した経費削減策を実施した。三菱自動車グループの全体の研究開発費も大きく削減された。とりわけ開発本部内における先行研究・先行開発に対する投資が抑制された。その結果、三菱自動車では、低燃費技術の研究開発が、ほとんど停滞してしまっていたのである[24]。

この様子は図表Ⅱ-5-7からも明らかである。三菱自動車においては、リコール隠し発覚後、研究開発費が2004年度から2009年度まで下がり続け、5年間で2004年の33％の規模にまで落ち込んだ。そして、2010年度以降は少しずつ増加傾向となったが、それでも2001年度の水準に戻ることはなく、同業他社との格差は歴然たるものがあった。ちなみに、この時期の主要自動車メーカーの研究開発費の投入状況は、三菱自動車は金額レベルでも対売上比においても、最低となっている（図表Ⅱ-5-8、図表Ⅱ-5-9）。各自動車メーカーの研究開発費の実額の多寡をもってただちに技術力の高

図表Ⅱ－５－７　三菱自動車の研究開発費推移（2004年度～2016年度）

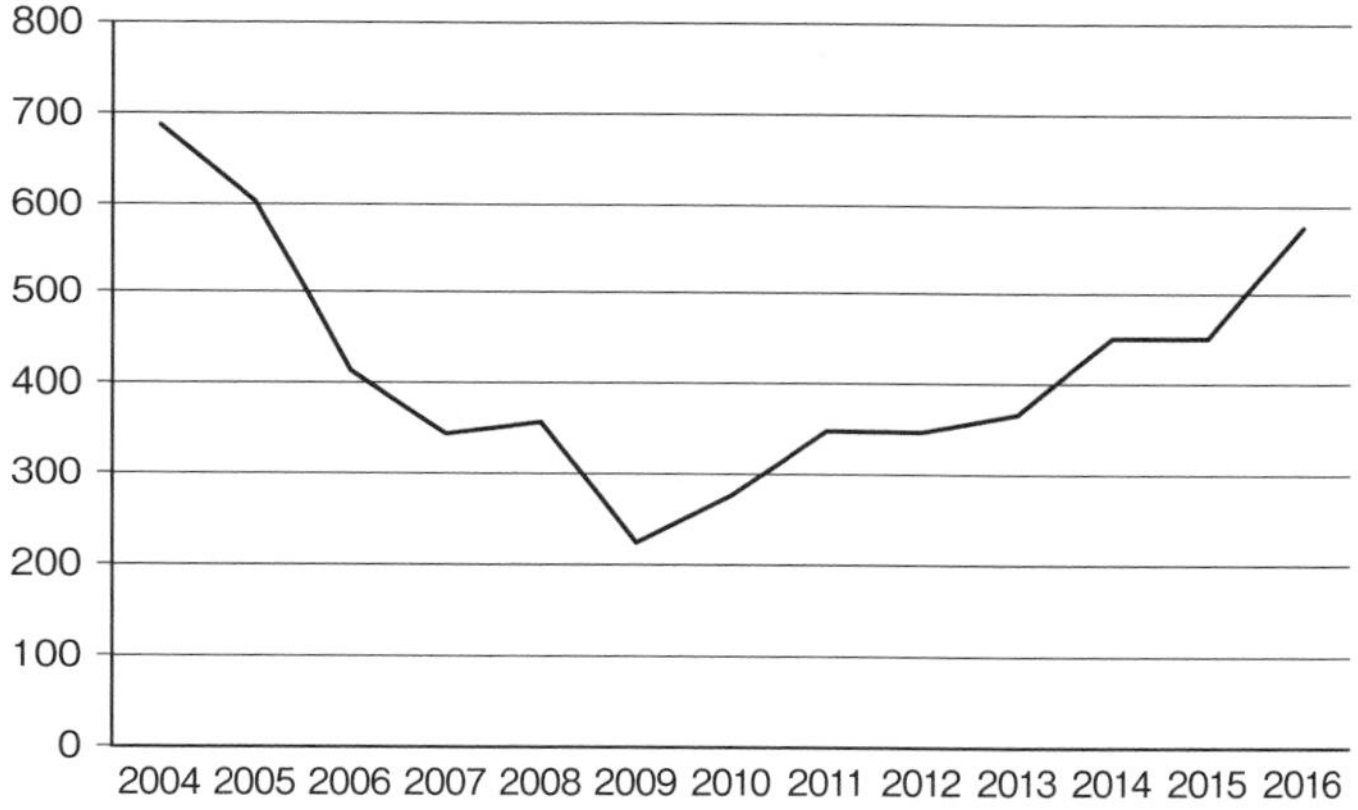

出所：三菱自動車有価証券報告書

図表Ⅱ－５－８　主要自動車メーカー過去５年間（2011～2015）の合計研究開発費

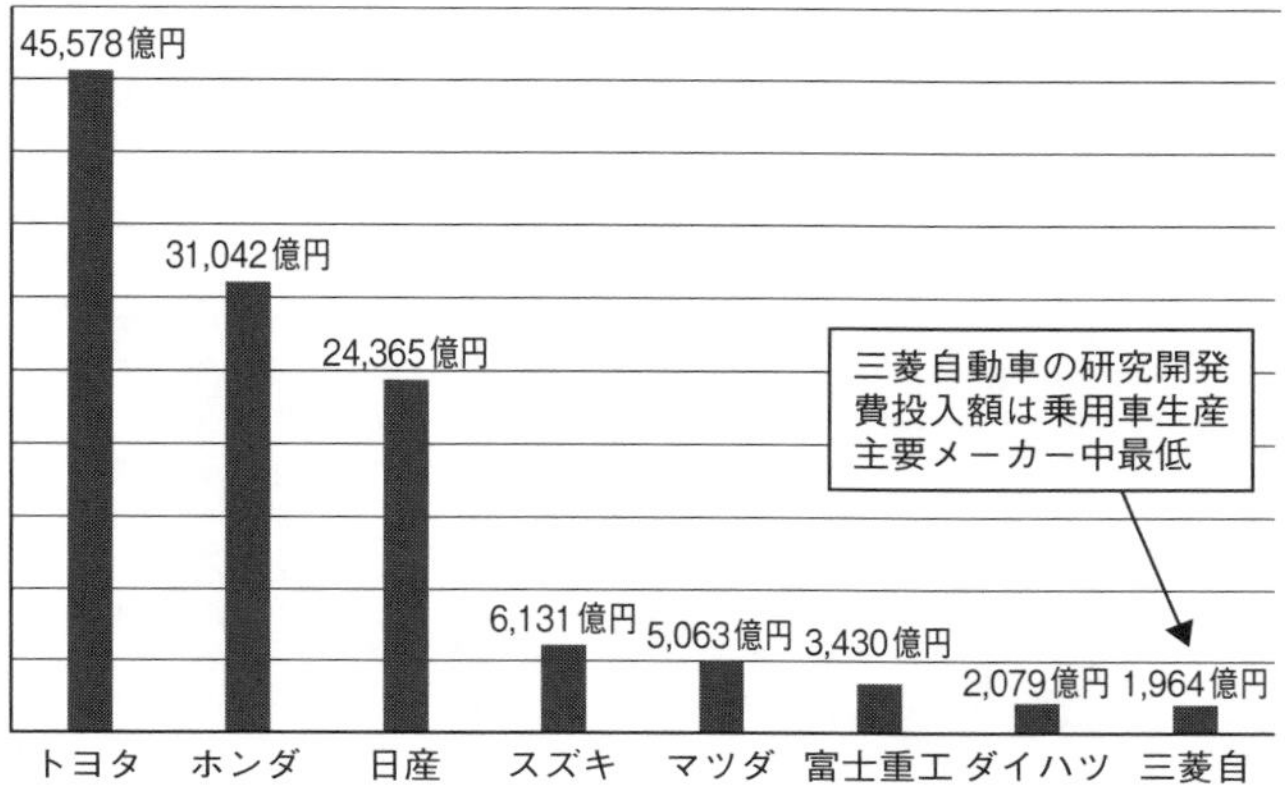

出所：各社の有価証券報告書

図表Ⅱ－5－9　主要自動車メーカーの研究開発費の売上高に占める比率

メーカー	トヨタ	ホンダ	日産	スズキ	マツダ	富士重工	ダイハツ	三菱自
比率	3.74%	5.33%	4.67%	4.22%	3.79%	2.87%	2.36%	1.93%

出所：各社の有価証券報告書

低を論ずることにはほとんど意味がない。それぞれの会社の市場戦略、生産・販売台数、各社における研究開発費の計上の範囲などを考慮しなければ、正確な比較はできないからである。しかし、研究開発費についてトヨタ、日産、ホンダ以外の規模を持ったメーカーとの比較で見ることには一定の意味があるだろう。三菱自動車はスズキ、マツダ、富士重工、ダイハツに対して、研究開発費実額、対売上比において大きく劣後している。すなわち、三菱自動車はスズキ、マツダ、富士重工、ダイハツの研究開発費の実額において47%、対売上比において58%の水準にとどまっていたのである。

自動車の燃費は前述したように自動車製造にかかわるあらゆる分野の技術的達成の成果の上になり立つものである。同業他社が〝人・もの・金〟を投入して競争に勝とうとして努力する中、三菱自動車は研究開発にかかわる経営資源を逆に減少させていた。こうした経営判断の誤りこそが、三菱自動車の企業としての実力を奪い、技術陣が真正面から戦うことをあきらめさせ、机上の計算のみで〝工夫〟するような土壌を醸し出していたのである。だからといって技術陣が免責されるわけではないが、しばしば日本企業が苦境対策として打ち出す「聖域なきコストカット」がいかなる弊害をもたらすかについて、経営者として深く考慮すべきであろう。

7　まとめ

燃費不正問題では、競争という圧力にさらされた組織と人がその場しのぎで不正に手を染め、組織ぐるみで不正を継続していた。三菱自動車の社風に真にプロフェッショナルの気概が、これがビジネス倫理にもつながるのだが、存在していれば、燃費偽装などという恥ずかしいことは起きなかったはずである。自動車メーカーの存在理由は何か、三菱ブランドにとって何が重要なのか、その中で自分たちの役割は何かという観念が確立されていれば、おのずから自分たちの行動が律せられていたはずである。コンプライアンスは〝法令等順守〟ではない。ビジネス（やらなければならないこと）を、組織のそれぞれの立場や役割に応じてどれだけこだわって行うかという問題でもある。過去何度も不祥事を繰り返してきた三菱自動車に必要なことは、社長や取締役など経営陣のみならず一従業員に至るまで、収益拡大と社会適合性を二律背反に陥ることなく、両方を調和させながら進めるための精神的バックボーンとしてビジネス倫理を確立することである。

コンプアイアンスの徹底には経営者の強いこだわりが不可欠

益子会長は４月15日、本件が社内で報告されたとき、「（コンプライアンスの徹底については力を入れてきたが、）僕がこの12年間やってきたことは何だったのか」と自責の念を述べた。(25) コンプライアンスの徹底は、トップが号令をかけただけで浸透するものではないことが燃費不正問題によって明らかになった。

その典型例が、リコール隠し問題の直後2005年2月に開催された新人提言発表会の出来事である。当時の新人社員が、型式指定審査の際に使用する走行抵抗は法規に従って惰行法を用いるべきである旨の提言を行ったが、それは取り上げられることなく三菱自動車の運用は改められなかった。[26] また、2011年2月から3月にかけて全従業員を対象として実施されたコンプライアンスアンケートの結果を集約し、11月に当時の経営陣、役員、部門長・本部長に報告された。その内容には「評価試験の経過、結果についての虚偽報告」、「品質記録の改ざん。報告書の内容が虚偽」、「認証資料の虚偽記載」などの重大な指摘が含まれていたが、これらについては当該部署の上司が部下に対して形式的確認を行っただけで、「問題なし」としてすまされてしまったのである。[27]

通常このような重大な不祥事を想起させる事案については、当該部署ではなく独立した監査部門に調査を行わせるのが当時においても常識であったであろう。問題事象を指摘されている当の部署に確認を求めても、否定しうやむやになることは当然ともいえる。社内で判明した問題事象を適切に処置するという仕組みを経営者が構築しなかったため、早期に自浄作用を働かすチャンスを失ったのである。

益子会長がリコール隠しで傷ついた組織を立て直そうと、その気になってコンプライアンスを重視するという強い姿勢を見せることは、組織の風土を変えるための大前提であったが、それだけでは十分ではなかった。強い意志表明と同時に経営者は自分の思いが組織で実行され、それが確実に遂行されているかを確認できる仕組みを構築しなければ、コンプライアンスは定着しないことを忘れてはならない。内部統制システムやリスクマネジメントを〝祝詞（のりと）〟としてではなく、経営者が会社を守るため主体的に取り組んでいるかが問われるのである。

［注］

（1）三菱自における文書保管期間が10年間であることから、調査可能な範囲は、過去に販売した車種のうち、２００６年から２０１６年までの過去10年間の20車種に限られ、それら車種について調査を行っている。

（2）「日経ビジネス」２０１６年６月６日号、28頁、「週刊東洋経済」２０１６年６月25日号、64頁。

（3）スズキによれば、燃費性能を偽る不正行為ではないが、計26車種、約２１４万台について惰行法による実測したデータではなく、タイヤ、ブレーキ、トランスミッションなどの装置ごとの転がり抵抗の実測値や風洞試験装置での空気抵抗の実測値を積み上げた走行抵抗値を使用していた（スズキ株式会社「国土交通省への報告内容について」２０１６年５月31日）。つまり、国が定める屋外ではなく室内で数値を測定していたのである。理由は、テストコースが海の近くにあり、風の影響で正確なデータを測れなかったためという（日経新聞２０１６年６月１日朝刊）。こうして得られた申請値と改めて取得した惰行法による実測値との差は測定誤差の範囲内であったが、手間を省くために国交省が定める規定と異なる方法でデータを得ることは、〝目的のために手段を選ばない〟ことに他ならず、非難されるべき行動であることに違いはない。これはビジネス倫理の問題である。

（4）国土交通省自動車局「三菱自動車工業への立入検査結果について」平成28年９月15日、３頁。

（5）同右４頁。

（6）国土交通省・自動車の型式指定審査におけるメーカーの不正行為を防止するためのタスクフォース「最終とりまとめ」平成28年９月16日、3-4頁。

（7）「10・15モード法」とは、１９７３年に運輸省が採用した燃費測定法である。当初、市街地を想定した10項目の走行パターンだけであったが、その後１９９１年に郊外を想定した15項目の走行パターンを加え、「10・15モード法」となった。しかし、「10・15モード法」は試験の設定条件が、実際の使用条件とかけ離れており、カタログ燃費での数値と実燃費での数値の差が大きいことが指摘されていた。２０１１年４月より、新試験モードとし「ＪＣ０８モード法」に変更された。「ＪＣ０８モード法」では、より実際の走行パターンに近い測定法を設定し、重量区分に関しても「10・15モード法」よりも細分化された。JC08モード法の自動車カタログ上の燃費数値は、10・15モード法燃費よりも一般的に1割程度低くなるとされる。10・15モード法、JC08モード法の詳細については、独立行政法人自動車技術総合機構「審査事務規程」の試験規程№195と№196参照。

(8)以下燃費目標決定の三菱自動車内の意思決定の状況は、特別委員会「燃費不正問題に関する調査報告書」、98-110頁に詳しい。

(9)不正発覚後、燃費を再測定したところ、27・1km/ℓであった。(「調査報告書」100頁)

(10)三菱自動車では、自動車開発にあたって、商品構想、目標固定、目論見、生産着工、開発完了、生産開始の6つのゲートを設け、各ゲートでのチェックを通じて品質向上を図っていた。(「調査報告書」21-22頁)

(11)三菱自動車「当社製車両の燃費試験における不正行為に係る国土交通省への報告について」2016年5月11日。

(12)三菱自動車は、2019年6月21日付で監査役会設置会社から指名委員会等設置会社に移行した。その結果、取締役15名中、日産出身者は3名となった。他に日産・ルノー出身執行役が12名中4名いる。三菱自動車は2016年6月の株主総会に監査等委員会設置会社に移行する予定であったが、燃費不正問題をきっかけに企業風土・意識の改革が先行されるべきとして、移行を取りやめた経緯がある。

(13)消費者庁「不当景品類及び不当表示防止法第7条第1項の規定に基づく措置命令」平成27年1月27日。対象商品の最長3年間の売上高の3%が課徴金の額となる。

(14)食品偽装問題については、拙著『企業不祥事の研究』の「阪急阪神ホテルズメニュー偽装事件」を参照されたい。

(15)経営陣や経営幹部がどのような発想で技術陣に接していたかは、特別委員会「調査報告書」、98頁以降に詳しい。

(16)国土交通省自動車局「三菱自動車工業への立入検査結果について」平成28年9月1日及び日本経済新聞2016年9月16日朝刊。国交省の指導は、正しい燃費の測定方法として5回程度実施し、最低と最高を除いた3回の平均値を使うことであったが、三菱自動車は意図的に燃費が良く出るデータを得る目的で計測回数の制約を取り払い、最も走行抵抗が低いデータを採用していた。

(17)日経新聞2016年6月2日朝刊。

(18)読売新聞2016年6月18日朝刊。

(19)日本経済新聞2016年4月27日朝刊。

(20)三菱自動車では楽観的報告を上に伝えて、結果として経営上の問題を引き起こした事件が、燃費不正発覚の半年前に起こっている。多目的スポーツ車「ＲＶＲ」の次期車開発において、２０１６年度の発売に向けて順調に開発が進んでいるとの報告がなされていたが、実際はそうではなかったことが判明し、担当部長２人が解雇されている。（日本経済新聞２０１６年５月25日朝刊）

(21) 調査報告書（要約版）、30頁。

(22) ２０００年のリコール隠し事件：２０００年６月、18件約69万台にのぼるリコールにつながる重要不具合情報を、運輸省へ報告せず、社内で隠蔽している事実が運輸省自動車交通局に、三菱自動車社員による匿名の通報で発覚した。このリコール隠し事件の責任を取り、河添克彦代表取締役社長が引責辞任した。この事件によって三菱自動車は市場の信頼を失い販売台数が急減。資本提携先のダイムラー・クライスラーとの提携強化によって経営再建をはかろうとした。

２００４年のリコール隠し事件：２０００年のリコール隠しをさらに上回る74万台ものリコール隠しが２００４年に発覚した。これを機として、三菱自動車の筆頭株主であったダイムラー・クライスラーが財政支援の打ち切りを発表、大型トレーラーのタイヤ脱落事故で、三菱ふそう前会長や元常務ら７人が神奈川県警察に逮捕され有罪判決を受けた。一連のリコール隠しにより、三菱自動車の信用は地に落ち販売台数が低下し、経営的に苦境に立ち至った。

(23) 調査報告書（要約版）、26頁。

(24) 調査報告書（要約版）、26頁。

(25) 日本経済新聞２０１６年５月25日朝刊。

(26)「調査報告書」、１９６頁。

(27)「調査報告書」、１９７頁。

事例研究６　商工中金融資不正事件（２０１６年11月）

〈コンプライアンス担当部署が隠ぺい工作〉

1　はじめに

２０１６年10月、株式会社商工組合中央金庫（以下「商工中金」）鹿児島支店において、危機対応融資の際、審査資料の改ざん等の不正事案が多数存在することが発覚した。事態を重く見た商工中金は、特別調査を実施するとともに、11月22日、「危機対応業務における不適切な手続きによる貸付について」と題するプレスリリースを行った。その後、特別調査により、鹿児島支店での不正の規模が大きいことが判明したため、商工中金は、調査のための第三者委員会（以下「第三者委員会」）を設け事案の解明を行った。２０１７年4月25日、第三者委員会は不正手口を詳細に分析した調査報告書を公表し、これに触発されたさらなる社内調査によって最終的な不正の規模は、１００営業店中97店が関与し、不正行為者４４６名、口座数４６０９、融資実行額２６４６億円にものぼるという全社的拡がりを持った不祥事であることが判明した。[2]
この事件は組織と個人が実力を無視した達成困難な営業目標を与えられると、形を取り繕おうとするために、どのようにして道を踏み外していくかを示す典型的不祥事であった。最近のかんぽ生命不適正契約問題とも共通した不正の原因であり、経営にとっては組織受容能力を踏まえた合理的な経営目標を設定することの重要性を学ぶべき教材である。また、社内調査の過程において、本来厳格かつ客観的に調査監査を行って会社を守るべきコンプライアンス統括室、監査部が、事案を矮小化して経営に報告し、さらには不祥事の隠ぺいを図るなど信じがたい行為を敢行している。これによってせっかくの危険兆候が暗部に押し込められ、次の大きな不祥事となって爆発する原因を作った。「放っておくと、失敗は成長する」[3]というリスクマネジメントの原則がそのまま当てはまる事例であった。

2　事件の発覚[4]

(1) 融資不適格企業への融資

２０１６年10月24日、鹿児島支店の危機対応融資について、顧客から受領した経理書類を職員が改ざんしていたことが発覚した。発覚の経緯は、営業課の打合せで、審査資料の改ざんが疑われ支店稟議が通らなかった事案について課長が問いただしたところ、担当者２名が試算表の改ざんを認めたというものであった。

危機対応融資の詳細については後述するが、リーマンショック後の世界金融危機に対応するため、２００８年12月から開始された政府が日本政策投資銀行および商工中金を通じて企業に低利で融資を行うあるいは利子補給等を行う政府主導の政策融資制度のことである。すなわち、事件の内容は、政府の融資制度にもとづく企業融資について、融資に必要な書類を貸出し金融機関たる商工中金の社員が改ざんして、融資を実行しようとしていたのである。

(2) ほとんど全営業店が不正に関与

過去６カ月の危機対応貸付を他の営業店でも調べたところ、鹿児島支店のほか、岡山、名古屋、松本の各支店で合計２２１件について同様の不正が行われていることが判明した（２０１７年１月６日公表）。２０１７年４月25日付第三者委員会報告書によれば、危機対応融資に関し、融資要件確認資料が多くの支店、社員によって長期にわたって改ざんされていた。判明した不正行為の規模は以下のとおりであるが（図表Ⅱ-６-１、図表Ⅱ-６-２）、不正口座数と発生割合は池袋支店と鹿児島支店が群を抜いて多い。

最終的には、不正関与した営業店97、社員数４４４人、口座数４６０９にのぼり、不正実行者と監督責任者８１１名が降格、減給等の懲戒処分を受けた。処分を受けた者は全職員３８８６人の2割強にものぼった。調査口座件数に占める不正口座数の割合は２・１％であった。また、調査過程において、調査に当たった社員が、過去不正な融資を自ら行っていたことが判明するなど調査の信頼性を疑わせる場

図表Ⅱ－6－1　商工中金不適正融資の規模

	2017.4.25 時点 （第三者委員会調査結果）	2018.3.26 時点 （その後の社内調査結果）
①関与支店数	35 支店	97 支店
②関与社員数	99 名	446 名
③口座数	760 件	4,631 件
⑤貸出元高	413.8 億円	2,646 億円

出所：危機対応業務にかかる第三者委員会「調査報告書」平成 29 年 4 月 25 日
　　　株式会社商工組合中央金庫「調査報告書」平成 29 年 10 月 25 日

図表Ⅱ－6－2　営業店別不正行為発生状況（上位 10 店）

	支店名	不正口座数	発生割合*
1	池袋	644	13.2%
2	鹿児島	339	10.2%
3	東京	321	3.6%
4	札幌	180	4.6%
5	熱田	152	4.6%
6	さいたま	145	4.9%
7	岡山	128	3.5%
8	名古屋	125	2.1%
9	高知	122	7.5%
10	新宿	109	2.3%
	全営業店合計	4,609	2.1%

＊発生割合＝不正口座数÷調査対象口座数

出所：株式会社商工組合中央金庫「調査報告書」平成 29 年 10 月 25 日

面もあった。

3　危機対応融資

⑴制度誕生の経緯

危機対応融資は、政府が日本政策投資銀行および商工中金（指定金融機関）を通じて企業に低利で融資を行う政府主導の政策融資制度であるが、２００８年の世界金融危機に対応するため、同年10月施行の商工中金法改正により導入された。わが国経済の基盤を支えている中小企業が、リーマンショックや大震災に見られるような外部的要因により一時的な危機的状況に陥った場合、そこに必要な資金を供給してこれを助けようとするものである。

「危機認定」は、主務大臣（財務大臣、農林水産大臣および経済産業大臣）により「一般の金融機関が通常の条件により特定資金の貸付け等を行うことが困難であり、かつ、指定金融機関が危機対応業務を行うことが必要であると認めたとき」に、「対象とすべき事案及び実施期間等を定めて」行われる。リーマンショック時の危機認定は次のようなものであった。

「国際的な金融秩序の混乱に伴う景況悪化により、一時的に売上の減少その他の業況の悪化を来している中小企業者等であって、中長期的には、その業況が回復し、かつ、その事業が発展することが見込まれるもの」に対する「経営環境変化対応資金」の貸付」。

危機対応融資が行える金融機関を指定金融機関というが、指定金融機関として指定されているのは、２００８年の制度開始から現在に至るまで、商工中金と株式会社日本政策投資銀行の２社のみである。指定金融機関は、日本政策金融公庫（公庫）からの信用供与を受け、事業者に対する必要な資金の貸付け等を行う。

危機対応業務は、国の公庫に対する出資等を原資とするから、政府は、危機認定通知を実施するにあたり、その原資となる予算を措置する。これまで大規模に実施された主要な危機対応業務の大半は、補正予算の措置が取られている。

(2) 危機対応融資の事業規模と貸出実績

商工中金の危機対応融資の主なものの事業規模（貸出可能な額）と貸出実績は、以下のとおりである（図表Ⅱ-6-3）。いずれの融資においても、危機対応融資と利子補給が実施された。

(3) 危機対応融資の「要件」

危機対応融資の対象となる要件は、「危機の影響により、一時的に売上の減少その他の業況の悪化を来している」というもので、通常、金融機関の貸出は原則として信用に問題のない企業が対象となるが、危機対応融資は、景気動向等から経理財務上困難をきたしている企業向けであり、特殊な融資制度である。

図表Ⅱ－6－3　危機対応融資の事業規模と貸出実績

融資の名称	事業規模	貸出実績	消化率
①国際的な金融秩序の混乱 危機認定：2008年12月～2011年3月	5兆6,000億円	4兆7,700億円	85.1%
②東日本大震災 危機認定：2011年3月～2016年9月	3兆5,000億円	2兆3,600億円	67.4%
③円高対策 危機認定：2010年2月～2014年2月 （2014年3月20日事業規模拡大）	3兆3,000億円	2兆3,600億円	71.5%
④原材料・エネルギーコスト高及び デフレ脱却等対策 危機認定：2014年2月～2016年9月*	4兆5,000億円	2兆8,600億円	63.5%
⑤熊本地震 危機認定：2016年4月～2018年9月*	1,000億円	250億円	25.0%

＊「原材料・エネルギーコスト高及びデフレ脱却等対策」と「熊本地震」への危機対応融資は、調査報告書作成時点（2019年4月）では継続されている。

出所：第三者委員会調査報告書5－6頁、19－22頁

「一時的に売上の減少等」は、具体的には「売上、粗利益、営業利益、経常利益または当期利益が直近3カ月、前年同期比、前々年同期比いずれかで5％以上減収または減益している」こととなっている。これを満たさない場合危機対応融資は適用できない。

4　不正行為の内容

(1) 不正の本質

危機対応融資は、外部的経済要因によって困難に直面しているが、一定時期しのげれば危機を脱し通常の企業活動サイクルに復帰できる相手先を融資対象として想定している。一般的な金融機関の不正融資は、経営状態の不良な企業に対し、融資を行うため経営成績の粉飾を施す。必要な財務書類を、偽造・改ざんして実態

よりも経営成績をよく見せる操作である。ところが、危機対応融資不正では、逆に融資など必要としない健全企業に融資しようとして、当該企業の売上、営業利益、経常利益、当期利益等が減収あるいは減益であるかのような悪く見せる細工を施すのである。商工中金における不正融資とは、危機にあるとはいえない企業、すなわち経営上問題のない企業に対し国庫資金を用いて危機対応融資を実行したということなのである。そして、その目的は国民経済への貢献ではなく、単に商工中金の融資実績を稼ぐためでしかない。

商工中金は、逆粉飾の様々な手口を駆使して、例えば上場会社傘下の子会社で業況が良好な企業、借入金以上の現預金を保有する実質無借金企業に対しても低利を武器にして危機対応融資を行っている。一見誰も損する者はなく、悪いことをしているとは思えない錯覚にとらわれるが、危機対応融資の原資は政府資金であり、ひいては国民の税金である。制度の趣旨に沿わず、また弱者救済にも役立たない無意味な貸し付けを、政府の資金を使って低利で行っていたのである。

⑵不正の手口

代表的な不正の手口は以下のようなものである。

〈日付の改ざん〉

・融資要件の認定の証拠書類たる二時点の試算表の日付を入れ替えて日付箇所を改ざんする。

・具体的には、日付部分をはさみで切って貼り替えるという手法で、印字のズレ、枠の一部が消えている、目視で明らかに切り貼りの跡がわかるものもあった。

〈金額の改ざん〉

・売上高や粗利益等を別の数字と入れ替える手法である。別の試算表の金額部分をはさみで切って貼り付けるなど明らかに工作が見て取れるものもあり、一部の数字を入れ替えたため、縦または横の合計金額が整合しないものもあった。

・上長の多くは当該数字のみ確認するだけで、試算表内の数字の整合性まではチェックしないから、このような単純な操作も見抜くことができなかった（報告書ではそう表現しているが、俄には信じがたい。上司は気づいても黙認したのであろう）。

〈自作自演〉

・エクセル等のアプリケーションを使って、社員自ら試算表を作成する手口である。その種類も極めて簡易な様式の試算表を作成し、一見して手作りであるとわかるもの、顧客が使用している会計ソフトのフォーマットに似せて作成したもの、全く様式の異なるフォーマットを用いるものなどいくつかのパターンがあった。

〈虚偽の顧客ヒアリングによる注記記載〉

・特に試算表の改ざんを行うわけではないが、社員が顧客から聴取したと偽って勝手に注記を加え、融資要件を満たしているかのように装う手口である。

〈人数の改ざん〉

・危機対応業務のうち、雇用維持に関する利子補給制度は、融資実行後6カ月経過後従業員が減少した場合、補給を受けた利子を返還しなければならない。これを回避するため、雇用維持確認資料の人数を改ざんし、従業員が減少していないと見せかけた。

・人数部分をはさみで切りとった数字を貼り付けるという手法がとられたが、中には手書きで「6」を「8」に書き換えるというケースもあった。当然のことながら、切り貼りの跡や手書き字体が不自然であり、目視により発覚するものであった。

このような漫画的手口を懸命に駆使して融資書類を作成する社員の心境たるやどのようなものであったであろうか。この時点で商工中金は正当な金融機関としての資格を失っていたのである。

5　池袋支店事件（2014年12月）

今回の不正が発覚する2年前の2014年12月に、池袋支店の自店監査で危機対応融資に関する不正行為が発見されたが、後述するように本社部門（コンプライアンス統括室、監査部等）が、問題を大きくしたくないという意図のもと、事実上隠蔽工作ともいえる不適切な調査、監査を行い、重大な不正ではないとの結論を経営陣に伝えた。その結果、池袋支店の不正が、単なる「事務ミス」として片づけられ、実質的な処分も行われず、組織としての教訓が闇に葬られた。

⑴不正行為の発覚

２０１４年12月19日、池袋支店の自店監査において、危機対応業務の顧客からの試算表を自作・改ざんした事例が複数発見された。関与営業担当者３名と上司の課長は当初口裏を合わせて、「顧客からもらった試算表である」「知らない」などと述べて否認したが、支店長らが疑義のある13口座について具体的に書類上の不備や矛盾点を示して追及した結果、行為者４名全員が試算表の自作・改ざんを認めた。最終的には41件の疑義口座が本社に報告された。その後、監査部の特別調査により、稟議書類と取引先ファイル等を調査した結果、疑義口座１１０件を抽出している。

⑵不祥事としないためのロジック

本社では、これら疑義口座が、主務省への届出が必要な不祥事件（商工中金法施行規則90条４項・５項）に該当する可能性があることから、不祥事件該当性の判断を担うコンプライアンス統括室が顧問弁護士の助言を受けながら、次のような不祥事としないロジック（私文書偽造罪にならないように）を考案した。

・私文書偽造罪は①他人名義の文書を、②名義人の承諾なく作成することで成立する。
・したがって、顧客名義の試算表を、顧客の承諾なく作成した場合、私文書偽造罪が成立する。
・私文書偽造罪は故意犯であるため、行為者が上記①②を認識していることが必要である（＝行為者が認識していなければ、私文書偽造は成立しない）。

つまり、自作・改ざんの行為者が顧客名義の試算表について悪意で自作、改ざんしたときに私文書偽造罪が成立するとしたのである。このこと自体は理屈としてはそうであろうが、これを現実の疑義口座に当てはめていくと、顧客名義の試算表を「商工中金の社内資料」と認識して作成した場合や「顧客の承諾を得ていた」と思って作成あるいは「顧客の承諾を得られる」と思って作成した場合は、故意性が認められず、私文書偽造罪は成立しない、よって主務官庁に報告する不祥事件とはならないというのである。しかしながら、１１０件の疑義口座の大半の試算表が「商工中金様式の試算表」ではなく、また支店調査では、顧客の承諾なく自作したというヒアリング結果が複数得られていたのであるから、このようなロジックで不祥事性を否定することはあり得ないことであった。

(3) 強引な誘導シナリオ

12月26日から池袋支店に対して特別監査を実施している監査部のチームをコンプライアンス統括室次長らが訪問し、整理した私文書偽造罪の構成要件を説明した上で、行為者らに対するヒアリングにおいて、試算表を①当金庫作成資料として作成したか否か、②顧客の承諾を得たか否かについて質疑応答を行うよう要請した。この結果、行為者からは「顧客ヒアリングにより自分が作成した」との回答のみ引き出し記録された[5]。

しかし、私文書偽造罪の成立を否定するためには、「商工中金作成資料と認識して作成していた」「顧客の承諾があった」という二点についての明確な回答が必要であったため、その証言を得るために、コンプライアンス統括室次長は、正月休み明けに特別監査チームに対し本件行為者らに再度ヒアリングを行うよう要請し、誘導質問の方法を記載したペーパーを交付した。以下は誘導質問の内容である。

【質問1】顧客作成資料として作ったものか、それとも要件確認のための当金庫作成資料として作ったものか？

【回答】

パターン①⇒当金庫作成資料としてです。⇒同じ様式を使用しているのはどうしてか？
⇒見易くするために共通の書式を使用しました。

パターン②⇒顧客作成資料としてです。⇒ヒアリングに基づいて作成した資料なんだよね。それって顧客が作成した資料としてではないのでは？
⇒当金庫作成資料としてです。

【質問2】顧客の承諾は得ているか？

【回答】

パターン①⇒承諾を得ています。

パターン②⇒承諾は得ていません（わかりません）。 or得ているものもあれば得ていないものもあります。⇒承諾を得ていないものは、日常のリレーションの中で、売上等はこの程度かなと思った数字であり、顧客に伝えてもきっと承諾してもらえると思っていたのかな？

⇓はい。
⇓事実を正確に確認するために聞いているので、正確に思い出して欲しい。間違ったことを言ってしまうと、場合によっては犯罪行為と成り得ることもある（間違ってしまわないように、救うために聞いているのだよ）。

いずれの回答についても、①が好ましい回答、②が好ましくない回答である。①に収斂させる結論ありきの単純にして巧妙な質問である。行為者が期待通りの回答をしない場合は、「間違ったことを言うと、犯罪行為と成り得る」[6]と恫喝され、「そうならないように質問している」と言われれば、行為者は質問者の意図を察知し、意図に沿った回答をするであろうことは明白である。このような想定問答シナリオをコンプライアンス統括部が作成し、監査部が、その意を受けて実行したのである。

(4) 演出された報告に安心する経営陣

監査部特別調査班班長は、1月7日、本件行為者らに対して、各人数分間ずつ、全件についてまとめて、誘導質問ペーパーに従ったヒアリングを行ったところ、支店調査では、顧客になりすまして試算表を作成したこと、顧客の承諾を得ていないことを認めていた行為者がすべて、先の証言を翻して誘導質問ペーパーに沿った回答を行った。すなわち、社内資料として試算表を参考用に作成し、またその内容は顧客の同意を得ているとしたのである。これらのヒアリング記録はコンプライアンス統括室に送付され、同室は行為者らから明確な回答を得られたことに満足し、１１０口座について、行為者らによる試算表の改ざんは認められないと結論づけた。しかしながら、後日の第三者委員会の調査では、問題なしとされた１１０口座のうち１０６口座について不正行為が認められ、３口座については疑義が払拭できないものとされたのである。

このような調査を踏まえて、監査部長は1月13日、19日〜20日にかけて、社長、副社長に「１１０口座すべてについて問題がなかった」、「不祥事件には該当しない」と報告した。役員はいずれも安堵し、特段の疑問もコメントも出されなかった。(7)

主務官庁である中小企業庁に対しては、総務部長らは、１月19日金融課長らと面談し、池袋事案について口頭で、１１０口座が「要確認」口座として抽出されたこと、特別調査の結果危機要件非充足案件は確認されなかったこと等を報告した。

(5)甘い処分の咎め

２月６日に開催された部店長連絡会では、池袋支店問題は内部規律違反として説明され、支店長らに対し事件の実態を伝えるものではなく、他の支店に対して警告を発するようなものではなかった。

本件の行為者に対しては、「内部規定に違反する行為」を複数回行ったことを理由とした「人事部長による厳重注意」（就業規則外）とされ、賞与が減額されるだけという金融機関としては非常識なほど軽い処分が決定された。

２０１５年３月20日をもって本件終了となったが、話はこれで終わらなかった。池袋支店での不正行為が、単なる「内部規定違反」とことさらに矮小化され局部的ミスとしてうやむやにされ、いったんはおさまったかのように見えた不正融資問題であったが、１年半後の２０１６年10月、全国的規模で爆発したのである。

6　不祥事の原因

一体なぜ商工中金は、このような常識では考えられない不正を全社的規模で展開し、融資を〝創作〟しようとしたのであろうか。その要因は、事業規模維持の強迫観念とそれにもとづく不合理な目標額割り当て（ノルマ）、その結果現場で必然的に生じる強圧的営業推進にあった。

⑴ 事業規模維持の強迫観念

前述のとおり、商工中金は危機対応業務にかかる予算を確保するべく、毎年主務省との間で折衝を行っている。この結果は、「事業規模」となって実現する。危機対応融資は商工中金の存在感を示すことのできる典型的制度であるが、危機対応融資は元来が、突発的一時的危機を対象としており、恒常的に融資ニーズが継続するものではない。しかしながら、商工中金は実需とは関係なく事業規模を維持・増加させるために積極的に予算獲得を要望していた。[8] ところが、図表Ⅱ-6-4で見るように、５種類の危機対応

図表Ⅱ-6-4　危機対応融資実行額と融資残高

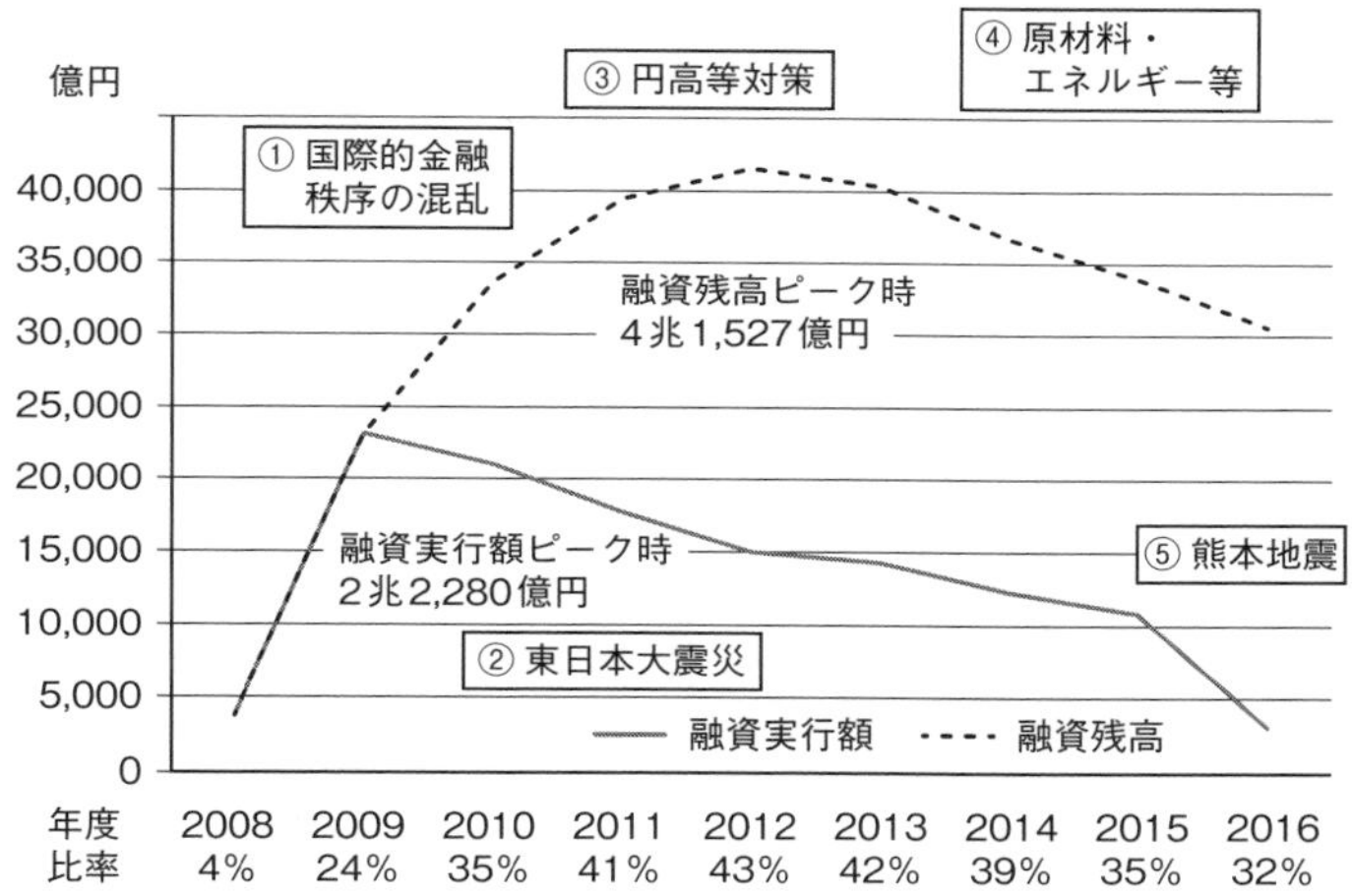

＊ 2016 年度は４月～９月までの金額
＊年度の下の比率は、危機対応融資残高÷商工中金全体の融資残高
＊表中の①～⑤は実施された危機対応融資制度
　出所：第三者委員会調査報告書資料 40 頁より作成

融資制度はいずれも事業規模（商工中金に与えられた融資金額の枠）に占める融資実行額の割合が、25・0％～85・1％であり、消化しきれていない。本来は、受けた融資枠をすべて使い切る必要はないのであるが、商工中金自身が主務省に要望して事業規模を嵩上げしていたから、経営や本部としては立場上そうした経緯で獲得した事業規模枠を消化せずにはいられないという事情があったのである。

また、もうひとつの視点で見れば、２００８年度から開始された危機対応融資の融資実行額が２００９年度２兆３２８０億円のピーク時から、また融資残高も２０１２年度４兆１５２７億円のピーク時から減少し続けている（図表Ⅱ-６-４）。さらに注目されるのは、商工中金全体の融資残高に占める危機対応融資残高の割合が、制度開始した2008年度の4％から翌年度急激に高まり、2012年度、2013年度には40％を超えるに至った。臨時的措置の融資が全社の融資残高の4割を超えるというのは尋常ではない。突発的一時的要因で発生する融資ニーズは、事態が落ち着けばいずれ消滅していく。しかし、商工中金の経営や本部からすれば、事業の縮小は耐え難いことであり、融資実行額と残高を何とかキープして商工中金の存在感を維持したいと考えたのである[9]。こうした現実を無視した思惑が、経営風土の中に植え付けられていき、不正の根源として組織を蝕んでいった。

(2) 不合理なノルマ

決定された事業規模に応じた融資額は、本部（業務推進部）によって各営業店に割り振られた。この割り振りは、その根本において融資対象の中小企業の実需とは関係のない金額をベースにおいていたから、割り当てを消化すること自体が困難なものであった。現実に起きたことを観察すると、図表Ⅱ-6-3で分かるように、年度を追って次々に様々な理由をつけて危機対応融資制度を創設していくが、膨大な事業規模を消化することができていない。「①国際的金融秩序の混乱（リーマンショック）」、「②東日本大震災」の危機対応融資については大きな資金需要が現実に存在したため、それなりに融資実行額、残高とも伸ばすことにつながっているが、その後の「③円高対策」（事業規模3兆3000億円）、「④原材料・エネルギーコスト高及びデフレ脱却等対策」（事業規模4兆5000億円）、「⑤熊本地震」（事業規模1000億円）などでは、融資実行額、残高を増加することにつながっていない（図表

Ⅱ-6-4）。しかしながら、一方で商工中金の本部は、事業規模確保のための積極的な増額要望を政府に対して行っていた。

また、個々の営業店への割り振りについても問題があった。本部では原則として営業店の貸出残高を担当地域のマーケット規模であると考えて、これに応じて割り当てを行っており、当該営業店の担当地域におけるそれぞれの事情や環境は考慮されていなかった。そのため結果として、例えば、ある営業店の担当地域では円高やデフレ等といった危機の影響が小さいにも関わらず、当該営業店の規模に応じて計画値が機械的に割り振られた結果、営業店による危機対応融資の計画達成に窮するという状況が生じていた。それにもかかわらず、融資枠（予算）を使い切らないと、次年度から減額されるとの危機感から、本部が「必達」と厳命したうえで、需要を超えるノルマを支店に課していた[10]。こうした経営、本部レベルでの無理無茶な営業推進策は、人事評価制度とも合体し、現場を苦しめ不祥事の動機づけとなっていった。この段階で、危機対応融資は「中小企業を守る融資」から「商工中金の立場を守る融資」に変質していったのである。

(3) 現場における強圧的営業推進

危機対応融資に関する現実離れして高い融資目標額、すなわち企業の資金ニーズを超えた目標値を掲げ、それを必達として組織と個人を督励した結果、ほとんどすべての営業店が不正に手を染める事態を引き起こした。

不正行為者に対するアンケート[11]では、不正行為の動機として「危機対応業務の業務計画や個々人の目標値の達成率を少しでも上げたい」（回答数３６３５）、「支店長、次長、課長その他の上司のプレッシャーが大きかった」（回答数２２９７）をあげるものが多い。その例は以下のとおりである。

〈不正行為の動機〉

・改ざんをやったのは、やはり膨大な割当があったから。
・改ざんをしないで割当を達成するのは難しかった。
・課長の言い方は狡猾にこちらが改ざんを取るしかないように上手に追い込む。
・課員の出した数字を積み上げて報告したら、次長から「全然話にならない。これでは会議に出せない」と言われた。
・次長が大声で怒鳴る。人の尊厳を傷つけるものもあった。「無能」、「ほかの会社に行けば」などと罵倒。
・数字を達成できないと支店長室に呼ばれて叱咤激励される。成績の悪い担当者が支店長室に呼び出されて1時間くらい戻ってこないこともあった。
・無理やりにでも当てはめろと言われた。
・部店長クラスの上司も、自ら不正行為を指示・示唆していた。
・半年に一度、開催される支店長会議で『割当』と呼ばれる資料が配布されていた。達成度合いによって人事評価が決まり、賞与や昇格に響いた。

またその一方で、特定の上司からのプレッシャーはなく、職場の雰囲気も強圧的なものではなかったが、個人の判断で不正行為に及んだ社員も存在した。目標達成に関する個人としてのこだわりや業務繁忙を理由とした手順省略、勝手なルール解釈による逸脱がそれである。しかしこれらの現象はいつどこの組織にも起こりうることであるが、割合的には小さい。商工中金の全社的拡がりをもった不祥事は、経営からはじまる「必達」精神の誤った発露にもとづく社員に対する強烈なプレッシャーが主要な原因であった。

7　責任の追及

問題が発覚し、役員と社員および組織としての商工中金にどのような責任追及がなされたのかを見ていく。

(1) 役員の報酬の一部返上[12]

２０１７年４月25日、第三者委員会の調査報告書を受けて、取締役会は現役６人の役員と退任した役員ＯＢについて報酬の一部自主返上を行うまたは要請すると発表した。報酬の自主返上とは正確に言うと処分ではない。あくまでも個々の役員の自主的判断にもとづく報酬の返上という位置づけになる。不祥事の規模と役員の責任の重大性を考慮すると甘過ぎる措置である。この時点における商工中金経営陣

図表Ⅱ-6-5　商工中金役員の報酬の一部返上（2017年4月25日時点）

対象者	報酬自主返上額
代表取締役社長 安達健祐 代表取締役副社長 稲垣光隆、菊地慶幸	報酬月額の30%、2カ月
取締役常務執行役員 門田光司、佐藤昌昭、長谷川裕二	報酬月額の20%、2カ月

退任役員に対する自主返上の要請

元代表取締役社長 関哲夫、杉山秀二	報酬月額の30%、2カ月
元代表取締役副社長 木村幸俊、森英雄 元代表取締役専務 法師人稔、安倍保	報酬月額の10%、2カ月

の認識の程がうかがわれるであろう（図表Ⅱ-6-5）。

(2) 行政処分と役員処分

5月9日、商工中金は経済産業省、財務省、金融庁、農林水産省より商工中金法59条、日本政策金融公庫法24条にもとづく行政処分を受けた。処分の内容は、調査未実施の危機対応貸付全体について、客観的な調査を継続して問題の所在やその根本原因を特定すること、危機対応業務の適切性を確保するための措置の実行等を求めるという業務改善命令であった。

10月25日、商工中金は先に主務庁から要求された調査報告書を提出するが、この当日再び行政処分を受けた。今度は、経営責任をも追及し、問題発生時以降現在に至るまでの役職員の責任の所在の明確化と抜本的な再発防止策を要求するものであった。同日商工中金は主務庁に「業務の改善計画」を提出し、役員の処分のやり直しを行った（図表Ⅱ-6-6）。

注目すべきは、代表取締役社長安達健祐氏である。本来なら即退任させられるところであったが、中途半端な時期に適当な社長候補

図表Ⅱ-６-６　商工中金役員処分（2017 年 10 月 25 日時点）

対象者	処分内容
代表取締役社長 安達健祐	任期中無報酬（処分として報酬月額 100%、６カ月残余は自主返上）
代表取締役副社長 稲垣光隆、菊地慶幸	報酬減額 報酬月額の 50%、６カ月
取締役常務執行役員 門田光司、佐藤昌昭	報酬減額 報酬月額の 50%、６カ月
取締役常務執行役員　長谷川裕二	報酬減額 報酬月額の 20%、６カ月
取締役常務執行役員 小野口勇雄、清水紀男 （新たに追加）	報酬減額 報酬月額の 15%、６カ月
常務執行役員　日野賀文、中村俊彦、梅田晃士郎 （新たに追加）	報酬減額 報酬月額の 15%、６カ月

退任役員に対する自主返上の要請

元代表取締役社長 杉山秀二 元代表取締役副社長 木村幸俊、森英雄	報酬月額の 100%、６カ月
元代表取締役社長　関哲夫	報酬月額の 50%、６カ月
元代表取締役専務 安倍保	報酬月額の 20%、６カ月
元代表取締役専務 法師人稔	報酬月額の 10%、２カ月
元代表取締役常務執行役員 藤田巳幸 （新たに追加）	報酬月額の 20%、６カ月

出所：商工中金「業務の改善計画の提出について」2017 年 10 月 25 日

も見つけられないということで、[13] 残留させられたのである。いずれ退任することが想定されていたが、任期中は報酬ゼロとされた。極めて懲罰色が強い扱いである。無報酬ということは、仕事にも責任がないということであり、安達氏は社長とは名ばかりの存在になったのである。

その後、上記処分の対象とされた取締役の退任が相次いだ（（　）内はそれぞれの役員の出自をあらわす）。

２０１７年10月25日　取締役常務執行役員門田光司（商工中金）
　同　佐藤昌昭（商工中金）
２０１８年３月27日　代表取締役社長安達健祐（経済産業省次官）
２０１９年６月21日　代表取締役副社長稲垣光隆（国税庁長官）
　同　菊地慶幸（商工中金）
　取締役常務執行役員長谷川裕二（商工中金）
　同　小野口勇雄（商工中金）
　同　清水紀男（日本銀行）

また、２０１９年11月15日には、２名の社外取締役のうち小島順彦氏（元三菱商事会長）が期の途中で辞任するなど、社内取締役８名全員と合わせて10名の取締役中９名が翌年の株主総会までに退任という異常な事態となった。まさに〝大粛清〟である。

(3) 職員の処分

不正行為の行為者・関係者である職員については、

①危機対応業務に関係する本部室職員

②池袋事案に直接関与した本部室職員

③不正行為の上司

④不正行為者本人

を網羅する徹底した視点で厳しい処分が行われた。処分対象者の合計は８１３人（一部重複あり）にものぼり、全職員３８８６人の20％以上を占めるという大規模な処分者を出した。[14]しかし、いかにも釈然としない大量処分である。もし、少なくとも約3年前の池袋支店事案に対し、商工中金の経営と本社部門が不正に対して適切に向き合い、厳格に処置していたならば、限られた数の処分者で済み、このような惨状は発生しなかったであろう。この意味で経営が〝罪びと〟を作り出したのである。「長期間にわたり多数の不正行為と不正行為者が出たことの責任は、最終的には経営陣に帰着するもの[15]」であり、常勤の取締役が全員退任させられたのも当然ともいうべきことであった。

8　問題の所在

商工中金融資不正事件の原因については、商工中金自身の分析では、内部統制の未整備と過度な業績プレッシャー、本部と経営陣の姿勢とコンプライアンス意識の低下、ガバナンス態勢の欠如等をあげている[16]。これら原因としているものは、不祥事という結果を見ての逆算的分析に過ぎず、コインのおもて側が良くないから裏返すべきだというに等しい。つまり、内部統制を整備し、過度な業績プレッシャーをかけず、ガバナンス態勢を充実させれば、不祥事が防げたと言っているわけだが、問題はなぜ商工中金にはそれができなかったのかということである。内部統制の整備が十分ではない、営業プレッシャーが厳しい、ガバナンス態勢もあやしいという企業は世に珍しくない。しかし、それでも様々な気づきや事件を経て、自社のガバナンスやリスクマネジメントの欠陥や不足を知り、これらを梃子にしてよりよいものを練っていくという操作が大切なのである。商工中金の問題の本質は、経営と本部においてこの謙虚な姿勢が欠落していたことであり、組織内の不祥事の兆候を認識する機会はいくらでもあったにもかかわらず、これらに敢えて目をつぶり、隠蔽したことなのである。このしっぺ返しは取り返しのつかないものとなって商工中金に跳ね返った。

(1) 現場を理解できない経営者

経営陣がいかに会社経営の現実から遊離していたかを示す興味深い証言がある。第三者委員会は調査の一環として、役職員４８８７人に対しアンケート調査を行い、自由記載欄への回答は１５００件を超えた。そのうち「ある経営幹部の認識」として、次のような意見が記載されている（傍線は筆者）。

「（今回の原因は）認識の甘さではないか。自分の行為を正しく評価できていないからだとしか言いようがない。私文書偽造により、要件を偽り融資や利子補給といった利益を受けることが犯罪だという認識があれば、絶対にやらないと思う。改竄しようと想いに至った背景は知る由もないが、本件によって当該職員が得られる利益などないと思うと理解に苦しむ[17]」。

ここで開陳されている経営幹部の見解は、不正の原因は不正実行者の「認識の甘さ」であるとし、経営幹部としての責任感はみじんも示されていない。

また、別の経営幹部は第三者委員会のインタビューにおいて、多数の改ざんが発生した要因を問われ、

「危機対応業務のプレッシャーを感じてノルマで苦しいという話は一件も聞かなかった。その声を聴くために支店行脚をしていたのだが……。一件でもあれば、私は各部長に話をして、考えろと指示したはず。危機対応業務の予算数字は、行政府と立法府の意思として執行しろというものなので、商工中金も政府系金融機関として、行政と立法の考え方をきちっと受け止め、その意思に沿うよう執行することは必要だと思っていた。でも、全部やれ、とか、予算を使い残してはダメということは言ったことはない。本部として支店に対してギューギューやれとしたことはない」。

これもまた現場の感覚からすれば、きれいごととしか理解されないであろう。先の経営幹部の見解と合わせて、もしこの程度の認識で会社経営ができるなら、経営者に苦労はないといっても言い過ぎにはならないであろう。

(2) 隠蔽が諸悪の根源

商工中金で行われていた不正行為、例えば書類の創作、改ざんなどは、不祥事として特に目新しいものではない。金融機関や他の業種においてもしばしば見られる手口である。それを阻止するために監査の仕組みがあり、特に金融機関においてはその位置づけが重い。商工中金においても、支店ベースの監査、本社の監査部による監査と制度は整っていた。しかし形だけのもので、業務執行から独立した機関ではなかった。

２０１４年12月の池袋支店の不祥事件において、せっかく支店ベースの監査で不都合を発見し、本部に報告したが、本部と経営が結果的に隠蔽すなわちこれをなかったことにしようとした。特に、コンプライアンス統括室と監査部は経営の意を汲んで、隠蔽の主役を務めた。この時点では危機対応融資に係る不正は、まだ局部的なものであったと考えられるから、もし経営と本部が本気になって適切に処置していれば、商工中金は自浄作用が効く組織と評価されたであろう。しかし、実際は組織ぐるみで隠ぺいを図り、池袋支店事件の会社処分もごく軽いものであったから、組織全体に対し、成績を上げるためならこの程度のことは許されるという誤ったメッセージを経営が発信することとなった。果たして、この池袋支店事件以降、不正が全国的に飛び火していったのである。

(3) 学習できない組織——以前から会計検査院は指摘していた

商工中金は政府が出資する特殊金融機関であるから会計検査院の検査の対象組織である。商工中金の杜撰な融資業務は、しばしば会計検査院の検査で指摘されていた。[18]

〈2005年度検査〉

・繰上償還に係る手数料の徴求の誤り（徴求の過大および不足）が92本支店中85本支店で発生。

・徴求対象となるか否かの判断を誤ったものが281口座2711万円。

・適正に徴求していなかったもの769件、6096万円。

〈2011年検査〉

・上野支店は、2010年9月にデータ通信サービス加入促進事業者に対し、2500万円の貸し付けを行ったが、2011年7月以降返済されなくなった。残債は2230万円が焦げ付いた。

・本件融資検討時の経緯を調べると、借受人の信用確認、事業の実態確認、返済財源の確認を行わず、虚偽・架空の契約書や不審な返済計画書を受領しながら、特段の調査もせず貸し付けを実行した。後日の調査では、借受人の事務所も存在しないことが判明した。

〈2014年検査〉

・東日本大震災に係る低利適用限度額（相手先に他の金融機関が同様の低利融資をしている場合、低利適用融資の限度額は合計1億円）の判断にあたり、チェックシートで求められているにも関わらず、他金融機関からの借入を確認していない（2013年3月末までの貸付3766件2064億円）。

・他の金融機関からの融資を考慮せず、低利適用限度額を超えて貸付を行っている（仙台、山形、四日市、和歌山の4支店）。

２０１４年度検査の指摘事項については、まさに危機対応融資についての杜撰な事務取扱いを指摘している。この指摘にもとづき会計検査院は、池袋支店問題発覚の2カ月前の２０１４年10月21日付で代表取締役社長宛に是正改善の処置を求めているから、商工中金が会計検査院の指摘を真摯に受けとめていれば、他の営業店でも同様な不適切な融資事例がないのかを自主的に追及する余地はいくらでもあったといえる。これは金融機関としてのリスクマネジメントの常識ともいえる基本的な動作である。

また、２００５年、２０１１年の検査での指摘も、職員の悪意、無能または事務ミスによって、経営が想定していない事態が起こりうるということの教訓を示していたから、これをリスクマネジメントや内部監査の重要な課題として取り上げるべきであった。結局、常に問題事象を局部的なもの。嫌なものとして脇に追いやる企業風土が不祥事爆発をもたらしたのである。

9　まとめ

危機対応融資は、経済金融環境変化や大規模災害への耐性が弱い中小企業に、迅速かつ的確にセイフティ・ネット機能を提供するものとして、社会的意義を有するものであるが、本来貸出マーケットを金融機関として開拓するような性格の業務ではない。制度が8年にわたり継続する中、制度の意義・趣旨に関する理解・認識が次第に希薄になり、「平時」には要件合致企業を見出すことが困難となる中、融資すること自体が目的化していった。

図表Ⅱ-６-７　商工中金不正融資問題の時系列的整理

月　日	内　　容
2008 年 10 月	リーマンショックによる金融混乱による中小企業救済の制度として危機対応融資が開始される。以後東日本大震災、円高、原材料・エネルギーコスト高及びデフレ脱却、熊本地震対策等のため、制度の拡充が行われる。
2014 年 12 月 19 日	池袋支店の自店監査で、危機対応融資に関し、顧客名義の試算表に同一フォームの使用、日付の誤り等不自然な点が発見され、担当行員は試算表の改ざん、自作等を認めた。
2015 年 1 月 16 日	監査部の特別調査によって、同支店において疑義口座が 110 件あることが判明。
3 月 2 日	不正行為社員に対し、人事部長名で「厳重注意」とした。
2016 年 10 月 24 日	鹿児島支店において、危機対応融資について不正が行われていることが発覚。営業課の打合せで、支店稟議が通らなかった事案について課長が問いただしたところ、担当者２名が試算表の改ざんを認めた。
10 月 27 日～12 月 9 日	監査部が鹿児島支店に特別調査した結果、11 名の担当者が 185 口座で不正行為をしていたと結論づけた。 （後日の第三者委員会の調査では、不正行為者 19 名、その口座数は 239 口座であった。）
11 月 22 日	監督官庁への届出を行い、本件事実を公表。
12 月 12 日	国広正弁護士を委員長とする第三者委員会設置
2017 年 1 月 6 日	不正が 4 支店、221 口座あることを公表。
4 月 25 日	第三者委員会の調査報告書受領。 役員が報酬の一部自主返上を行う。社長、副社長 30% ２ヶ月、常務 20% ２ヶ月。
5 月 9 日	経産省、財務省、金融庁、農水省より業務改善命令処分を受ける。 （商工中金法 59 条、日本政策金融公庫法 24 条）
6 月 9 日	経産省、財務省、金融庁、農水省に業務改善計画を提出。
6 月 22 日	高巌麗澤大学教授、社外取締役に就任。
9 月 22 日	調査完了時期を９月末としていたが、不正行為をしていた社員が調査に携わっていたことが判明し、再調査すると公表。

月　日	内　　　　容
10月25日	調査報告書を経産省、財務省、金融庁、農水省に提出。 ２回目の行政処分を受ける。 取締役常務執行役員門田光司、佐藤昌昭退任。 役員の報酬返上を４月25日より変更。 社長：任期中無報酬、副社長：50％６カ月、取締役：15～50％６カ月、退任取締役にも100％６カ月、10～50％６カ月。
11月15日	社外取締役小島順彦辞任。
2018年 ３月27日	臨時株主総会で、関根正裕顧問（元プリンスホテル取締役常務執行役員）が社長に就任。

商工中金をめぐっては、セイフティ・ネットの担い手としての在り方、民営化問題の論議もあり、商工中金としてはそれらへの対応に苦慮していた。しかしながら、こうした固有の事情を理由に危機対応融資に関する不正行為を特殊な出来事としてとらえることはできないであろう。あらゆる企業不祥事には、それぞれの企業の事業環境や風土が反映しており、商工中金といえどもその例外ではあり得ない。突き詰めれば、役職員の立場の違いを問わず誘惑に負けた者が不正を行い、補助し、加担し、黙認し、隠蔽したということである。しかし、人間の悪意や弱さにもとづく不適切行動を食い止めるのが、全社に横溢すべきビジネス倫理であり、会社の有効なリスクマネジメントとガバナンスの仕組みである。こうした企業の健全な発展を保証する車の両輪の重要性を再認識させたのが、商工中金であった。

付記：

現在、商工中金の「倫理憲章と行動基準」では、「コンプライアンスの徹底」、「お客さまに対する姿勢」、「社会に対する責任」、「目指すべき組織」の４つの倫理憲章があり、「コンプライアンスの徹底」が第一番目に置かれている。そしてその下に、４つの行動基準があり、それらは、「誰にでも、どのような業務にも不正の可能性があることを理解し、常に不正防止を念頭に置き業務に取り組みます」、「規定やルールを正しく理解し、手順省略はせずに業務を行います。また、規定やルールを、曖昧なまま、都合よいように勝手に解釈はしません」、「本部は、分かりやすい通牒・マニュアルを策定するとともに、必要に応じ改善・見直しを行います」、「コンプライアンス検討会を定期的に開催し、繰り返し研修・議論を行い、規範意識を向上させます」（傍線筆者）である。数多くの会社の経営理念や行動基準を見ているが、商工中金のものは、斬新で、会社の思い入れが十分伝わるものとなっている。危機対応融資の苦い経験を十分に咀嚼し、またとかく官僚的になりがちな本社部門についてその行動を戒めたものと思われるが、このような経営の決意は、商工中金のみならず、どの会社でもそうあって欲しいと思うものばかりである。

［注］

（１）営業店とは、支店、出張所、営業所をいい、出張所、営業所は支店に所属する。

（２）危機対応業務の不正事案は、２０１８年3月26日に追加調査結果が公表され、２０１７年10月25日よりも増加して、不正判定口座数４６３１、不正行為者数４４６名となった。

（３）畑村洋太郎「失敗学のすすめ」講談社文庫、２００５年、86頁。

（４）不祥事の内容については、株式会社商工組合中央金庫危機対応業務にかかる第三者委員会「調査報告書」平成29（２０１７）年4月25日（以下「第三者委員会調査報告書」）および株式会社商工組合中央金庫「調査報告書」平成29年10月25日（以下「商工中金調査報告書」）に従っている。

（５）第三者報告書によれば、「コピー＆ペーストでこの質疑応答が繰り返し羅列されている。例えば、ヒアリング録によると、質疑応答が、わずか35分間のヒアリングで35口座（1口座あたり1分間）について行われたものもあり、具体的な作成経緯、顧客ヒアリングの具体的状況についての質疑応答は行われていない」（92頁）という杜撰極まるものであった。

（6）「第三者委員会調査報告書」95頁。

（7）「第三者委員会調査報告書」87頁によれば、社長（経産省ＯＢ）は事件の第一報を聞いた２０１６年12月26日に、担当役員に対して、「何やってんだ」と激怒し、危機要件非充足があるとすれば指定金融機関を剥奪されるような最悪の事態を想定すべきであること、第三者委員会の設置やマスコミ公表が必要であり、それが経済産業省事務次官経験者としての相場観であることなどを述べたという。しかしこの正しい問題認識は長続きしなかったようだ。

（8）商工中金の主務省への予算要望の状況は、「第三者委員会調査報告書」31-35頁に詳しい。

（9）第三者調査委員会は、この状況を「東日本大震災への対応が一段落し、『円高等対策』が危機に加えられた２０１１年度第４次補正予算のころから、商工中金が事業規模を確保するため、積極的な要望を行うようになっている」、「（特定のわずかな数のユーザーの声を）『ユーザーの生の声』として主務省宛の要望書に記載するなどしており、商工中金が、危機事象と事業規模の確保に努めている」、「前年と同規模程度の事業規模を特段の根拠を示さず要望している」などと分析している。（同報告書、35-36頁）

（10）現場へのプレッシャーの状況は「第三者委員会報告書」１２４-１２７頁に詳しい。

（11）社員がどのような状況に置かれていたかは、「第三者委員会調査報告書」、59-68頁、75-82頁、１２５-１２９頁等に詳しい。

（12）役職員の処分については、商工中金「業務の改善計画の提出について」２０１７年10月25日5頁、商工中金社長説明会資料「ご説明資料」２０１７年12月13日、7-8頁に詳しい。

（13）商工中金の社長ポストは、旧商工組合時代は、歴代の理事長は通産省次官、局長クラスＯＢで占め、株式会社になってから初代社長は新日鉄副社長が就任したが、その後は2代続けて経済産業省次官が就任している。10月という期の中途では、主務庁から代替者を送り込むこともできず、社内の主要役員のほとんどが不祥事責任を追及されている状態であり、社内で昇格者を出すこともできなかったため、このような異例な体制となったものと考えられる。

（14）不正行為者のうち１１２人が退職しているので、これを加えて処分割合を計算すると、約25％（諸君の4分の1が処分対象者）となる。

（15）商工中金「業務の改善計画」２０１７年10月25日、1頁。

（16）「商工中金調査報告書」、41頁。

(17)「第三者委員会報告書」、１３１頁。

(18)会計検査院が作成している各年度の「決算検査報告」に詳しい。

事例研究7　かんぽ生命不適正契約募集問題（2019年12月）

〈かんぽの常識は世間の非常識〉

1　はじめに

２０１９年12月27日、金融庁は株式会社かんぽ生命（以下「かんぽ生命」）とその募集代理店である日本郵便株式会社（以下「日本郵便」）に対し、業務停止命令（３カ月間）と業務改善命令を発出した。その理由は、かんぽ生命と日本郵便の契約募集において、顧客にとって不利益になる、顧客にとって合理性のない契約であって顧客の意に沿わない不適正なものが多数認められたことであった。

かんぽ生命、日本郵便は、親会社の日本郵政株式会社（以下「日本郵政」）とともに、すでに7月24日に特別調査委員会を発足させており、２０１９年3月以前の過去5年分のかんぽ生命保険商品の契約者（約１９００万人、約３０００万件）について調査（全件調査）を行うとともに、顧客の意向に沿わず不利益が発生した可能性がある不適正な事案（以下「特定事案」）が18・３万件もあることを認識していた。

かんぽ生命の不適正契約募集の特徴は、単に成績を上げたいがための保険募集人の勇み足という次元をはるかに超え、かんぽ生命と日本郵便の経営環境と企業風土を背景に、組織ぐるみのものであった。そして、それまでに契約者からの苦情も含めて多くの不適正募集の兆候を察知しながら、経営陣と本社管理部門が、顧客の利益よりも、社会には通用しない自分たちの論理に固執し、問題解決の先送りを続け、根本的な解決を図ろうとしなかった。その結果が、金融庁の鉄槌となって下されたのである。かんぽ生命とその販売代理店たる日本郵便の不適正募集に関する感性の鈍さは他に例を見ないものである。

2　不適正契約(1)

かんぽ生命における不適正契約とは、保険契約募集の結果、契約者に不利益を与える形態の契約をいい、大別して、顧客に不利益が生じた不適正な乗換契約（特定事案）、高齢者を対象とした、意向把握・確認等が十分ではない契約（高齢者募集）、同一人に対し、経済合理性の乏しい多数の保険契約を締結させる契約募集（多数募集）の3形態がある。

(1) 不適正な乗換契約（特定事案）

かんぽ生命の不適正契約の中で、特に問題視されたのが、従来からある保険契約を解約させ、新契約を付けなおさせる乗換行為であり、これをかんぽ生命等は「特定事案」と呼称し、6つの類型があった（図表Ⅱ-7-1）。かんぽ生命は、契約乗換に係る18・3万件について、募集状況等の調査を行い、契約者からの回答をもとに、法令違反または社内ルール違反の可能性がある事案を2019年3月末時点で6327件（2020年2月末時点では1万3396件に増加）存在することを把握していた。

乗換契約とは、「既契約を解約して消滅させ、新規契約の申し込みをさせること。または、新規契約を立て、その後既契約を解約して消滅させること」である。乗換契約は、原則として契約者の都合により、その便宜を増加させるときに発生するものであり、新たな保険契約により、既契約には無い補償内容を得ることができる反面、被保険者の加齢（既契約時より新契約時の方が年齢が高い）、予定利率の低下（過去に比して現在利率が下落傾向にある）による保険料の上昇（資産運用益を見込んで保険料を算出している）など契約者にとって不利益が発生する可能性がある。したがって、乗換契約については契約者の意向を十分に確認しながら手続きを進めなくてはならず、保険業法上保険募集に関して一般的に適用される規制に加え、乗換契約特有の規制として、不利益事項の「不告知の禁止」が定められている。すなわち、保険会社、保険募集人は、「保険契約者又は被保険者に対して、不利益となるべき事実を告げずに、既に成立している保険契約を消滅させて新たな保険契約の申込みをさせ、又は新たな保険契約の申込みをさせて既に成立している保険契約を消滅させる行為」をしてはならない（保険業法300条1項4号39）。なお、この保険業法300条1項4号違反については、金融庁による業務改善命令、業務停止命令その他の行政処分の対象となり得る。かんぽ生命では、調査すべき乗換契約が約

18・3万件あり、かつその内、7・4％に当たる1万3396件に法違反や社内ルール違反が認められたというのである。

(2) 特定事案6類型

特定事案6類型の具体的内容は次のようなものである。

6類型はいずれも常識的に考えると、契約者側のニーズはほとんどないものである。損害保険と異なり、生命保険は加入時の年齢によって保険料や条件が異なる（加齢とともに保険料は高くなり、条件も狭まる）から、その不利を補って余りあるメリットがない限り、従来契約を解約して、新たな契約を付け直すという行為は本来発想の外である。

A、B類型は生命保険特有の健康告知義務（過去、現在の病歴等を申告する契約者の義務）に関するものである。旧契約存続期間中に病気にかかり、その後新に別の生命保険を契約しようとすれば、当然その病気が引受可否判断の大きな要素となる。過去、または現在脳、心臓、内臓に疾患がある場合、引受謝絶となる可能性が大きい。また、正しい告知をせずに（病気を申告せず）新たな契約を締結した場合、保険事故（病気）が発生して、保険金請求した段階で、過去あるいは現在の重たい病気の存在が判明すると、保険金の支払い拒否にあうことになる。

図表Ⅱ－７－１　特定事案の内容と件数（2014 年度～ 2018 年度の契約）

類型	調査対象件数	内　　容	違反疑い件数*
A	1.8 万件 （9.8%）	乗換契約に際し、乗換前の契約は解約されたものの、乗換後の契約が引受謝絶となった事案	2019 年９月末時点 6,327 件 ↓ 2020 年２月末時点 13,396 件
B	0.3 万件 （1.6%）	乗換契約後、告知義務違反により乗換後の契約が解除**となり、保険金が支払謝絶等となった事案	
C	2.6 万件 （14.2%）	解約したが、特約切替や保険金額の減額により、より合理的な提案が可能であった事案	
D	1.5 万件 （8.2%）	乗換契約前後で予定利率が低下しており、保障の内容・保障期間の変動がない等の事案	
E	7.5 万件 （41.0%）	乗換契約成立後、一定期間（ex.6 カ月）をおいてから従来契約を解約したため、保障の重複が生じた事案	
F	4.6 万件 （25.1%）	従来契約を解約後、一定期間（ex.3 カ月）たってから、乗換契約を成立させるため、保障の空白が生じた事案	

〈計　18.3 万件〉

*　保険業法等の法令、社内ルールに違反している可能性のある事案件数。

**解除とは、契約当事者一方の意思表示によって契約の効力をさかのぼって消滅させ，契約が初めからなかったと同様の法律効果を生じさせること（民法 540 条以下）。

出所：かんぽ生命「かんぽ生命のご契約調査の中間報告」2019 年９月 30 日１頁、同「追加報告書」2020 年３月 26 日 21 頁

〔A類型〕新規契約引受謝絶となった事案

保険契約を解約して、新規に保険契約を申し込んだが、この新規保険契約がお客さまの病歴等で成立しなかったため、保険契約（保障）がない状態となった事案。

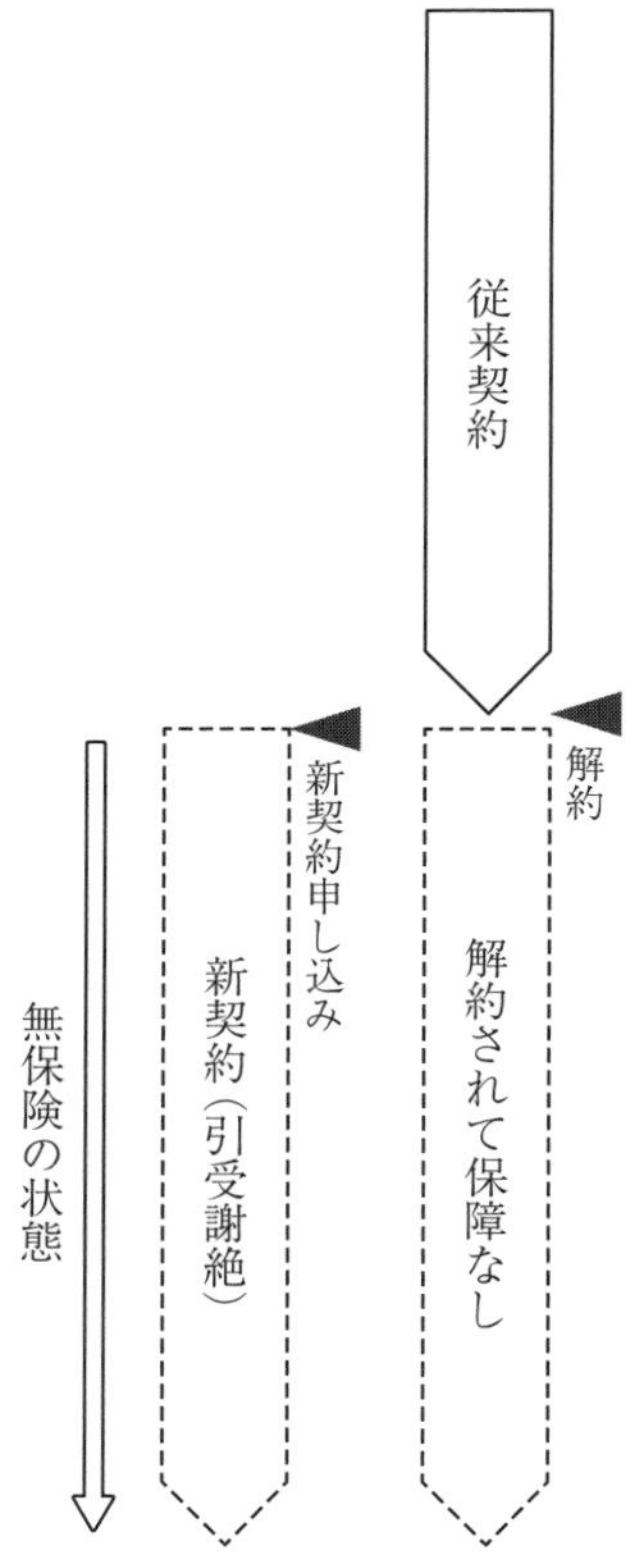

〔B類型〕保険金の支払謝絶等となった事案

保険契約を解約した後に、新規に加入した保険契約において、加入時に告知義務違反があったため、保険契約が解除となり、保険金が支払われなくなった事案。

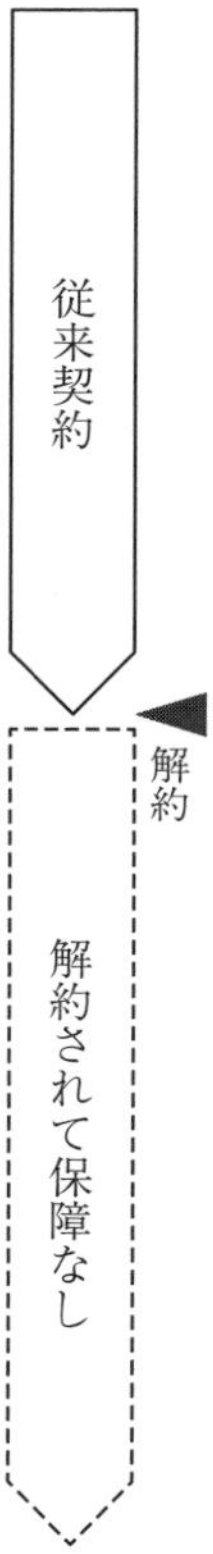

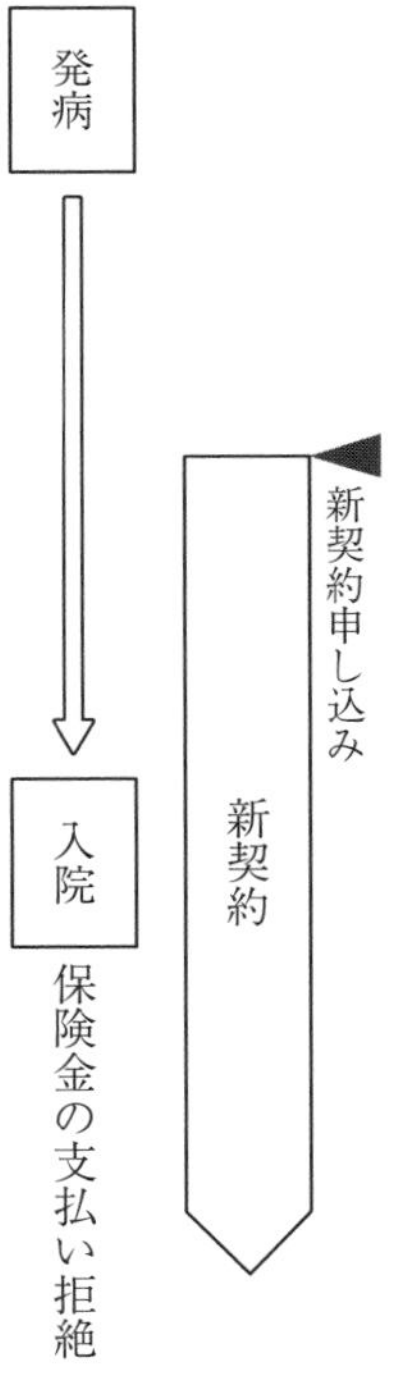

A、B類型は、契約者側が意図的に病気を隠して募集人を欺いて新契約を締結したとは考えにくいから、いずれも募集人側で契約を成立させたいために、告知義務を疎かに扱って、契約締結にもっていった結果と考えられる。募集人の法違反行為である。

〔C類型〕減額や特約付加等の提案を検討すべきであった事案

お客さまの医療保障を充実したいとの意向に対して、保険契約の基本契約と特約の双方を解約し、新規に保険契約に加入させたが、基本契約を解約せずに、特約の見直しのみでお客さまの意向に沿えたはずの事案。

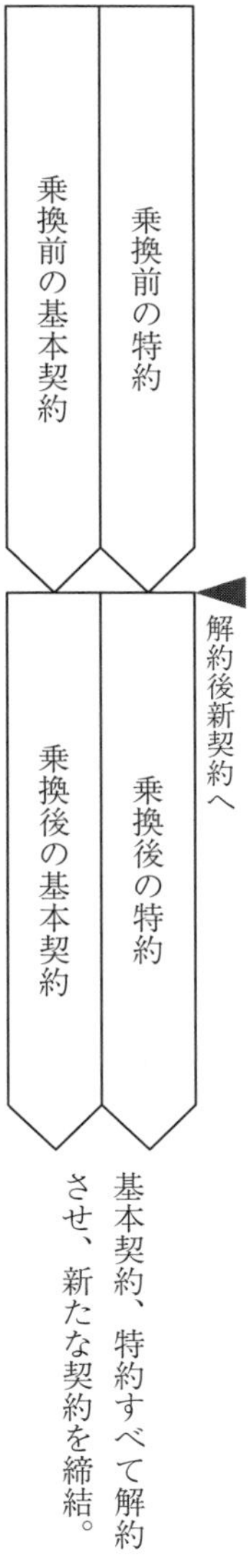

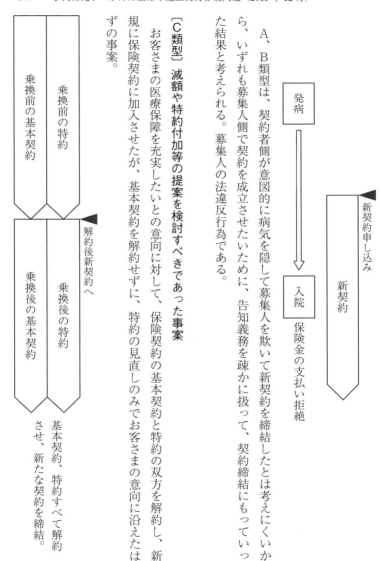

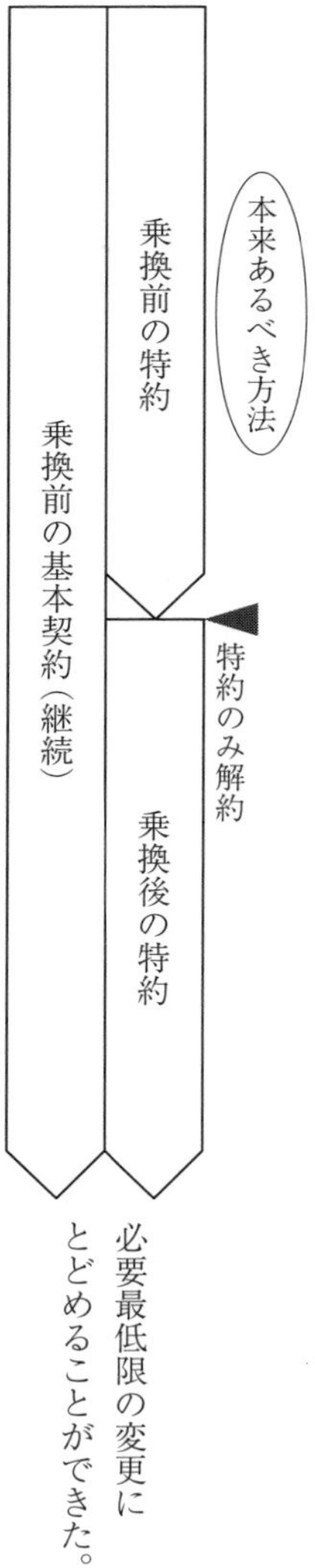

〔D類型〕予定利率が低下し契約者には不利になるが、保障内容の変動がない等の事案

保険契約を解約した後に、予定利率が低下、かつ基本的な保障の内容が同じ新規の保険契約に加入させた事案。

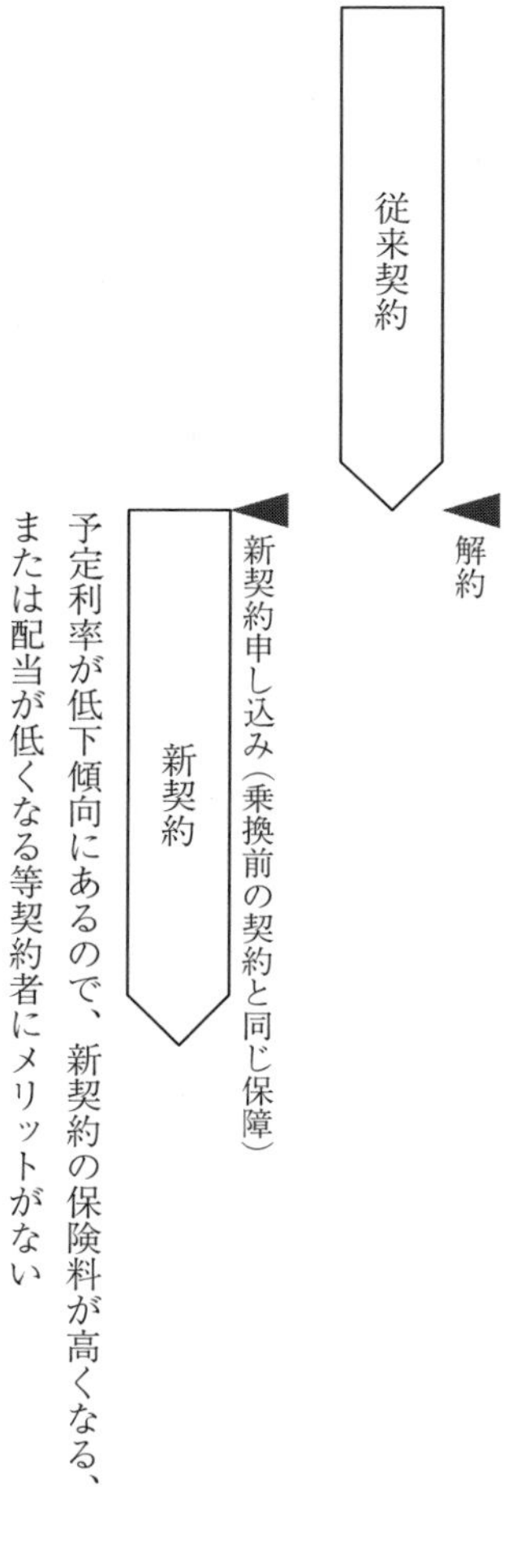

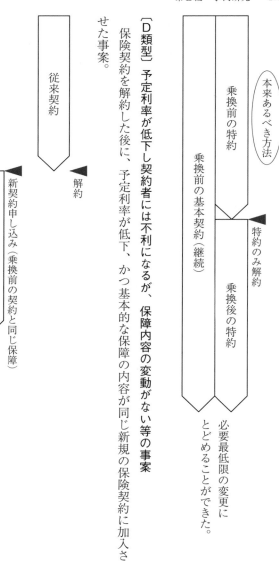

C、D類型は契約者の無知につけこんだ募集人のあってはならない募集行為である。従来契約よりも新契約の方が契約者にとって不利であり、契約者がこれらに応じることは経済合理性がないことは十分知りながら、あえてこのような不適切な募集を行っており、極めて悪質である。

〔E類型〕保障の重複が生じた事案

従来契約がありながら、新規に保険契約させ、一定期間（契約乗換の判定期間）後、従来契約を解約する。一定期間保険契約が重複する。

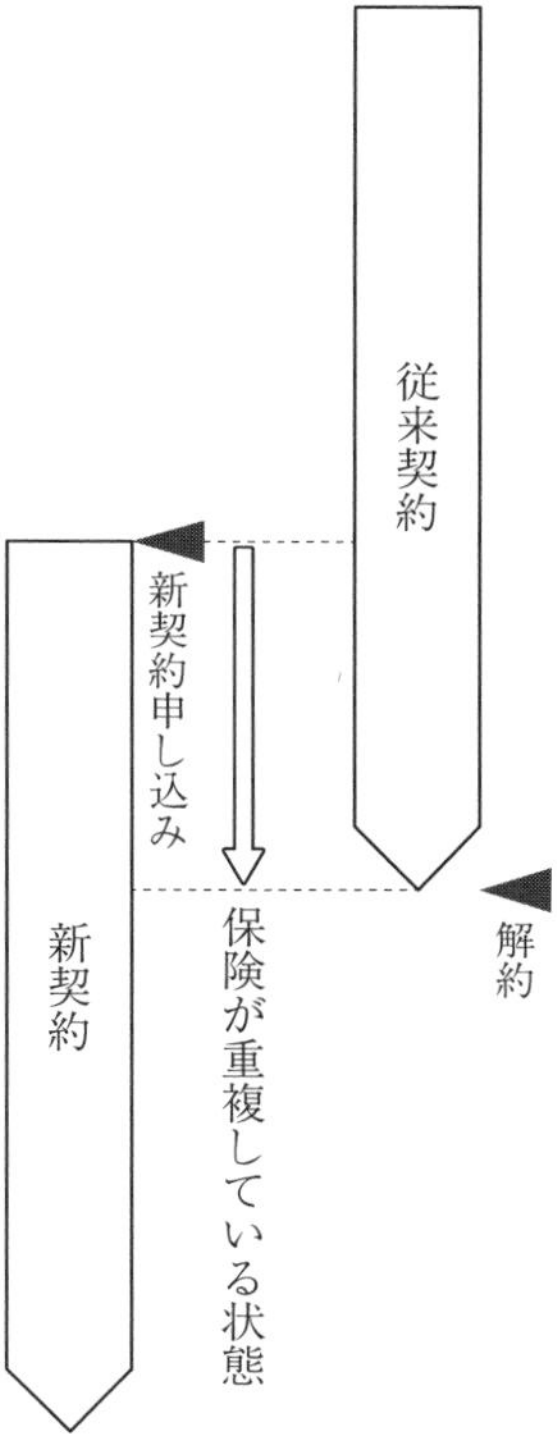

〔F類型〕保障の空白が生じた事案

従来契約を解約させ一定期間（契約乗換の判定期間）後、新たに保険契約させる。この一定期間は保険の空白期間（保障がない）となる。

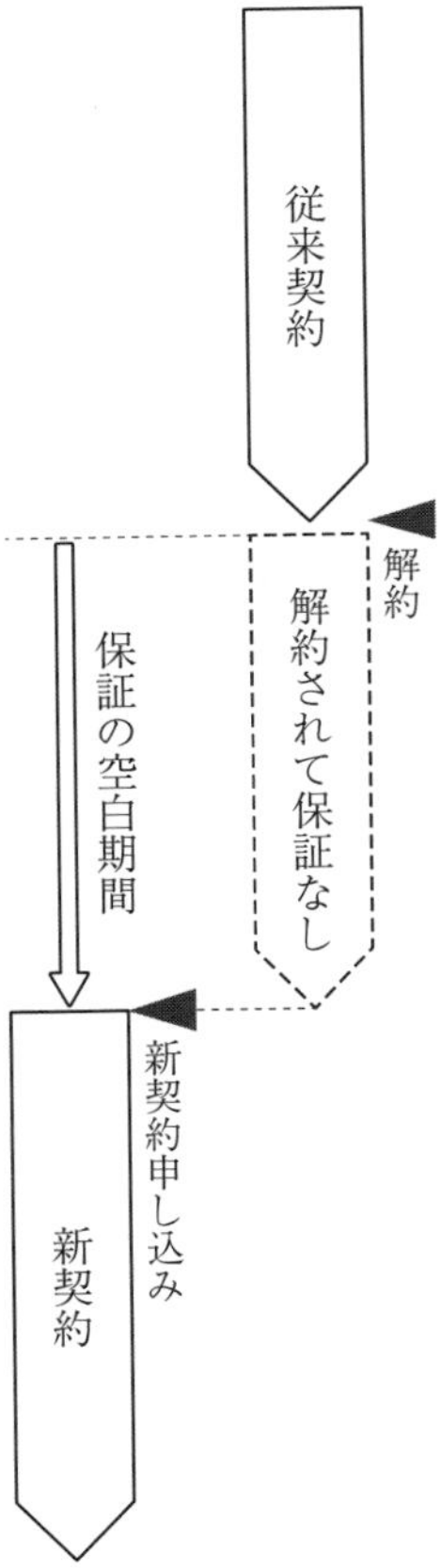

E、F類型でいう「一定期間（契約乗換の判定期間）」とは、新契約成立後一定期間内に従来契約を解約した場合、従来契約を解約後一定期間内に新契約を成立させた場合、いずれも新契約に対する募集社員への手当を返還させ、成績算入しないという社内ルールを指す。募集社員はこの判定期間を免れるため、従来契約解約と新契約締結、新契約締結と従来契約解約の期間の間隔を調節したのである。

E、F類型は、従来契約を解約し、一定期間経過後に同等類似契約を新たに契約させる、あるいは先に同等類似契約を契約し、一定期間経過後に従来契約を解約させるもので、基本的に経済合理性がない。先述のとおり、生命保険は契約者（被保険者）の年齢が高くなれば、条件が厳しくなり、保険料も高くなるから、そのようなことを契約者自身が発想することはない。仮にあるとしても、新保険に従来契約を大きく上回るメリットがあるような限定的な事例である。

では、調査の対象となった18・3万件（万単位に四捨五入しているが、実数は18万2912件）と違反疑い事案件数１万３３９６件との差約17万件は、全く問題がなかったと考えて良いのだろうか。そうではない。元来６類型に分類されるような乗換契約には契約者側の強い付保動機やニーズがあるものではないから、約17万人が乗換契約の性格を熟知したうえで、みずからの意思で進んで契約したとは思われない。したがって、調査で募集人の不法不適切な言動を確実に確認できなかったから放免されているに過ぎない、調査の限界によるものと見るべきなのである。契約募集人との後日の紛争を恐れて法令や社内規程を厳格に当てはめて、問題事案を精査していくとこのようなことがしばしば起こる。募集行為等に保険業法等の違反は認定されなくとも、社会規範や契約者等からの合理的な期待に反しているものであった。これを許容するか否かは、会社のビジネス倫理の問題である。

(3) 高齢者募集

ここでいう「高齢者募集」とは、高齢者（70歳以上）を対象とした、意向把握・確認等が不十分な形態による募集活動のことである。上記特定事案に該当しない契約であっても、高齢者の認知能力の低下につけこんで行われることが多いから、契約にあたっては家族の同席等を求めている。しかし、そのような不正防止措置が取られないまま契約締結に至り、後日親族が発見するなどして紛争となるものである。

かんぽ生命が受理した高齢者顧客の苦情総数は、２０１１年度（７５１６件）から２０１５年度（７万３９５０件）まで一貫して増加傾向にあった。２０１６年度（６万９８６９件、前年比約６％

図表Ⅱ-7-2　多数契約の契約者数

保険契約件数（すでに消滅しているものを含む）	契約者数
40件以上	48人
28件～39件	119人
20件～28件	897人

出所：かんぽ生命保険契約問題特別調査委員会「調査報告書」（2019年12月18日）80頁

減）から減少に転じ、２０１７年度には2万４８７９件、前年比約64％の減少となったが、これはかんぽ生命が苦情の定義を変更したことによるもので、かんぽ生命の取組みの成果として減少しているわけではない。高齢者から受理した苦情件数は、２０１４年度（前年比約１２８％増）および２０１５年度（前年比約63％増）の増加が著しい。新契約に関する高齢者苦情の内訳としては、２０１６年度から２０１８年度までの期間には、保険に加入した覚えがない、保険に加入する意図がないにもかかわらず加入させられたという加入認識がない旨の苦情（特に郵便貯金の説明と保険の説明とを混同した旨の苦情が多い）や保険料額に関する苦情が、「その他」の苦情を除いた上位２つの苦情項目となっていた。[2]

(4) 多数募集

「多数募集」とは、同一人に対し、経済合理性の乏しい多数の保険契約を締結させる形態の募集活動のことであるが、かんぽ生命では、過去5年間で新規契約に10件以上加入し、その3割以上が消滅している契約形態を「多数契約」としていた。甚だしい例では、ある募集人は同一の契約者に対して62件の契約を締結させていたことが苦情により発覚している。[3]このような多数契約は元来契約者側からのニーズとして起こりえないものである。結局、募集人の点数稼ぎのために契約者を誘導して契約を成立させ、乗換等で契約を消滅させる行為を繰り返すという悪質な行為につながっている。かんぽ生命コンプアイアンス室は、２０１４年４月から２０１５年２月までの間の調査で、図表Ⅱ-7-2のような多数契約を認識していた。

3　不適正契約募集の実態

(1) 契約者の声(4)

「違反疑い事案」のうち、ＡからＦまでの各類型について、調査報告書では多くの被害者の声を掲載しているが、類型ごとの主なものを掲げてみる（傍線筆者）。

①「乗換契約は自身の意向ではなかった。解約するつもりはなかったが、郵便局の担当者から条件のいい保険があると勧められて、そのためには解約しないといけないと言われた。告知が必要な傷病歴がある場合に、新たな保険契約を引受けできないことがあるなどの不利益事項については説明を受けていない」（Ａ類型）

②「郵便局の担当者から新しい保険契約を申し込むために解約等を勧められた。保険契約の申込時点で、保険契約の保障の開始日の前に発病していた場合に、保険金を支払えないなどの不利益事項について説明を受けたかは覚えていない。申込みの際、胃がんであることを伝えた」（Ｂ類型）

③「郵便局の担当者から新しい保険契約を申し込むために解約等を勧められた。郵便局の担当者から半ば強引に勧誘されたので、内容などは把握していない。いつも近くの郵便局の担当者と話し合って契約しているのに、その当時は本局から数人来て乗換を勧められた。保険金を減額することについて説明はなかった」（C類型）

④「乗換は自身の意向ではなく、解約するように言われたので解約した。郵便局の担当者から新契約の申込みを前提として解約を勧められた。新たな保険契約が元の保険契約と同じ保険種類や保険期間であることについて説明を受けていない。保障内容が良くなると言われた。保険料が高くなる、予定利率が下がるなどの説明はなかった」（D類型）

⑤「解約時期は自身の都合ではなかった。郵便局の担当者から新契約の申込みを前提として解約を勧められた。既契約は、半年間は解約できないと言われた」（E類型）

⑥「解約時期は自身の都合ではなかった。担当者の言うとおりにしていた。郵便局の担当者から新契約の申込みを前提として解約を勧められた。解約時の返戻金等は、支払った保険料の合計金額より少なくなることが多いことについて、説明がなかった。新しい契約は今ではなく、時期があるのでその時に連絡しますと言われた」（F類型）

これらの被害者に共通しているのは、自分の意志ではなく募集人の勧めによって乗換契約していることと、そして乗換契約に伴う不都合やデメリットは説明されていないことである。また、契約者自身が付保上問題となるような既往症や健康状態を告知しても、募集人はまともに取り上げずそのまま契約締結している様子もうかがわれる。

(2) 募集人の不適正契約募集に関する認識

調査委員会は、不適正契約募集の動機および背景・原因を探るため、かんぽ生命保険商品の募集業務に従事している日本郵便の社員8万9483人に対して、2019年10月にウェブサイトを利用したアンケート調査を実施した（回答数3万8839人、回答率約43％）。アンケート結果集約では、日本郵便の多くの社員が、実際に不適正募集に手を染め、また自らは行わないまでも不適正募集を職場で見聞きしていた。その実態は、図表Ⅱ-7-3のとおりであるが、本アンケートの回答者のうち、3％～10％が自ら不適正契約募集を行い、43％～55％が職場で不適正契約募集を見聞きしていたことになる。そして、注目すべきは以下のような募集人の精神構造である。

・不適正な乗換契約を自ら行ったことがあると回答した者（3064人）のうち、「お客さまのニーズが喚起できれば、お客さまに不利益を生じさせる場合であっても問題ない」旨回答した者が1887人（約62％）。

・不適正な高齢者募集を自ら行ったことがあると回答した者（2133人）のうち「お客さまのニーズが喚起できれば、お客さまに不利益を生じさせる場合であっても問題ない」旨回答した者が1304人（約61％）。

図表Ⅱ-7-3　不適正な契約行為を行った募集人の数

（　）内は回答者に占める割合

	自ら行った	職場で見聞きした	合計
(1)不適正な乗換契約募集	3,064人（8％）	18,940人（49％）	22,004人（57％）
(2)不適正な高齢者募集	2,133人（5％）	16,636人（43％）	18,769人（48％）
(3)不適正な多数契約募集 ①多額契約* ②「ヒホガエ」**	 1,237人（3％） 3,969人（10％）	 18,325人（47％） 17,115人（55％）	 19,562人（50％） 21,084人（54％）

＊　支払い保険料の総額が顧客の支払い能力を超えるような多数の契約を締結させること。

＊＊「ヒホガエ」とは、契約者が同一で、被保険者を変更する多数の契約を締結させること。

出所：かんぽ生命保険契約問題特別調査委員会「調査報告書」（2019年12月18日）90－92頁より作成

・不適正な多数契約募集を自ら行ったことがあると回答した者（1237人）のうち「お客さまのニーズが喚起できれば、お客さまに不利益を生じさせる場合であっても問題ない」旨回答した者が683人（55％）。

要するに、募集人として契約勧誘を行い、契約締結に成功すれば、顧客が不利益をこうむっても問題がないということになるが、驚くべき募集人のモラルの荒廃である。

(3) 募集人の不適正募集の動機

募集人アンケート結果によれば、渉外営業・窓口営業の別を問わず、不適正募集の動機として、以下のようなものが挙げられている（複数回答のため、1人がいくつもの理由を挙げている）。

①個人の営業目標達成

②班や局の営業目標の達成
③所属組織や上司・上長に迷惑をかけることの回避
④厳しい指導等の回避
⑤営業手当等による高い収入

これらはかんぽ生命に限らず、どの組織、企業においても不正募集行為の動機を構成するものである。特に⑤の営業手当目当ての不適正募集は、あらゆる募集行為につきものである。しかし、かんぽ生命においては、「目標達成の圧力」に集約される①②③④の多さが特徴である。なかでも「④厳しい指導の回避」を不適正募集の理由とした募集人は２４６０９人と回答者数の63％を占める。結局、動機としては、高い目標数字による圧力（プレッシャー）を恐れ、そして達成できないときの叱責や厳しい指導（制裁）を回避するために不正に走ったということになる。

(4) 強圧的営業推進

調査報告書では、目標数字を達成できない者に対する非人間的圧力と荒廃した職場のムードを下記のように描写している。[5]

・「支社の課長が、管内の郵便局を巡回し、朝礼等の機会に社員全員の面前で、低実績者に対し、名指しで責めたり、『お前は寄生虫だ。』などと叱責したりということがあった。これが原因で、精神的に追い詰められている社員もいたし、実際、その場で泣き出す女性社員や、それを理由に退職した女性社員もいた。不適正募集をした人の中には、そのような仕打ちをされるのが嫌だったという動機の人もいたと思う」（保険募集人経験者）

・「私が不適正募集を行ったのは、金融渉外部長からのプレッシャーが大きかったためであった。販売実績額が目標額に達していないと、帰宅後も休日も、常にそればかりに思考が奪われてしまい、夜も眠れなかった。金融渉外部内で週1回開催する営業推進会議では、私を含む各班長が、自らが受け持つ班の、前の週の販売実績とその週の営業目標とを発表していた。私は、前の週の販売実績が営業推進目標を下回ると、金融渉外部長から『何やっていたのか。土日休んで平気だったのか。（実績が目標額に）行かない分、どうするんだよ』などと詰問された」（保険募集人）

・「支社が主導して低実績者に対する厳しい研修を行っていた。例えば、渡された原稿を一言一句覚えさせて、うまくできない場合にはやり直しを強制していた。個々の研修の現場や局レベルではまだこのような研修・指導が残っている可能性はある」（金融営業部長）

目標を掲げて営業部門を督励することは通常どの企業でも行われているが、問題なのは、その目標のレベルがどのようなものであったのかである。これについては、回答した募集人全体の約79％（3万696人）が営業目標の達成を困難と感じていたと回答したことを見れば、組織や個人の実力に見合わない目標設定がなされていたことは明らかである。

なお、動機のひとつとして大きな地位を占めている「③所属組織や上司・上長に迷惑をかけることの回避」であるが、調査報告書では、これをもって、個人的な理由（厳しい指導の回避や収入のアップ）ではなく、組織への配慮という特殊な動機であったかのように解釈しているが、これを文字通り理解することには注意が必要である。目標が達成できないときに、その組織だけとか所属長だけが叱責され不利益な取り扱いを受けるわけではない。目標を達成できない個人もまた同様に叱責され、圧力を受けることは常識である。したがって、不適正契約を行うときに、組織のためというのは綺麗ごとであって、実は自分のため、すなわち、自分への圧力と叱責の回避、将来の処遇への不利益回避でもあったと解するべきなのである。現場の声と称するものを聞くときには、その背景にある現場の修羅場を深く考慮することが必要である。

組織の受容能力を超えた目標設定を行い、これに沿って営業推進を展開するのは、不正の元凶であることは、過去多くの企業不祥事の例でも明らかである。これは基本的には企業経営者の責任である。

4　不正に鈍感なかんぽ生命

２０１９年12月の金融庁による業務停止命令は、かんぽ生命に降りかかった突然の厄災ではない。それ以前に何年も前から不祥事の兆候が現れてシグナルを発していたが、かんぽ生命経営陣が不祥事に対する緊張感を欠き、自らを正してまともな営業に復帰する道を閉ざしていたのである。その間の事情について、かんぽ生命が苦情と外部からの問題指摘に対していかに鈍感であったかを考察する。

⑴ 異常な苦情発生割合

かんぽ生命では、不適正募集の疑いを含む苦情は、まず郵便局またはコールセンターで受け付けられ、事案の重さに従い上部組織に引き継がれていくが、最終的にはかんぽ生命お客さまサービス統括部で集約され、かんぽ生命の執行役、監査委員会事務局、コンプライアンス統括部、募集統括部等関係部署に報告されていた。

かんぽ生命が受理した苦情総数は、２０１１年度（18万６５３０件）から２０１４年度（39万９１０２件）まで一貫して増加傾向にあったが、２０１５年度（39万２０６５件、前年比約２％減）から減少に転じ、２０１７年度には12万４４１８件、前年比約63％、２０１８年度９万９３３３件前年比というように大幅に減少している。この大幅な苦情減少は、苦情そのものが減少したのではなく、かんぽ生命による２０１７年４月からの「苦情範囲の見直し」が大きく寄与している。それまでかんぽ生命は、顧客から受理した問合せのうち、否定的で好ましくない印象があるものもすべて「苦情」に含めて分類してきたが、顧客からの具体的な〝不満の表明〞があるものを「苦情」として扱うよう変更した。また、２０１８年４月には同一の顧客からの重複する苦情については１件と換算する等、「苦情分類の精緻化」を行った結果、受理した苦情件数が減少した。いずれも大局を見失った姑息な措置である[6]。

しかし、そのような工夫をしても苦情発生割合が他の生命保険会社と比して格段に大きかったのであ

図表Ⅱ‐7‐4　かんぽ生命と同業４社の苦情発生割合の比較
（「新契約関係」と「保険金関係」）

2017年度	かんぽ生命	A社	B社	C社	D社	4社平均	対4社平均倍率
新契約関係	2.15%	0.17%	0.34%	0.44%	0.73%	0.42%	5.1倍
保険金関係	0.69%	0.30%	0.27%	0.20%	0.70%	0.37%	1.9倍

2018年度	かんぽ生命	A社	B社	C社	D社	4社平均	対4社平均倍率
新契約関係	1.46%	0.12%	0.07%	0.40%	0.68%	0.32%	4.6倍
保険金関係	0.53%	0.27%	0.23%	0.19%	0.59%	0.32%	1.7倍

発生割合＝苦情件数／新契約件数、保険金支払い件数

出所：かんぽ生命保険契約問題特別調査委員会「調査報告書」2019年12月18日
53頁より作成。

る。苦情定義変更後の２０１７年度と２０１８年度においても、かんぽ生命の苦情発生割合は同業４社平均[7]と比較して新契約関係では４・６倍～５・１倍、保険金関係では１・７倍～１・９倍と大きく上回り、かんぽ生命の募集行為の品質の悪さに変化がないことを示している（図表Ⅱ‐７‐４）。

そして、かんぽ生命に寄せられる新契約関係の苦情について、「不適切行為疑い」と「説明不十分」を指摘するものが同じく４社平均よりもそれぞれ６・０倍～９・７倍、３・５倍～３・７倍も高い異常な状態となっていた（図表Ⅱ‐７‐５）。

このような苦情が示す募集現場の不良な状態は、調査委員会の調査報告を待つまでもなく、自社で十分に把握分析し、対策を打つことができたものである。専門部署を作って苦情を全社的視野で取り扱うのは、単に個々の申し立てられた苦情を上手に処理するというだけではなく、苦情の戦略的活用を意図

図表Ⅱ-7-5　かんぽ生命と同業4社の苦情発生割合の比較
(「不適切行為疑い」と「説明不十分」)

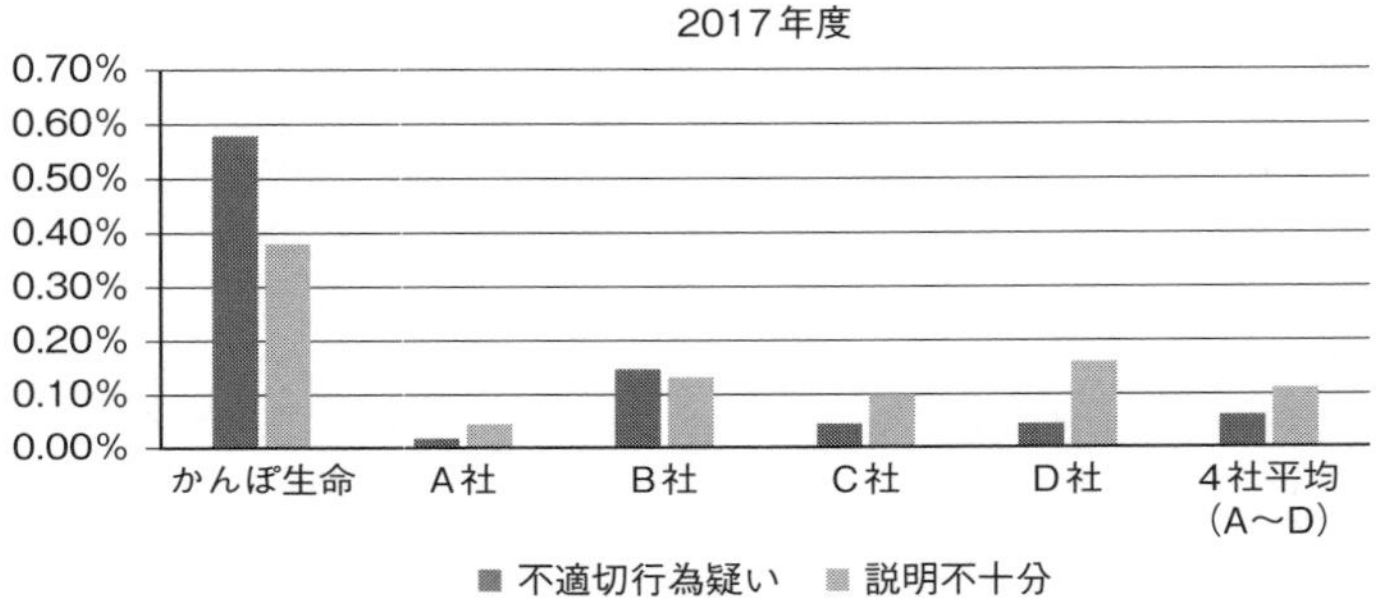

2017年度	かんぽ生命	A社	B社	C社	D社	4社平均	対4社平均倍率
不適切行為疑い	0.58%	0.01%	0.14%	0.04%	0.04%	0.06%	9.7倍
説明不十分	0.38%	0.04%	0.13%	0.10%	0.16%	0.11%	3.5倍

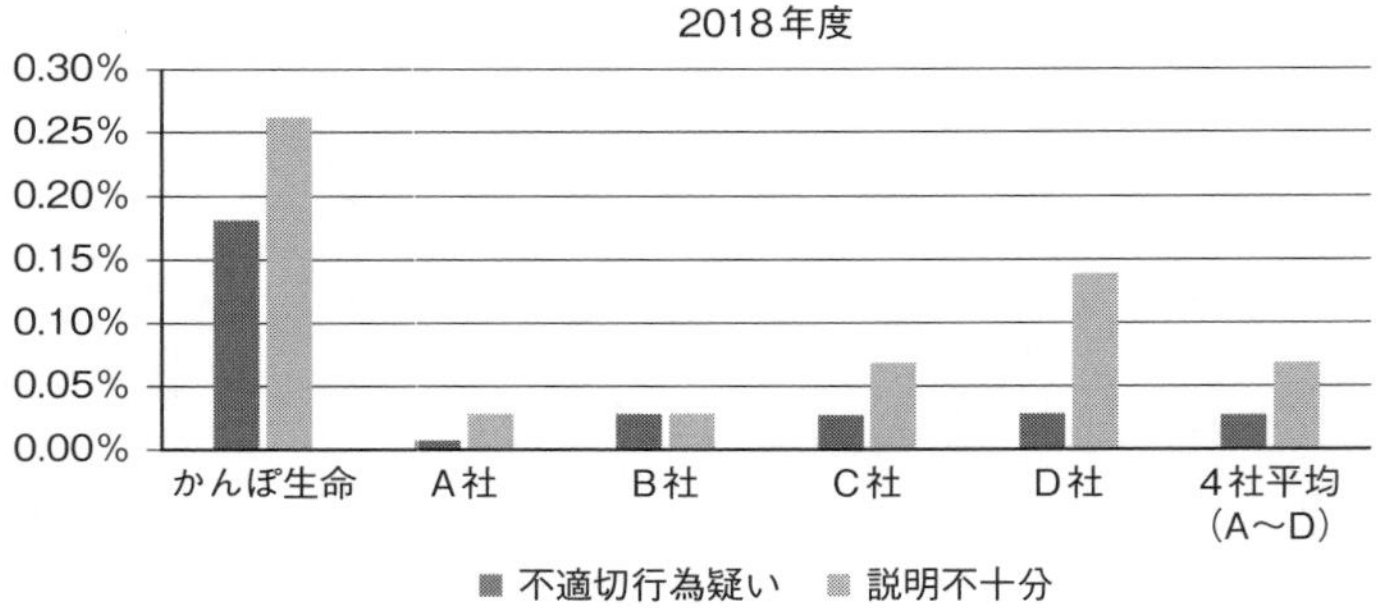

2018年度	かんぽ生命	A社	B社	C社	D社	4社平均	対4社平均倍率
不適切行為疑い	0.18%	0.01%	0.03%	0.03%	0.03%	0.03%	6.0倍
説明不十分	0.26%	0.03%	0.03%	0.07%	0.14%	0.07%	3.7倍

出所：かんぽ生命保険契約問題特別調査委員会「調査報告書」2019年12月18日54頁より作成。

するからである。すなわち、苦情を通じて自社の商品・サービスやビジネスプロセスの問題点を発見して品質向上に積極的に活用し、企業競争力を高めるという視点があるからこそなのである。かんぽ生命は、苦情情報を単に嫌なものとしてとらえ、見かけの苦情件数を減らすことに心を奪われ、自主的に業務プロセスを改善するための貴重な資源を顧みなかった。

(2) 不適正募集に関する報道

２０１８年４月24日、ＮＨＫのＴＶ番組「クローズアップ現代プラス」が、「郵便局が保険を〝押し売り〟!?～郵便局員たちの告白」というタイトルで、かんぽ生命の不適切販売の状況や「恫喝指導」などと称される行き過ぎた営業推進の態様などを報道した。[8] ＮＨＫはこの番組の反響が大きかったことから続編を製作すべく準備に入ったが、これに対して７月11日、日本郵政、かんぽ生命、日本郵便の３社の社長が連名でＮＨＫ会長あてに「内容が一方的で事実誤認がある」として抗議書面を送付し、さらにはＮＨＫの取材手法は「暴力団と一緒」とまで批判し、[9] ＮＨＫの取材要請に対して拒否の姿勢を貫いた。本来であれば、日本郵政グループはこれに真正面から対処し、放映されたような不適正募集や社内の営業推進体制の状況を虚心に調査し、もし不適正なことが行われているのであれば、経営の責任において解決すべきであった。しかし、一連の日本郵政グループの行動は、ＮＨＫへの反発に終始し、自らを省みることがなかった。[10]

西日本新聞は、２０１８年以来継続的にかんぽ生命不適正募集を告発する記事を掲載していた。きっかけは2018年8月に同新聞の「あなたの特命取材班[11]」に届いた郵便局員からの一通のメールであった。残暑見舞い用はがき「かもめーる」の販売ノルマがきつく、自腹で大量に購入している局員もいるという内容であったが、8月31日朝刊社会面に「かもめーる　悩めるノルマ」という見出しで現場の実態を報じた記事が掲載されると、せきを切ったように、同じような悩みを持つ現役郵便局員からの告発が相次いだ。その中に「保険のノルマが最もきつい。不正な販売をしている局員もいる」という信じがたい情報も含まれており、西日本新聞は本格的に郵便局員の異常な保険募集問題の取材と報道を開始した[12]。

NHK「クローズアップ現代プラス」、西日本新聞の報道の他、全国紙、週刊誌、経済雑誌等の多数のメディアが郵便局員による不適正募集に関する報道するようになり、また金融庁も関心を抱き、かんぽ生命および日本郵便にその実態や原因等の説明を求めるようになった。

(3) 金融庁の予告

2007年10月の郵政民営化以降、金融庁は、かんぽ生命、ゆうちょ銀行、日本郵便、日本郵政からなる日本郵政グループの監督について、専任の組織として総務課郵便貯金・保険監督参事官室を設置していた。

かねてからかんぽ生命の高齢者募集に係わる苦情増加に注目していた金融庁は、2016年8月、かんぽ生命に対して2017年1月以降に郵便局へのヒアリングを行う可能性がある旨伝えた。これに対して、かんぽ生命と日本郵便は２０１７年1月11日付で合同で「かんぽ募集品質改善緊急対策本部」（同年10月に「募集品質改善対策本部」と改称）を設置した。しかし、両社の合意のもと「募集品質向上のための総合対策」が形成されたのは、12月27日であり、スピードと緊張感のなさは否めない。

(4) ２０１８年11月以降のかんぽ生命に対する金融庁の照会事項

かんぽ生命は総合対策の実施以降、金融庁から、募集品質向上施策等についてヒアリングを受けていたが、２０１８年11月頃からは、過去の乗換契約についてヒアリングを受け、データ提供の要請等を受けるようになった。金融庁のかんぽ生命に対する主たる照会事項は以下のとおりであるが、いずれも契約者保護の観点から、かんぽ生命の不適切募集行為に対する抜本的な解決を求めるものであった。

〈金融庁の照会事項〉

①総合対策の進捗状況。

②かんぽ生命における乗換契約発生状況の評価に資するデータ分析。

③経済合理性が認められない乗換契約について２０１７年10月新商品販売開始前後で傾向の変化等の分析。

④同一商品間等の乗換契約の中からサンプルを抽出し、各契約者の加入意向を質問して確認する調査（サンプル調査）。

⑤支払謝絶等となった件数。

⑥外形的に経済合理性のない乗換契約の実態解明と追加対策の要否の検討。
⑦乗換契約に伴い、旧契約が解約され、新規に申込みされた契約が引受謝絶となり、無保険状態や保険金の支払謝絶が発生していることについて、顧客保護に反していないかの実態解明を行い、それらを踏まえた上で、引受謝絶、支払謝絶及び旧契約の告知義務違反解除が生じた場合の顧客調査及び募集人調査の仕組みの構築や旧契約の解約を無効とする制度の要否の検討。

芳しくない金融庁の評価

これらの照会事項への回答と対策については、金融庁に対しその都度かんぽ生命担当役員や担当部署からなされていたが、金融庁の評価は、乗換契約が発生する真因分析を十分議論した上での対策の検討が行われていない、あるいは性急な対策による効果や施策の実現可能性に疑問があるなどと、総じて芳しいものではなかった。

結局、金融庁の2016年8月の警告から2019年5月に至るまで、2年9カ月の期間が与えられながら、かんぽ生命は不適正募集に関し、お客様第一よりは社内および日本郵便、日本郵政との意見調整を重視し、内容のある思い切った対策を打ち出すことができなかった。

業を煮やした金融庁は、次にかんぽ生命に対し「報告徴求」という重大な措置をとった。

5　金融庁の処分

(1) 報告徴求

金融庁は、かんぽ生命に対し２０１９年５月28日、「募集品質に係る諸問題にかかる報告について」と題する報告徴求を発出した。その内容は、かんぽ生命の不適正保険募集について事実を列挙し、それらに関する認識および根本原因分析、並びに改善対応策および対応予定時期について、同年６月28日までに報告することを求める、というものであった。

報告徴求とは、金融庁が保険業法１２８条１項に基づき、保険会社の業務の健全かつ適切な運営を確保し、保険契約者等の保護を図るため必要があると認めるときは、保険会社に対し、その業務や財産の状況に関し報告、資料の提出を求める措置である。金融庁が行う処分（業務改善命令、業務停止命令、免許取消し）の発動にあたっては、まず報告徴求がなされるのが基本的事務の流れであり、[13]これまでの任意の要請とは次元の異なった厳しい措置であった。この重みをかんぽ生命が十分理解していなかったことは、その後の行動に現れている。

(2) かんぽ生命の対応

かんぽ生命は、２０１９年６月28日、金融庁に報告徴求に対する報告書を提出した。しかし、かんぽ生命では、報告徴求後に当該報告のための特別の調査は実施しておらず、そのため、以前から金融庁に報告していた内容と大きな相違点はないものであった。また、かんぽ生命では、担当役員らの間で、過去遡及対応の範囲について協議が整わないばかりか、本件報告徴求を受けた後ですら、担当部署である募集管理統括部が引き起こした事態であるとの意識のまま、非協力な姿勢の役職員が見られるなど、全社的な危機意識に乏しい状態であった[14]。

不祥事に対する感性の鈍さは、２０１７年12月にかんぽ生命と日本郵便が「募集品質向上に向けた総合対策」を策定し、不祥事案の点検・調査対象の拡大、意向確認の強化、無効・合意解除に対する指導の強化等を掲げており、それなりに対策を打ちつつあるという希望的な思い込みがあったからであろう。しかし、それらは結果としてスピードと徹底を欠き、ほとんど問題解決につながっていなかったのである。

(3) 金融庁の検査と行政処分

金融庁は、２０１９年８月23日を検査予告日として、かんぽ生命および日本郵便に対して立入検査に入った。検査は９月11日から12月13日まで３カ月行われ、両社の社長ら経営幹部への聞き取り調査のほか、不適切販売の現場となった郵便局にも調査を行い、営業目標や社内の指揮系統などを探りながら実際の不正事案やガバナンスの問題点を確認した。

金融庁は上記検査結果等にもとづき、かんぽ生命および日本郵便に保険業法にもとづく３カ月間（２

図表Ⅱ－７－６　日本郵政、日本郵便、かんぽ生命の役員の辞任（2020 年１月５日付）

	役　位	氏　名	出　自	グループ内役員兼任状況
日本郵政	代表執行役社長	長門正貢	日本興業銀行	ゆうちょ銀行取締役、かんぽ生命取締役
	代表執行役上級副社長	鈴木康雄	郵政省	日本郵便取締役
日本郵便	取締役会長	高橋　亨	郵政省	
	代表取締役社長	横山邦男	住友銀行	日本郵政取締役
かんぽ生命	代表執行役社長	植平光彦	東京海上	日本郵政取締役

出所：各社の 12 月 27 日付ニュースリリース、2019 年３月末有価証券報告書

０２０年１月１日～３月31日）の業務停止命令および業務改善命令を下し、日本郵政にも保険業法にもとづく業務改善命令を下した。[15]さらに、同日付けで総務省も日本郵便と日本郵政に対し、日本郵便株式会社法にもとづく処分を行った。

６　日本郵政グループにおける処分

(1) 経営責任

金融庁の厳しい処分を受け、日本郵政グループ会社の経営陣がいっせいに退陣することとなった。金融庁からは「経営責任の明確化」が命じられていたからである。その状況は図表Ⅱ-７-６のとおりである。

その他の取締役、執行役、執行役員に対し、各社とも役位に応じて１月から６月まで、５％～40％の月額報酬の減額が行われた。社外取締役や監査役も５％～10％の月額報酬の自主返上を行った。

(2) 現場社員の処分

従来、かんぽ生命と日本郵便の保険募集人に対する不祥事処分の考え方は、非常識なほど甘いものであった。保険募集人の言い分が顧客の主張に反していても、保険募集人自身がそれを自認しない限り、処分は行われないことになっていた。２０１８年度に日本郵便コンプライアンス室が行った疑惑契約３０１１件の調査のうち、保険募集人が自認したのはその１割にも満たない２４６件であった。残りの２７６５件は不祥事非該当とされ、かんぽ生命による募集人処分（業務廃止、厳重注意）も、日本郵便による人事上の懲戒処分も行われなかった。[16] 前述３(2)のように、不適正な乗換契約を自ら行ったことがある募集人のうち、約62％が、「お客さまのニーズが喚起できれば、お客さまに不利益を生じさせる場合であっても問題ない」と回答するような信じがたい企業風土は、契約者の信頼を裏切る不正について会社が断固とした姿勢を示さないことにより助長されていたのである。[17]

経営者が多数の罪びとをつくった

この点については金融庁も強い問題意識をもち、業務改善命令では不適正募集を行った募集人に対する「事故判定・処分基準の厳格化と運用の徹底」を命じていた。かんぽ生命と日本郵政はこれに従い、募集現場に対して従来になく厳しい責任追及を行った。かんぽ生命は２０２０年11月末時点で、法令違反、社内ルール違反募集人に対し、業務廃止１４３人、１～６カ月の業務停止１０１７人、２～３週間の業務停止１５５２人の処分を確定している（図表Ⅱ-7-7）。

図表Ⅱ−７−７　かんぽ生命の募集人に対する処分（2020年11月30日時点）

違反区分	処分内容	処分者数
特定事案及び多数契約事案 法令違反　497人 社内ルール違反　2,222人 （計）　2,719人	業務廃止	143人
	業務停止１〜６ヶ月	1,017人
	業務停止２〜３週間	1,552人
	判定中	7人

出所：日本郵政・日本郵便・かんぽ生命「募集人及び当時の管理者に対する処分状況」2020年12月14日

図表Ⅱ−７−８　日本郵便の募集人と管理者に対する懲戒処分（2020年11月30日時点）

対象者	処分区分	処分者数
特定事案及び多数契約事案 募集人　1,173人 管理者　499人 （計）　1,672人	懲戒解雇	25人
	停職	15人
	減給	532人
	戒告	644人
	訓戒	305人
	注意	151人

また、募集人が所属する日本郵便においては、募集人および管理者に対して計１６７２人を（図表Ⅱ−７−８）、併せて本社支社の責任者、郵便局長、郵便部長らへの懲戒処分を行った。

このような保険会社不祥事史上例を見ない大量処分者が出たことは、かんぽ生命と日本郵便の募集契約行為の質の悪さを正直に反映したものであるが、不祥事の兆候が無視できないまでに膨張しているにもかかわらず、抜本的な解決を先送りした両社の経営者が、多数の罪びとを作ったともいえよう。

7　問題の所在

(1) 真の原因は何か

調査報告書は、不適正募集の直接的な原因として、保険募集人のモラルやコンプライアンス意識の低さを第一番目に挙げている。すなわち「保険募集人の一部には、モラルに欠け、顧客第一の意識やコンプライアンス意識が低く、顧客の利益よりも自己の個人的な利得等を優先する者が存在していたこと」[18]となっている。このような不正行為を行った現場のモラルやコンプライアンスの欠如を指摘する例は、例えば日産自動車の完成車検査不正問題の調査報告書でも、原因の第一に「完成検査員の規範意識の鈍磨」[19]を掲げるが、こうした認識は誤った結論を導きやすいので、経営者が教訓としてこれらの不祥事を見る場合、注意が必要である。もし、これらの原因分析を額面通りに受け取ると、再発防止策の冒頭に、実効的な研修や教育、指導を組織的に行うなどということになりかねない。

先に見たように、かんぽ生命に寄せられる新契約関係の苦情について、「不適切行為疑い」を指摘するものが同業4社平均よりも10倍近く多いが、それだからといって、かんぽ生命の契約募集人の特徴として、コンプライアンス意識やモラルに著しく低劣であると言えるだろうか。自己の利得にとらわれて人をだます倫理観の欠如の例は、洋の東西を問わず枚挙にいとまがない。自分の懐に入る手数料収入を増やしたくて、不適切な募集行為の誘惑にかられる保険募集人は、どこの保険会社にも存在する。しかし、かんぽ生命を巡る不正な募集行為がこれほど組織的、長期的に継続していたことは、モラルやコンプライアンス意識の低さだけでは説明がつかない。

調査報告書では、不適正募集を助長した要因の冒頭に、「営業目標必達主義を背景とした、厳しい営業推進管理が行われていたこと」を挙げている。まさにこの会社方針こそが不正の助長原因などではなく、組織全体をして不正に突き進ませた真に検討すべき原因なのである。ではなぜ、かんぽ生命と日本郵便では、上司によるパワハラも厭わない不合理な営業推進が行われていたのであろうか。以下３つの視点から検討してみる。

(2) 長期の保有契約低下

生命保険の商品には大きく分けて２つのカテゴリーがある。いわゆる〝掛け捨て〟ではない貯蓄性商品（満期・解約返戻金がつく）と、病気事故に係わる死亡や入院・手術などに備えた保障性商品である。かんぽ生命の主力商品は、郵便局の簡易保険の時代から、学資保険や養老保険などの貯蓄性商品であった。しかし、日本銀行による低金利政策によって市場金利が低下し、貯蓄性商品の魅力が薄れていった。そのため、生命保険各社は相次いで貯蓄性商品の販売停止や抑制に追い込まれていた。

また、かんぽ生命では民営化以来、保有契約件数が減少し続けるというかんぽ生命独特の収益構造があった。かんぽ生命は、民営化前に郵便局で募集していた簡易生命保険の契約を引き取っており[20]、これが満期到来や解約により、保有件数が減少していくのである。民営化後のかんぽ生命の新契約獲得によっても、既存契約の落ちを吸収することはできなかった。そして、生保会社においては、保有契約件数が減少することは保険料収入、資産運用収益、総資産も連動して縮小することにつながっている（図表Ⅱ-7-9[21]、図表Ⅱ-7-10）。

かんぽ生命の保有契約件数が、民営化直後の2010年度末の4167万件から2012年度末は3680万件となるなど、満期等の消滅契約が新契約を大きく上回り、減少傾向が継続している現状を踏まえ、かんぽ生命は「2015年中期経営計画[22]」において、「新契約の獲得」による「保有契約の底打ち・反転」を目指し、2016年度に新契約月額保険料500億円という営業目標を打ち出した。この営業目標を実現するための対策として、①改定学資保険の販売による若年層の開拓、②郵便局チャネルの営業力強化、③他社との提携商品の活用による法人顧客開拓、④満期代替の早期取組み、既契約者訪問活動の展開などを営業・サービス戦略として掲げた。また、増収策として養老保険と終身保険の加入年齢上限の引上げも行われた。とりわけ2017年10月に新発売した医療特約の「その日からプラス」（無配当総合医療特約）の発売以降は、終身保険・養老保険に医療特約を付加して販売するスタイルが主流になり、契約乗り換え件数が急激に増えていった。従来型商品が、低金利下、長寿化の流れの中で存在感が薄れる中、顧客ニーズも高く、収益性も高い医療特約（第三分野商品）への急激なシフトが、種々の問題を引き起こした。

図表Ⅱ-7-9　減り続けるかんぽ生命の保有契約件数（個人保険）

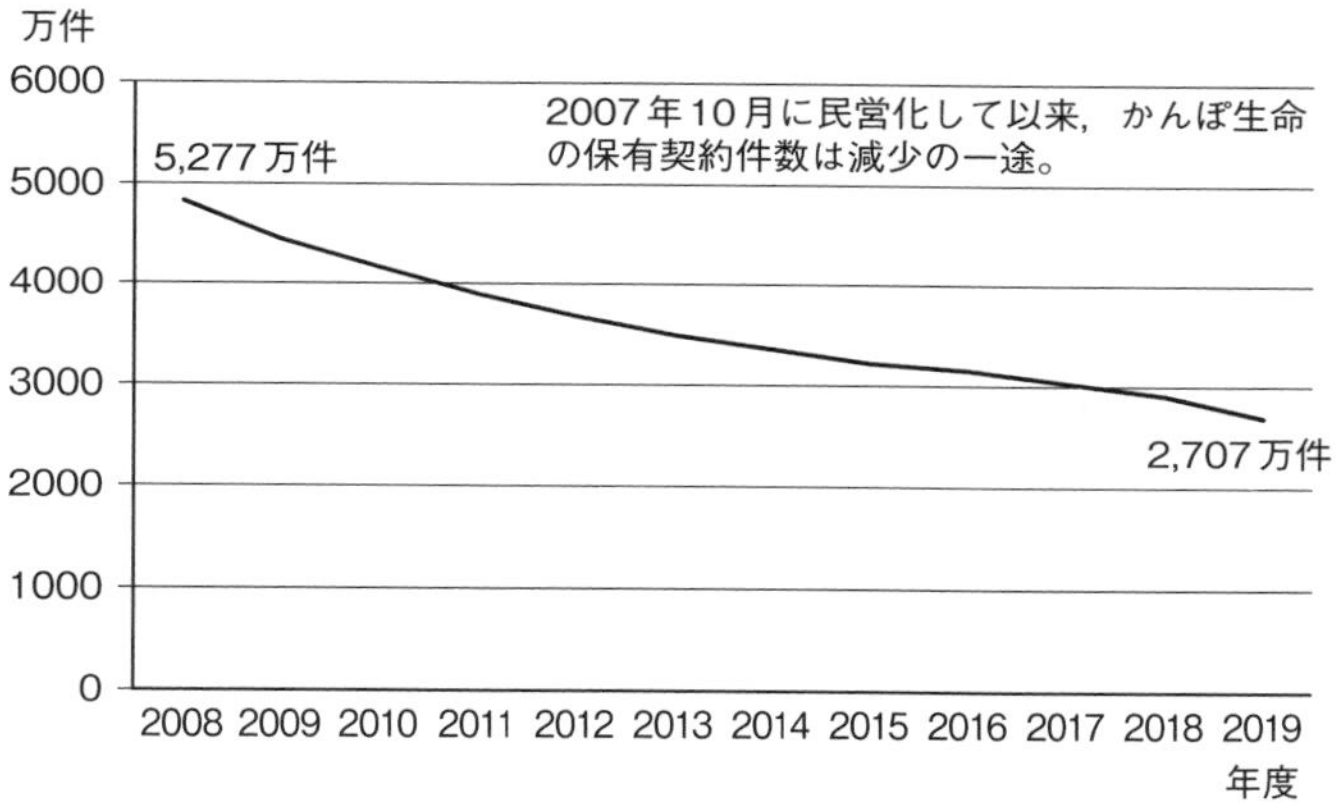

出所：かんぽ生命「決算の概要」(2012年3月期〜2020年3月期)、かんぽ生命「有価証券報告書」。

図表Ⅱ-7-10　縮小するかんぽ生命の業容（個人保険部門）

	2013年度	2014年度	2015年度	2016年度	2017年度	2018年度	2019年度
契約件数（万件）（指数）	3,486（100）	3,348（96）	3,232（93）	3,156（91）	3,040（87）	2,914（84）	2,707（78）
保険料収入（億円）（指数）	59,116（100）	59,567（101）	54,138（92）	50,418（85）	42,364（72）	39,599（67）	32,455（55）
資産運用収益（億円）（指数）	15,406（100）	14,607（95）	13,549（88）	13,679（89）	12,845（83）	12,044（78）	11,377（74）
総資産額（億円）（指数）	870,928（100）	849,150（97）	815,451（94）	803,367（92）	768,312（88）	739,050（85）	716,647（82）

（　）内は2013年度を100としたときの指数

出所：かんぽ生命「決算の概要」(2012年3月期〜2020年3月期)、かんぽ生命「有価証券報告書」。

(3) ニーズに即応できないかんぽ生命の保険商品

既存商品の陳腐化に新商品開発で対応することは企業戦略の常道である。しかし、かんぽ生命には他の民間生命保険会社にはない業務範囲等の上乗せ規制があり、契約者のニーズにマッチした商品開発が機動的に行えないというハンデがあった。「官業の民業圧迫」回避の観点から、他の生保会社と比べて販売に関わる制度や商品設計・認可などで、かんぽ生命は自由度が制限されているのである。例えば、新商品の認可取得の際、他生保は金融庁への認可申請だけで済むが、かんぽ生命は郵政民営化法にもとづく認可申請も必要となる。申請は郵政民営化委員会で議論され、パブリックコメントで国民の意見も聞いたうえで、「他の生保との適正な競争関係を阻害するおそれがない」などと判断されて初めて認可を取得できる。かんぽ生命にはこの他、被保険者1人当たりの加入限度額が2000万円という制約、医療特約を単品商品として販売できない、旧契約を解約せずに新契約に加入できる契約転換制度を持たない等の制限もあり、こうした規制と無縁ではない。[23]

したがって、新たな商品戦略で局面を打開する道を閉ざされたかんぽ生命は、この長期低落傾向に危機意識をかきたてられ、日本郵政、日本郵便合意のもと営業推進の強化へと向かうことになった。生保経営として契約の落ち込みをカバーしたいという思いは当然のことであるが、自己の募集力、商品力の限界を踏まえず、[24] 募集人の8割が達成困難と感じるような過大な販売目標を設定したことが、不適正募集の元凶なのである。

図表Ⅱ－7－11　日本郵政グループのビジネス構造

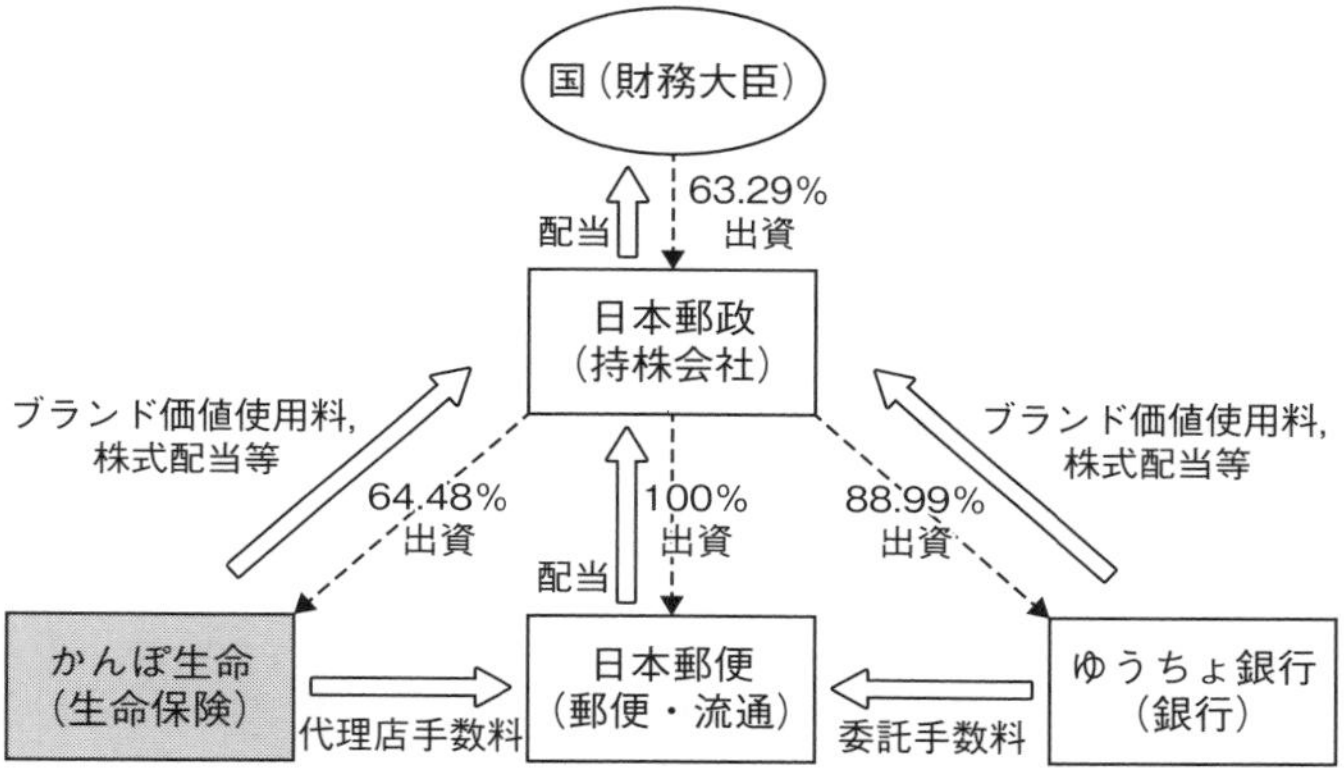

出所：日本郵政株式会社、かんぽ生命株式会社、日本郵便株式会社「有価証券報告書（2020 年３月期）」より作成。

(4) 特異なかんぽ生命のビジネスモデル

日本郵政グループの出自は、１８７１年に前島密により創設された郵便事業である。１８８５年に逓信省（１９４９年郵政省と改称）が設立され、郵便事業、郵便為替事業、郵便貯金事業、簡易生命保険事業、郵便年金事業を営むこととなった。郵政事業は長い間、国の直営事業として実施されてきたが、行政改革の大きな流れの中で、２００３年４月の公社化を経て、２００６年１月、日本郵政が持株会社として設立され、２００７年10月には、その傘下に日本郵便、ゆうちょ銀行およびかんぽ生命保険がそれぞれ株式会社を置くという現在の４社体制が完成した。

持株会社（日本郵政）と郵便（日本郵便）、銀行（ゆうちょ銀行）、保険（かんぽ生命）の３つの主要な事業会社から構成される郵政グループのビジネスモデルを図解すると、図表Ⅱ-7-11のようになる。

そして、このビジネスモデルのもと、かんぽ生命の位置づけは以下のようになる（数字は２０２０年３月期実績）。

(ア)国が持株会社日本郵政の株式を63・29％保有し、実質的に日本郵政を支配している。日本郵政は日本郵便、ゆうちょ銀行、かんぽ生命の株式をそれぞれ１００％、88・99％、64・48％保有し、これら3事業会社を実質的に支配している。したがって、かんぽ生命は少数株主は存在するものの、実質的には未だ国営の事業会社である。

(イ)持株会社たる日本郵政は、かんぽ生命から、ブランド価値使用料30億円、システム利用料21億円、配当金５２２億円、計５７３億円を得ている。

(ウ)かんぽ生命の募集人と店舗は、基本的に郵便局（日本郵便）の社員と店舗に全面的に依存している。

(エ)日本郵便は生命保険代理店として、かんぽ生命から代理店手数料２４８８億円、郵便料金、不動産賃貸料等１０５億円を得ている。(25)

(オ)こうした業務上のつながりと役員の相互兼任をベースに、持株会社と事業会社３社が密着不可分の関係にあり、かんぽ生命の業績の変動はただちにグループ全体に大きな影響を及ぼすという関係にあった。

かんぽ生命の個人分野の募集代理店は、日本郵便の営業社員のみであり、かんぽ生命の業績は日本郵便次第という他の生保会社には見られない特異な募集構造であったから、かんぽ生命が日本郵便に対し、不適正募集を防止するための強力な指導や監督を行うこともためらわれたのである。そして、日本郵便の内部においても、営業社員に対する営業推進の障害となるようなコンプライアンス上の指導を忌避する状況に陥っていた。(26) 保険販売に係わる社内規制や制限を強めて、増収の障害となるような事態を招きたくないというのが、商品を供給するかんぽ生命、販売をつかさどる代理店としての日本郵便、そして親会社の日本郵政の経営陣に共通の思いであった。(27)

(5) 下がり続ける株価

株式会社化にともない日本郵政が保有するゆうちょ銀行とかんぽ生命の全株式は、市場売却が想定されていたが、政府が保有する日本郵政の株式についても、２０１１年11月に成立した特別措置法によって、東日本大震災復興費用の捻出のため、経営状況、収益の見通しその他の事情を勘案しながら、できる限り早期に処分することとなった。こうして、２０１５年11月に日本郵政、ゆうちょ銀行、かんぽ生命の３社の株式は東京証券取引所市場第一部に上場された。

「21世紀最大の新規上場案件」と鳴り物入りの上場であったが、上場以来5年間、３社の株価は図表Ⅱ-7-12のように、基本的に低落し続けている。２０１５年11月の新規上場時の初値と２０２０年末株価との比較では、株価下落率は日本郵政、ゆうちょ銀行が50％、かんぽ生命28％となる。一方、日経平

図表Ⅱ－7－12　日本郵政グループの株価推移（各年末の終値）

	公開価格	初値	2015年	2016年	2017年	2018年	2019年	2020年
日本郵政	1,400	1,631	1,865	1,459	1,292	1,265	1,026	802
ゆうちょ銀行	1,450	1,680	1,750	1,403	1,467	1,210	1,050	847
かんぽ生命	2,200	2,929	3,115	2,503	2,653	2,547	1,862	2,112
日経平均	—	—	19,033	19,114	22,764	20,014	23,65	27,444

出所：日本経済新聞社日経会社情報DISITAL

均の同期間の上昇率は44％である。株価はそれぞれの会社の将来戦略に対する期待や現在の財務状況、収益性等を織り込んで形成されるから、株価が一貫して下落し続けるということは、株主が日本郵政グループを魅力ある投資先と考えていないことを表す。日本郵政グループが公的機関として存在していた時には、業績よりもサービス提供を優先視できても、株式会社化し、株式上場を行った瞬間から株主の遠慮のない批判にさらされるのである。こうした経営者への圧力は、現場の不正を甘くとらえたがる動機になっていることは、他の企業不祥事の例でもしばしばみられることである。

8　まとめ

不適正募集が放置すべきでないレベルにまで顕在化してからも根本的な問題解決を長期にわたって先送りしてきたことが、異常な数の不正件数を発生させ、続いて金融庁の行政処分と大量人事処分者を出したことにつながったが、かんぽ生命のみならず、代理店の日本郵便、親会社の日本郵政も含めて終始内部の自浄作用が有効に働くことはなかった。

この原因の根底には、もともとかんぽ生命を含む日本郵政グループは、〝官〟の世界の事業体であり、不適正契約であっても「所定の契約関係書面に顧客の署名・押印があるなら、外形上経済合理性の乏しい乗換契約が相当数含まれていたとしても、これらの契約は基本的に顧客ニーズや意向に沿っており、法令に違反しておらず、特に問題はない[28]」という〝法令遵守〟至上の思い込みにとらわれていたからである。したがって、膨大な苦情、マスコミ報道、金融庁の問題意識と指摘を鋭敏に受け止めることができず、「日本郵便と協力して募集実態を把握するなどの抜本的な解決を図ろうとする姿勢や情熱を持ち得なかった[29]」。これは経営としてのリーダーシップの欠如を示すことに他ならないが、例えば高齢者の無知や認知力低下につけこんで、契約者に不利な契約であっても、印鑑さえ取り付ければ、法に違反しておらず問題ないと考える精神構造と社内風土は、ビジネス倫理にもとり、自社の経営理念[30]にも反することであった。

かんぽ生命が抱える根本的な課題

かんぽ生命を、郵便局を株式会社化した普通の生保会社と考えるとしたら、それは誤った認識である。かんぽ生命は、総資産額71兆６６４７億円（２０２０年3月末現在）の規模を誇り、日本最大の生命保険会社であるが、その規模に見合った収益性が確保できていない。その原因は、収益面では先述の通り、郵便局時代の簡易生命保険契約（旧区分契約）とかんぽ生命自身が獲得している契約（新区分契約）の2本立てで保険料収入を構成している中，新区分契約の増加が旧区分契約の減少に追いつかず，全体としてかんぽ生命の収益源が縮小しつつあるからである。また，生保会社の重要な機能である資産運用面では，かんぽ生命の資産運用収益は一貫して減少傾向にある。これは，かんぽ生命の資産ポートフォリオに占める円金利資産（特に国債）の割合が同業他社に比べて非常に高く，近時の超低金利環境の影響を受けて資産運用の収益性が低下しているからである。[31] こうしたかんぽ生命の構造的問題が収益性の低下，同業他社に比して低いＲＯＥ，株価低迷を招き，経営者にも大きな圧力としてのしかかっていた。

それでは，かんぽ生命も含めた事業会社の個々の経営努力や経営者の入れ替えによって収益力や事業効率を高めることが可能なのであろうか。この問題を考えるときに，郵政事業の公益性を無視するわけにはいかない。日本郵政グループは，長年にわたって郵便サービス，簡易貯蓄，決済サービス，簡易生命保険を全国にあまねく公平に提供する郵便局が出自であり，この性格は民営化後も「ユニバーサルサービス」と呼称し変わってはいない。収益力強化や株主価値最大化をめざして，営業収益拡大の取組みやサービスの範囲と水準の変更がどこまで許されるのか，未だ国民的合意があるわけではない。したがって，他の民間会社であれば，決断できるような思い切った人のリストラや資産整理なども容易には手が付けられないであろう。また，民営化されてからも「官の民業圧迫」懸念から，金融二社の新商品開発や新規事業進出に禁止的上乗せの規制がかかっているのは，いわば〝手を縛られたボクサー〟がリングに登って自由な技を使える相手と闘わされているようなものである。

かんぽ生命に課せられた他の生保会社にはない様々な規制や制限は、不適正募集を正当化しないが、こうした宿命的事業環境を抱えるかんぽ生命（ゆうちょ銀行も含め）を株式会社化はともかく、上場させ、一般の企業並みに業績を競わせることが正しかったのかという基本的な問題は未解決のままである。

コラム３　みずほのシステム障害はすべての会社の教訓

みずほ銀行は、２０２１年２月末から２週間で４回の顧客に迷惑をかけるシステム障害を発生させた。その概要は、①２月28日、通常の月末処理25万件に臨時の定期預金データ更新作業45万件を加えたため、システムの容量が不足した結果、ネットバンキングや同行の７割を超えるＡＴＭが動かなくなった、②３月３日、ハードウェアの不具合で、システム拠点をつなぐネットワークが寸断され、ＡＴＭ29台が停止、③３月７日、カードローンのプログラム更新作業中のエラーによって、ＡＴＭとネットバンキングに支障発生、④３月11日、データセンターの機器故障時、バックアップが働かず、法人客を中心に国内他行向け送金に２６３件の遅れが生じた。送金が遅れた取引の総額は約５００億円。３月17日の記者会見で、坂井みずほＦＧ社長は、４件の事象に「直接的な因果関係は判明していない」、システムには「基本的な設計に根本的、致命的な問題があったとの認識はない」と述べている。しかし、銀行業界でみずほだけが重大な障害を繰り返す説明にはなっていない。たまりかねた金融庁は、みずほに対して報告徴求命令を発出した。

みずほは過去２回、重大なシステムトラブルを起こした反省から、２０１１年６月から新勘定系システムの開発を開始、４５００億円ともいわれる巨費を投じて、２０１９年７月に完成させたばかりであった。だから、ちゃんと動くはずだという思い込みがみずほ経営陣にはあるようだ。しかし、システム部門で仕事をしたことのある者なら誰でも理解していることであるが、新規に開発したシステムで最初から完全無欠のものなどあり得ないというのは常識である。システム開発も所詮人がやる仕事だから、どんなに綿密に作業工程を組んでも見落としや想定漏れは必ずある。また、設計上考えもしなかったバグが、運用を開始すると、思いがけない方面に不具合を発生させることもある。システムの規模が大きければ大きいほど、そのリスクは高まる。その不具合を見つけては修正するという作業を繰り返して、次第にシステムを安定させていくしかないのである。そういうシステムの不安定さを、みずほに限らずシステムを戦略的に活用する企業や組織のトップは理解しておく必要がある。

また、システム不全は必ず起こるという想定のもと、万が一発生した時に顧客への被害と業務への影響を最小限に食い止める事前の準備と体制を整備し、それが実際に稼働するかのチェックも不可欠である。高度情報化社会では、システムダウンが会社の致命傷になりかねない。すべての会社・組織が、みずほの事例を対岸視することなく、今一度自己のシステムの見直しのきっかけとすべきであろう。

［注］

（１）本章における事実関係の記述は、主として、かんぽ生命保険契約問題特別調査委員会「調査の現状及び今後の方針の概要について」２０１９年9月30日、「調査報告書」（２０１９年12月18日）、同特別調査委員会「追加報告書」（２０２０年3月26日）にもとづいている。

（２）「調査報告書」（２０１９年12月18日）、53頁。

（３）かんぽ生命保険契約問題特別調査委員会「追加報告書」（２０２０年3月26日）、82頁。

（４）「調査報告書」（２０１９年12月18日）、87-89頁。

（５）「調査報告書」（２０１９年12月18日）、１００-１０１頁。

（６）平成12年に日本工業規格が、苦情の定義を「不満の表明」としたことから、全国銀行協会や保険業界がそれにならった経緯がある。従来、人身・物損損害をもたらした事例や法令違反に該当するものを苦情と狭くとらえていたが、これを申し立て内容に「不満の表明」があるものは苦情として拡張したのである。この変更は申し立てに不満と明示がなくとも、趣旨において不満を感得できれば、幅広く苦情としてとらえるお客様目線の考え方に基づいている。したがって、かんぽ生命の措置は苦情処理のお客様第一の流れに逆行し、先祖返りするものである。（苦情の定義の推移は、井上泉「苦情処理と監査役監査」月刊監査役№５８７、２０１１年８月号参照）

（７）同業４社Ａ、Ｂ、Ｃ、Ｄは、各社のＨＰ掲載の苦情データから、それぞれ日本生命、第一生命、明治安田生命、住友生命であることが分かる。

（８）ＮＨＫホームページ https://www.nhk.or.jp/gendai/articles/4121/

（９）かんぽ生命保険の不正販売問題を報じたＮＨＫの「クローズアップ現代プラス」をめぐり、日本郵政上級副社長は、国会内での野党合同ヒアリング後、記者団に対し番組の取材手法について「暴力団と一緒」と発言した。上級副社長は、ＮＨＫ側から「取材を受けてくれれば（情報提供募集の）動画を消す」と言われたと説明し、「まるで暴力団と一緒。殴っておいて、これ以上殴ってほしくないならやめたるわ、俺の言うことを聞けって。バカじゃねぇの」と続けたという。（朝日新聞ＤＩＧＩＴＡＬ２０１９年10月３日）

（10）２０１９年12月27日の日本郵政グループ３社の社長会見において、日本郵政の長門正貢社長は、ＮＨＫのクローズアップ現代プラスを「かんぽ生命不適正募集の問題発見に至るヒントとして謙虚に受け止めるべきであった」とした。（日本郵政ＨＰ「日本郵政株式会社社長会見の内容」２０１９年12月27日）

（11）西日本新聞の「あなたの特命取材班」とは、記者が読者と直接つながり、双方向のやりとり（ツイッター、フェイスブック、ＬＩＮＥも含む）をもとに調査・取材を行い報道する仕組みのことで、いわば新聞の内部通報受付窓口ともいうべきものであった。

（12）西日本新聞が、かんぽ生命不適正募集問題にスクープを出し続けた経緯は、同社ＨＰ「あな特インサイド」２０２０年３月31日「「声なき声が、巨大組織に風穴」かんぽ不正販売問題を宮崎記者に聞く」https://anatoku.jp/inside/223/ 参照

（13）金融庁「保険会社向けの総合的な監督指針」令和２年９月の「Ⅲ-４-１」

(14)金融庁の報告徴求をさほど重大なことと考えていなかったかんぽ生命の役職員の状況は、「追加報告書」(2020年3月26日)、104~106頁に詳しい。
(15)金融庁「日本郵政グループに対する行政処分について」令和元年12月27日
(16)「調査報告書」(2019年12月18日)、57頁。
(17)2014年度から2018年度まで懲戒解雇処分が毎年1件から4件合計11件あったが、そのほどんどは詐欺、横領という刑事罰相当事案であり、不適正募集そのものに係わるものはなかった。
(18)「調査報告書」(2019年12月18日)、102頁。
(19)日産自動車第三者委員会「調査報告書」2018年9月26日、68頁。
(20)かんぽ生命は、民営化以前に郵便局で募集していた簡易生命保険契約を、「独立行政法人郵便貯金簡易生命保険管理・郵便局ネットワーク支援機構」から再保険の形で保有している。
(21)業容は縮小しながら、当期利益は増益する年があるのは、保険会社経理の特殊性にある。損益計算書上、解約が新規を上回れば責任準備金(将来の保険金支払いの備え)の取り崩しで利益が出る。利益の増減だけを見ていると、かんぽ生命の構造的問題は分からない。
(22)日本郵政グループ「日本郵政グループ中期経営計画~新郵政ネットワーク創造プラン2017~」2015年4月1日。日本郵政グループは、郵便事業、銀行事業、生命保険事業をセットにした経営計画を毎年公表している。
(23)「官業の民業圧迫」回避の規制は、かんぽ生命に限らず、ゆうちょ銀行にも課せられている。ゆうちょ銀行は銀行業務の基本である融資業務の認可申請を2012年9月に金融庁と総務省に行ったが、現時点でまだ認可されていない。
(24)かんぽ生命には他の民間生命保険会社にはない業務範囲等の上乗せ規制があり、契約者のニーズにマッチした商品開発が機動的に行えないというハンデがあった。
(25)日本郵便は、同様にゆうちょ銀行から金融サービス提供に係わる受託手数料を得ている。
(26)「不適正な募集が行われた郵便局においてはそもそも郵便局において、営業目標を達成することに偏った営業推進管理が行われることにより、コンプライアンスリスクに関して事業部門による自律的管理が行われていたとは言い難い状況にあったと思われる」(同右「調査報告書」、115頁)。
「指導対象となる保険募集人の中には、無効・合意解約の件数が多いなど募集品質自体は良くないものの、日本郵便から不祥事故等に該当しないと認定されたためか、『私は不祥事故等を起こしておらず会社から処分を受けていないにもかかわらず、なぜ、別会社であるかんぽ生命の募集品質指導専門役から指導を受けなければならないのか。』などとして、私の指導を受け入れなかった者がいた」（調査報告書」、１１６頁）。本来、不適切行為に関し、保険会社の指導を聞かない代理店は処分（代理店資格はく奪、資格停止等）の対象であるが、日本郵便とかんぽ生命の関係は、こうした普通のけじめがつかない関係にあった。

(27)例えば、２０１８年７月、日本郵政、かんぽ生命、日本郵便の社長が、80歳以上の高齢者契約者への積極的勧奨を無条件に禁止する案と部分的に禁止する案を論議し、中期経営計画で掲げた目標に与える影響を勘案し、後者の案で合意したという経緯がある。（「追加報告書」、78-79頁）

(28)「追加報告書」、96頁。

(29)「追加報告書」、96頁。

(30)日本郵政グループの経営理念は、「郵政ネットワークの安心、信頼を礎として、民間企業としての創造性、効率性を最大限発揮しつつ、お客さま本位のサービスを提供し、地域のお客さまの生活を支援し、お客さまと社員の幸せを目指します。また、経営の透明性を自ら求め、規律を守り、社会と地域の発展に貢献します」である（傍線筆者）。

(31)京都大学経済学部藤井ゼミナール日本郵政企業分析チーム「中期経営計画の検証と日本郵政グループの今後」No.８　２０１９年3月、34、38、75頁。

第Ⅲ編　日本のコーポレートガバナンス

――現状と課題――

およそ制度というものは、必要であるが故につくられ、無用になったり又は危険になったりすると死滅するものなのである。

アンドレ・モロワ『英国史』より

第1章　コーポレートガバナンス・コードと上場企業

1　コーポレートガバナンスの定義

「コーポレートガバナンス」の定義は、東証「コーポレートガバナンス・コード」では、「会社が株主をはじめ顧客・従業員・地域社会等の立場を踏まえた上で、透明・公正かつ迅速・果断な意思決定を行うための仕組み」[1]となっている。ここでは「コーポレートガバナンス」は「会社の意思決定のための制度」とか「会社の運営・管理機構」一般を指すかのごとく、茫洋としている。[2]これを「広義のコーポレートガバナンス」とすれば、経済産業省の企業行動の開示・評価に関する研究会が定義づけている「経営者を規律する仕組み」[3]は、狭義の定義といってよいであろう。前者は、会社の健全な発達を促進するための仕組みというような意味合いを持ち、後者では、経営者（代表取締役に限らず、役員、幹部社員を含む）の企業不祥事につながる不適切な経営の判断と行動が起こらないよう監視し、また阻止する仕組みとして認識されている。日本では現在、この2つが状況に応じて、使い分けられているのが実情であろう。本書もそれにならうこととする。

2　コーポレートガバナンス・コード

(1) コーポレートガバナンス・コードの制定経緯(4)

コーポレートガバナンス・コードとは、上場企業が備える企業の規律のあり方に関するガイドラインとして参照すべき原則のことをいう。各上場企業は、自社のコーポレートガバナンス向上の取組みのレベルを、コーポレートガバナンス・コードと照らし合わせることで、その位置を確認し、さらには取締役会の実効性評価を行うことができる。

日本におけるコーポレートガバナンス・コード導入の経緯は、安倍内閣が２０１４年６月24日に、「〝日本再興戦略〟改訂２０１４」を閣議決定したところから始まる。その中に、東証および金融庁を共同事務局とする有識者会議を設置し、翌年２０１５年の株主総会シーズンに間に合うよう「コーポレートガバナンス・コード」を作成することを支援する旨を表明した。その後、有識者会議が「コーポレートガバナンス・コード原案」を決定し、続いて東証は、同年５月13日に、上場会社に向けたコーポレートガバナンス・コードの策定に伴う有価証券上場規程等の一部改正を行ったうえで、６月１日からこれを施行した。以降２０１８年６月に改定が行われ、さらに２０２１年６月にふたたび改定された。現在のコーポレートガバナンス・コードは、５つの基本原則（株主の権利・平等性の確保、株主以外のス

図表Ⅲ-１-１　日本のコーポレートガバナンス・コードの構成

	2015 年版	2018 年版	2021 年版
基本原則	5	5	5
原則	30	31	31
補充原則	38	42	47

テークホルダーとの適切な協働、適切な情報開示と透明性の確保、取締役会の責務、株主との対話）のもと、31の原則、47の補充原則から構成されている（図表Ⅲ-1-1）。

日本のコーポレートガバナンス・コードは英国のそれにならったものである。英国のコーポレートガバナンスに関する自主規制ルールの制定は、監査制度等を扱った１９９２年のキャドバリー報告書を嚆矢とする一連の報告書である。１９９８年に、それらが統合され、「統合規範（Combined Code）」として完成した。統合規範は、ロンドン証券取引所の上場規則の中に取り込まれ、上場会社は、各会計年度の年次報告書において統合規範の遵守状況を開示することが義務づけられた。この方式が東証規則に採用されている。

コーポレートガバナンス・コードは法律ではなく、証券取引所のルールという形式をとることから、必ず従わなければならないということはないが、もし従わないのであれば、その理由を説明せよ（comply or explain）という構造となっている。しかし、日本ではコーポレートガバナンス・コードの検討と開示が、東証と並んで政府（金融庁）主導で行われているので、日本の企業に与える影響力は、英国の場合と大きく異なるといえよう。

(2) 2021年版コーポレートガバナンス・コード

２０２１年４月６日、「スチュワードシップ・コード及びコーポレートガバナンス・コードのフォローアップ会議」は、コーポレートガバナンス・コードの改定案を公表した。パブリックコメントに付されたのち、６月11日から施行されることとなった。今回のコーポレートガバナンス・コードは旧に比べて原則と補助原則の16カ所について、文言修正および追加がなされている。その概要は以下のとおりである。

(1)プライム市場上場会社における機関投資家向け議決権電子行使プラットフォームの設定（補充原則１-２④）
(2)サステナビリティ課題（ＳＤＧｓ、ＴＣＦＤ、ＥＳＧ等）への積極的・能動的な対応（基本原則２「考え方」）
(3)地球環境問題への配慮、人権の尊重、従業員の健康・労働環境への配慮や公正・適切な処遇、取引先との公正・適正な取引、自然災害等への危機管理など、サステナビリティ（持続可能性）を巡る課題への対応（補充原則２-３①）
(4)女性・外国人・中途採用者の管理職への登用等、中核人材の登用等における多様性の確保（補充原則２-４①）
(5)プライム市場上場会社における開示書類の英語での提供（補充原則３-１②）

(6)自社のサステナビリティ、人的資本や知的財産への投資等についての取組みの開示（補充原則３-１③）
(7)支配株主を有する上場会社の少数株主の利益を保護するためのガバナンス体制整備（基本原則４考え方）
(8)自社のサステナビリティを巡る取組みについての基本的な方針の策定と実行（補充原則４-２②）
(9)全社的リスク管理体制のグループ全体を含めた整備（補充原則４-３④）
(10)プライム市場上場会社における独立社外取締役３分の１以上選任（その他の市場の上場会社２名以上）（原則４-８）
(11)支配株主を有する上場会社における独立社外取締役３分の１以上選任（プライム市場上場会社過半数）。または、独立社外取締役を含む独立性を有する者で構成された特別委員会の設置（補充原則４-８③）
(12)独立社外取締役が取締役会の過半数に達していない場合独立社外取締役を主要な構成員とする独立した指名委員会・報酬委員会の設置（補充原則４-10①）
(13)各取締役の知識・経験・能力等を一覧化したスキル・マトリックス、取締役の選任に関する方針・手続の開示。独立社外取締役に他社での経営経験を有する者を含める（補充原則４-11①）
(14)内部監査部門が取締役会及び監査役会に対して直接報告を行う仕組みの構築（補充原則４-13③）
(15)経営陣幹部、社外取締役を含む取締役、監査役による株主との対話（補充原則５-１①）

⒃経営戦略等の策定・公表における事業ポートフォリオに関する基本的な方針や事業ポートフォリオの見直しの状況の提示（補充原則５-２①）

この中で、注目されるのは、上記⑵⑶⑹⑻のようなサステナビリティ諸課題（ＳＤＧｓ、ＴＣＦＤ、ＥＳＧ等）という非常に普遍的広範囲な規範に対し積極的・能動的な対応を企業に求めていることである。これは、東京証券取引所が現在進めている２０２２年４月予定の市場区分の見直し後の上場会社のあるべき姿を示すもので、特にプライム市場上場会社については、格段上の基準を適用しようとしている。

3　東京証券取引所の市場区分の見直し

⑴市場区分見直しの内容

２０２１年3月末現在、東京証券取引所には３７１１社（東京プロマーケットを除く）の企業が上場し、４つの市場にそれぞれ属している。それらは、①市場第一部（流通性が高い企業向け市場、２１８６社）、②市場第二部（実績ある企業向け市場、４７３社）、③マザーズ（新興企業向け市場、３５３社）、④ＪＡＳＤＡＱ（多様な企業向け市場、６９９社）となっている。これを「現在の市場区分を明確なコンセプトに基づいて再編することを通じて、上場会社の持続的な成長と中長期的な企業価値向上を支え、国内外の多様な投資者から高い支持を得られる魅力的な現物市場を提供する」(5)という目的のもと、市場を再編成して以下の３つの市場区分にしたのである（図表Ⅲ-１-２）。

①プライム市場
多くの機関投資家の投資対象になりうる規模の時価総額（流動性）を持ち、より高いガバナンス水準を備え、投資家との建設的な対話を中心に据えて持続的な成長と中長期的な企業価値の向上にコミットする企業向けの市場。

②スタンダード市場
公開された市場における投資対象として一定の時価総額（流動性）を持ち、上場企業としての基本的なガバナンス水準を備えつつ、持続的な成長と中長期的な企業価値の向上にコミットする企業向けの市場。

③グロース市場
高い成長可能性を実現するための事業計画及びその進捗の適時・適切な開示が行われ一定の市場評価が得られる一方、事業実績の観点から相対的にリスクが高い企業向けの市場。

この区分への振り分けは、流動性（株主数、流通株式数、流通株式時価総額、売買代金）、ガバナンス（コーポレートガバナンス・コードへの対応）、経営成績（収益基盤、財政状態）の３つの基準項目

図表Ⅲ-1-2　市場区分見直しのイメージ

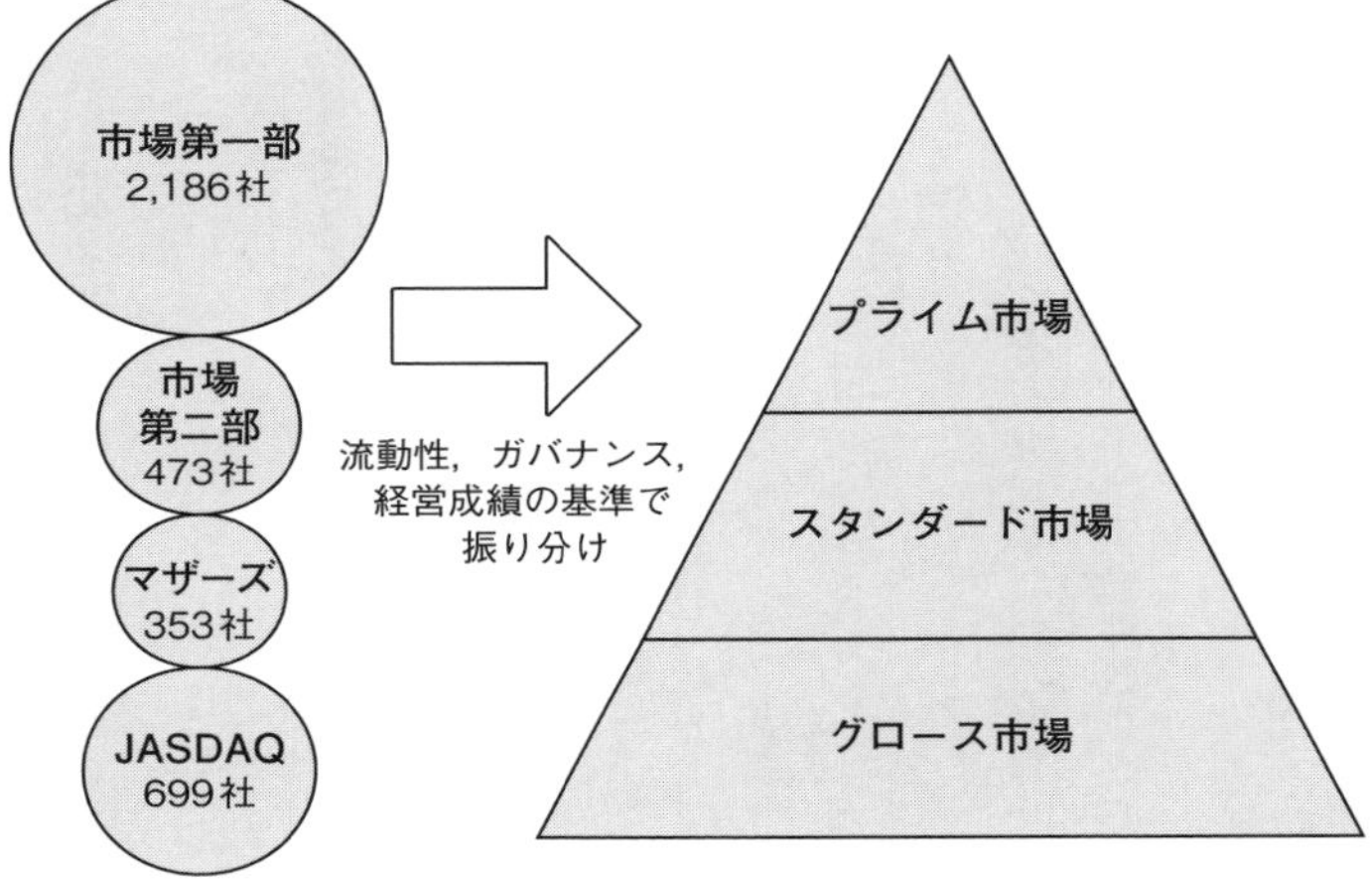

注：会社数は2021年3月末のもの

に従って行われる。

(2) 市場区分見直しの理由

なぜ、いま市場区分の見直しを行うのか、東京証券取引所をより魅力ある市場にしていくというおもての名分はそのとおりであるが、その裏には、現在の4つの市場区分の分かりづらさと不合理さについての市場関係者の根強い不満があった。それらの主なものを示すと以下のようになる。(6)

・現在の4つの市場区分（市場第一部、市場第二部、マザーズおよびJASDAQ）は過度に複雑で断片的、特に市場第二部、マザーズおよびJASDAQの差異は、投資家にとって分かりにくい。

・上場基準と廃止基準に乖離があり、市場からの退出が有効に機能していない。しかも全体的に上場廃止基準が過度に低い。

・市場第一部上場を果たしてしまえば、指定替えとなることはほとんどなく、後は安泰であるかのような錯覚を産業界全体が有していることが問題。新陳代謝を促進する仕組みが肝要。

・市場第一部上場企業の「数」が多いが、収益、時価総額、流動性、経営体制・ガバナンス、情報開示などが低水準な企業が多数含まれていることが問題である。

現在の４つの市場区分が存在していても、企業の資金調達能力を高めることにはつながっておらず、投資家の意欲も利便性も向上させていないというのである。こうした問題点を解決する手段として、市場区分の見直しが行われた。基本的なスタンスは、現在の四つの市場区分を、それぞれの市場の位置づけを明確にして三区分とし、かつ上場してからも企業の成長を促すような仕組みを市場区分に取り入れて、内外の投資家を惹きつけようとしているのである。

(3) 批判の根底は東証一部

内外の投資家の批判の根底には、肥大化した東証第一部市場という背景があった。各市場に属する企業数を見れば一目瞭然なのだが、東証一部に属する企業数が、全市場の企業数の60％近くも占める。そして、今後成長発展が期待されるマザーズやＪＡＳＤＡＱに属する企業数は、それぞれ全体の８・８％、19・０％と逆ピラミッド形の分布となっている。この原因としては、企業が最高位たる東証一部になりたがるという理由の他、東証自らが一部上場のハードルを下げたことがある。かつては東証一部に上場するための時価総額要件は５００億円であったが、２０１２年に２５０億円に引き下げ、さらに二部やマザーズに上場した企業が上位市場へ昇格（ステップアップ）する余地があり、その場合には時価総額40億円で一部上場が可能となっている。

加えて上場後に退出する企業が少ないという事情もある。上場廃止企業数は、２００２年から２０１０年の９年間で年平均68社であり、２０１８年から２０２０年までの年平均企業数は53社である。(7) 時価総額基準で10億円あれば、上場を維持できるから、その結果、東証一部には世界を舞台にする巨大企業（例えばトヨタ自動車）と時価総額20億円の企業が混在するという状況となっている。

これでは国内はもとより海外の投資家からすると、市場そのものの重みや信用度合いが判然とせず、ひいては日本マーケットへの投資も活性化しない。東証が市場区分の見直しに踏み切ったのも当然であろう。

(4) 市場区分における企業行動規範

現行制度における企業行動規範の規定は、「上場会社は、別添『コーポレートガバナンス・コード』の各原則を実施するか、実施しない場合にはその理由を『コーポレートガバナンスに関する報告書』において説明するものとする」（有価証券上場規程４３６条の３）となっているが、これは新たな市場区分にも適用される。

スタンダード市場企業は、「持続的な成長と中長期的な企業価値向上の実現のための基本的なガバナンス水準にある銘柄」、プライム市場企業は「上場会社と機関投資家との間の建設的な対話の実効性を担保する基盤のある銘柄」であるため、いずれもコーポレートガバナンス・コードの全原則（基本原則、原則、補充原則）に係わるコンプライ・オア・エクスプレイン（comply or explain）が求められる。一方、グロース市場企業は、「一般投資者の投資対象となりうる最低限の流動性の基礎を備えた銘柄」として、コーポレートガバナンス・コードの基本原則のみの適用となる。

(5) 新区分の影響

これまで見てきたように、市場の新区分は４つの市場を、単に会社の規模に応じて３つに分類しなおすものと理解するならば、大きな間違いである。個々の市場の性格をはっきりさせ、それぞれの会社の株式の流動性、ガバナンス、経営成績の動向に応じた分類に再区分しようとしているのである。そこには従来の常識であった、東証一部が最高位であり、上場会社の最終目標は東証一部に属すること、東証一部に昇格しさえすれば、後は倒産等しない限り地位は安泰という観念は許されない。会社は上場後も常に投資家の期待に応えて成長を続け、ガバナンスの向上を図らなければ、当該市場からの退出もありうるという世界では当然とされる証券市場の姿に、ようやく日本もなろうとしている。こうした大きな潮流の中でコーポレートガバナンス・コードを理解し、自社のガバナンスを高めていく不断の努力が必要なのである。

［注］

（１）東京証券取引所「コーポレートガバナンス・コード～会社の持続的な成長と中長期的な企業価値の向上のために～」２頁。

（２）江頭憲治郎は、日本では、コーポレートガバナンスは、「会社の機関」制度とか「会社の運営・管理機構」一般を指すかのごとく、曖昧に使われる傾向が強くなっているとして、東京証券取引所の定義例をあげている。（「コーポレート・ガバナンスの目的と手法」早稲田法学92⑴２０１６）

（３）経済産業省「コーポレートガバナンス及びリスク管理・内部統制に関する開示・評価の枠組みについて」平成17年7月13日、４頁。

（４）この項については、林順一（青山学院大学大学院非常勤講師）の論文「英国ケイ報告書と日本へのインプリケーション」２０１４、「英国の投資情報開示（年次報告書）の事例分析」２０１５（いずれも日本経営倫理学会ガバナンス研究部会発表）、江頭憲治郎「コーポレート・ガバナンスの目的と手法」早稲田法学会誌92巻1号（２０１６）、藤田勉「英国のコーポレートガバナンス・コードの失敗に学ぶ」月刊資本市場　２０２０年５月（№４１７）を参考にした。

（５）東京証券取引所「新市場区分の概要等について」２０２０年2月21日、５頁。

（６）東京証券取引所「市場構造の在り方等に関する市場関係者からのご意見の概要」２０１９年3月（２０１９年5月更新）より抜粋。

（７）東京証券取引所「上場廃止企業一覧」２０２１年5月日更新。デロイトトーマツ「ナレッジ上場廃止基準の概要と動向―各取引所による投資家の保護」https://www2.deloitte.com/jp/ja/pages/risk/articles/rm/delisting.html

第2章　機関設計の現状

1　3つの機関設計

「機関設計」とは、会社法で定められた「機関」を、どのように設置するかの組み合わせを決定することである。会社は法人であるから、自ら意思を有し行為をすることはできない。そこで、一定の自然人または会議体のする意思決定や一定の自然人のする行為を会社の意思や行為とすることが必要となる。このような自然人または会議体を会社の「機関」（株主総会、取締役会、3委員会、監査役会、代表取締役、取締役、執行役、監査役、会計監査人等）と呼ぶ[1]。現在、コーポレートガバナンス論議の中では、機関設計とは主として取締役会とこれに関連する機関のあり方を指している。ここではこれにならい、狭義の機関設計について分析を行う。

現在、大会社かつ公開会社（いわゆる上場会社）の機関設計の選択肢は3種類（監査役会設置会社、指名委員会等設置会社、監査等委員会設置会社）ある。歴史的には監査役会設置会社が最も古く、次い

図表Ⅲ-2-1　会社法上の機関設計の選択状況（全上場会社）

上段：会社数　（　）：割合

	2014年	2015年	2016年	2017年	2018年	2019年	2020年	2021年
監査役会設置会社	3,357 (98.3%)	3,252 (93.6%)	2,800 (79.8%)	2.665 (75.3%)	2,635 (73.3%)	2,562 (70.4%)	2,495 (67.8%)	2,417 (64.7%)
指名委員会等設置会社	57 (16.7%)	64 (1.8%)	70 (2.0%)	74 (2.1%)	71 (2.0%)	76 (2.1%)	76 (2.1%)	81 (2.2%)
監査等委員会設置会社	—	158 (4.6%)	637 (18.2%)	798 (22.6%)	888 (24.7%)	1,001 (27.5%)	1,106 (30.1%)	1,237 (33.1%)
合計	3,414	3,474	3,507	3,537	3,594	3,639	3,677	3,735

出所：東京証券取引所「コーポレート・ガバナンス白書 2021」、同「コーポレートガバナンスの充実と企業価値向上に向けた東証の取組み」2019年8月等

で指名委員会等設置会社、監査等委員会設置会社の順となる。2021年7月現在の東京証券取引所上場企業の機関設計の選択状況は図表Ⅲ-2-1のとおりであるが、最もウェイトが高いのは監査役会設置会社であり、上場全社の65%を占め、監査等委員会設置会社が33%、指名委員会等設置会社は2%程度である。

(1) 監査役会設置会社

監査役は、明治23（1890）年旧商法公布以来の制度である。監査役の役割は、取締役の業務執行の監査であり、監査役は独任制のもと、いつでも取締役その他の使用人に対して、事業の報告を求め、また自ら会社の業務および財産の調査をする権限を有し（381条Ⅱ）、子会社調査権（381条Ⅲ・Ⅳ）も持ち、会社に著しい損害をもたらすおそれのある取締役の行為について差止請求することができる（385条Ⅰ）など、強大な権限を有している。

図表Ⅲ-2-2　監査役会設置会社のモデル

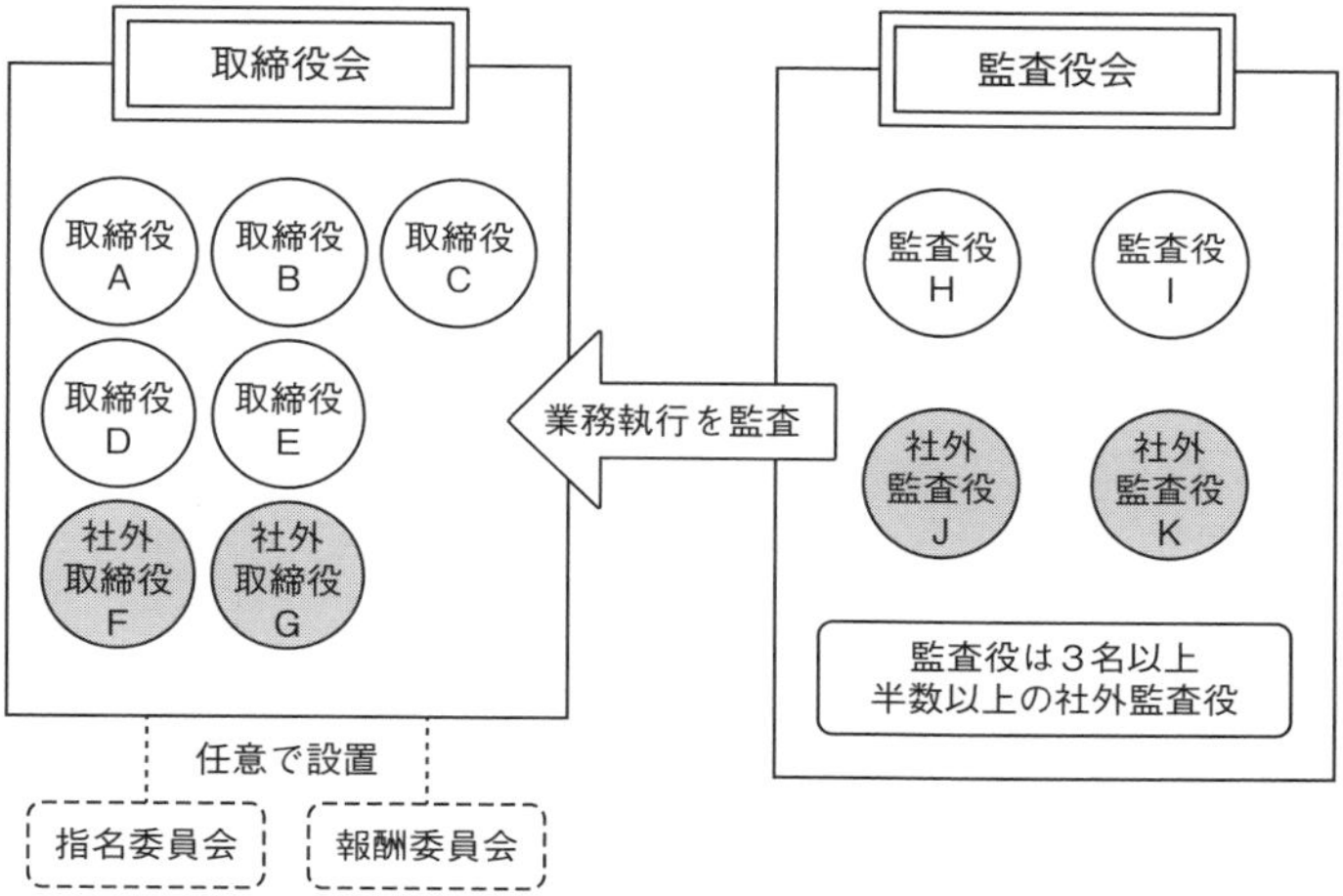

指名委員会等設置会社、監査等委員会設置会社以外の大会社で公開会社である会社は、監査役会を置かなければならない。監査役会設置会社では、監査役は３名以上でかつその半数以上（過半数ではない）は社外監査役でなければならない（図表Ⅲ-2-2）。

(2) 指名委員会等設置会社

指名委員会等設置会社の原型は、２００３年４月施行の商法特例法改正により導入された「委員会等設置会社」である。経営の監督機能と業務執行機能を分離した米国型ガバナンスを模倣した会社形態である。２００６年５月施行の会社法により「委員会設置会社」に、２０１５年５月施行の改正会社法により「指名委員会等設置会社」と名称変更した。それぞれ内容に若干の違いはあるが、基本構造は変わらない。

指名委員会等設置会社は、東証上場会社において

２０２１年４月現在，78社あるが，その社名リストは図表Ⅲ-2-3のとおりである。

指名委員会等設置会社では，社外取締役を中心とした指名委員会，報酬委員会，監査委員会の３つの委員会を設置するとともに，業務執行を担当する役員として執行役が置かれ，取締役会はもっぱら経営の監督機能を持つ。これにより，従来，取締役が行ってきた業務執行が執行役に移り，取締役会の権限は基本的な経営事項の決定と執行役およびその職務執行の監督となる。

各委員会はそれぞれ取締役３名以上で組織され，その過半数は社外取締役でなければならない。指名委員会によって取締役候補者が選定され，報酬委員会によって個人別の役員報酬が決定される。また，取締役・執行役の職務に関しては監査委員会がその適否を監査する。監査役は置くことができない。監査委員会メンバーとなる取締役は，その会社・子会社の執行役，業務執行役または子会社の支配人その他の使用人を兼ねることはできない（図表Ⅲ-2-4）。

制度発足の２００３年には，上場会社44社が委員会設置会社となったが，その後17年経過するが，思うようには採用会社数が増えず，数として60社～70社程度，上場会社に占める割合も２％前後にとどまっている。(2) この理由としては，指名委員会や報酬委員会の設置が義務づけられ，社外取締役に取締役の指名や報酬決定のイニシアティブを持たせることの企業側の抵抗感や社外取締役の選任負担が重い等の事由が話題となるが，詰まるところ，企業にとってさほどメリットを感じないということに尽きよう。

図表Ⅲ-２-３　指名委員会等設置会社一覧（東証上場企業）

2021 年 4 月 14 日現在

イオン	そーせいグループ	かんぽ生命保険
いちよし証券	マニー	ゆうちょ銀行
オリックス	H. U. HD	メニコン
学究社	いちごグループ HD	ブリヂストン
コニカミノルタ	MonotaRO	三菱地所
指月電機製作所	福井銀行	窪田製薬 HD
スミダコーポレーション	日本板硝子	ヤマハ
ソニー	日本オラクル	三井住友トラスト HD
東芝	クックパッド	三井住友 FG
ノジマ	フィデア HD	ヘリオス
野村 HD	カーチス HD	テラプローブ
日立製作所	ジーエヌアイグループ	三菱マテリアル
日立物流	LIXIL グループ	NTN
日立金属(株)	東京電力	三菱自動車工業
日立建機(株)	日本取引所グループ	日産自動車
ピープル	マネックスグループ	オリンパス
HOYA	みずほ FG	日本証券金融
三菱電機	日東紡績	SOMPO HD
りそな HD	三菱ケミカル HD	ヒガシトゥエンティワン
エーザイ	日本郵政	構造計画研究所
エステー	荏原製作所	日本ペイント HD
大和証券グループ本社	ツバキ・ナカシマ	三越伊勢丹 HD
日本精工	三菱 UFJ FG	関西電力
フジシールインターナショナル	マクロミル	ジャパンディスプレイ
栄研化学	Ｊ.フロントリテイリング	スマートバリュー
大田花き	GMO クリック HD	

＊下線を付した 19 社は 2003 年に委員会等設置会社制度発足以来の会社。

出所：日本取締役協会「指名委員会等設置会社リスト（上場企業）」2021 年 4 月 14 日現在

図表Ⅲ-2-4　指名委員会等設置会社のモデル

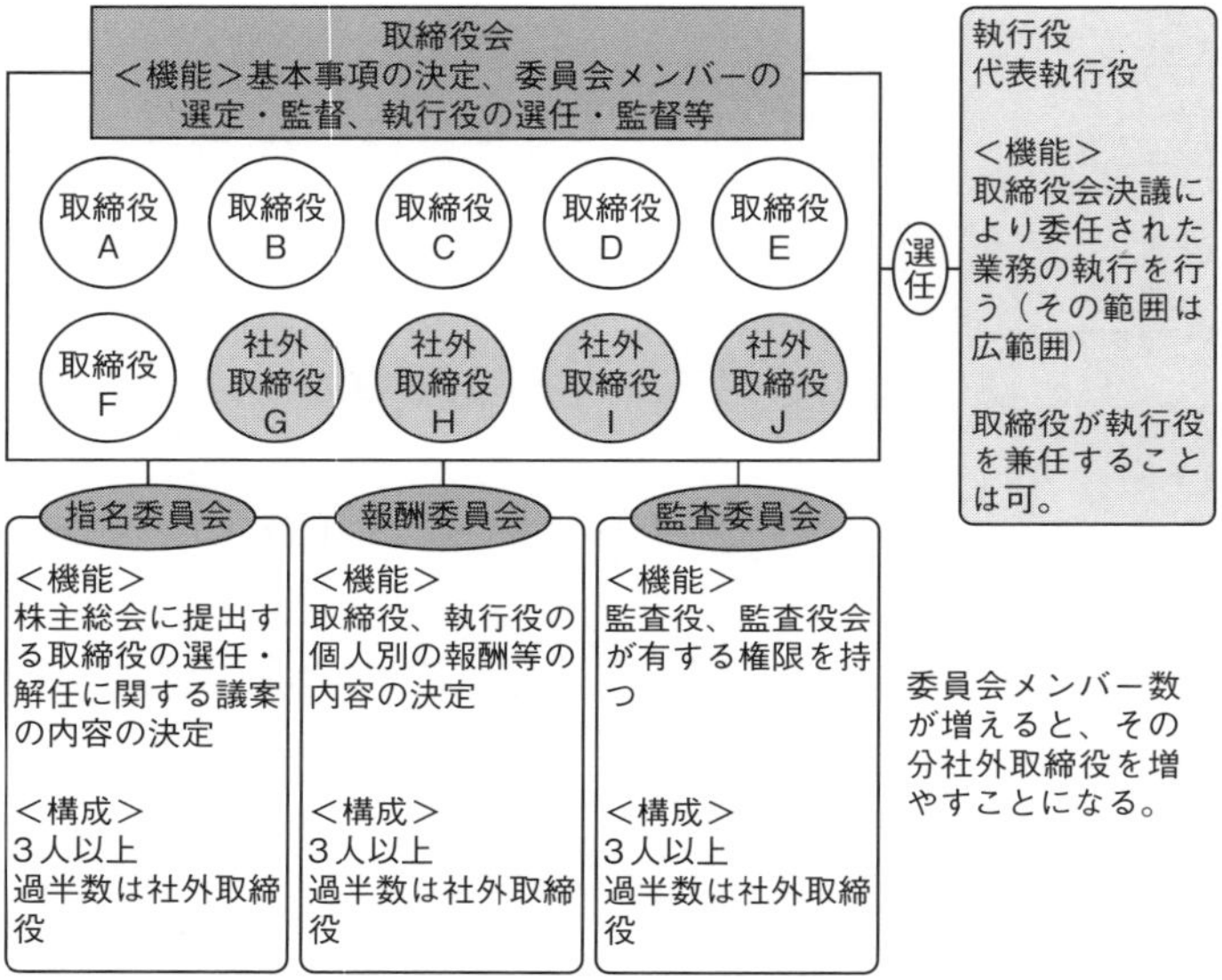

(3) 監査等委員会設置会社

２０１５年５月から施行された改正会社法で、新たに設けられた。監査役会に代わって過半数の社外取締役を含む取締役３名以上で構成される監査等委員会が、取締役の職務執行の組織的監査を担うというもので、監査役会設置会社と指名委員会等設置会社の中間的性格を帯びたガバナンスの形態である（図表Ⅲ-2-5）。

委員会等設置会社、委員会設置会社、指名委員会等設置会社と異なり、制度導入後上場会社の間で採用会社が急速に増えつつあり、現在約３割のウェイトを占める。本制度ができたため、従来の委員会設置会社は、名称を指名委員会等設置会社と改められた。

監査等委員会設置会社のメリットとして

図表Ⅲ-2-5　監査等委員会設置会社のモデル

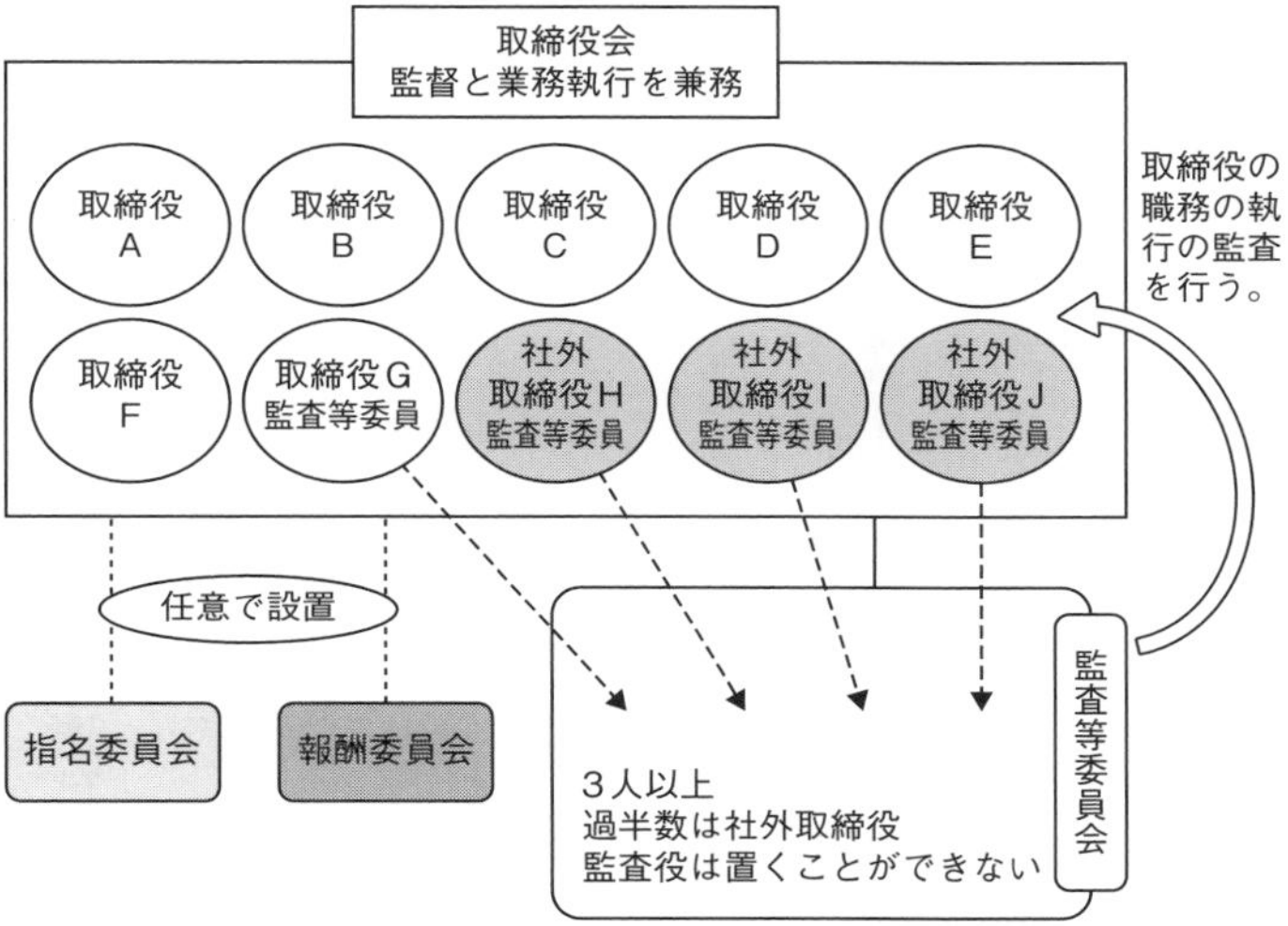

は、社外取締役の配置義務が監査等委員会ひとつのため、社外取締役の選任負担が指名委員会等設置会社よりも軽いこと（監査等委員会において社外取締役が最低2名いれば成立する）である。もうひとつのメリットとしては、取締役の過半数が社外取締役である場合には、重要な業務執行の決定を取締役に委任することができる（本来は取締役会の権限であり、個々の取締役には委任できない）が挙げられる。

また、監査役会設置会社では、常勤監査役の設置を義務づけながら、監査等委員の常勤は求められていない。非常勤監査等委員では、監査の幅と深度に十分なものが期待できるのか疑問であり、制度上の整合性が取れていないともいえる。(3)

2　不祥事は機関設計を選ばない

かつて監査役会設置会社よりも委員会等設置会社（現在の指名委員会等設置会社）がガバナンス的に優れていると喧伝されたが、委員会等設置会社が導入された2003年以降の状況を見ると、そのような結論を得ることはできない。委員会等設置会社において長期にわたる業績低迷や経営者主導の不祥事がしばしば発生している事実を見る限り、委員会等設置会社あるいは指名委員会等設置会社が監査役会設置会社よりも優れたガバナンスを維持できるとはとても言えない状況である。この意味で、不祥事は機関設計を選ばないのである。

委員会等設置会社導入当時の立法担当者は、委員会等設置会社制度の創設は、適切な企業統治を実現するための機関のあり方について、会社の選択の幅を増やすためであったと明言しており(4)、監査役会設置会社と委員会等設置会社との制度間競争を図ることにより、より良い企業統治形態を模索しようとする意図は理解するとしても、委員会等設置会社は17年たっても普及せず、今なお上場会社の圧倒的多数が監査役会設置会社であり続ける事実を見れば、競争は成立しなかったといっても過言ではないであろう。

3　監査役会設置会社が最強のガバナンスだが

監査役会設置会社、指名委員会等設置会社、監査等委員会設置会社の制度比較を行うと、①監査機能の取締役会からの独立性が制度的に確立している（取締役と監査役の兼任禁止）、②監査役が多数決によらず、「独任制」のもと監査行動を行う、③取締役に対し行為差止め権（３８５条）など強力な権限が認められているなどの理由により監査役会設置会社が、最も独立性が担保されており、監査機能の発揮には優れている。

しかしながら、組織論、機能論のみでコーポレートガバナンスの向上を図ろうとすることはできない。取締役（社外取締役を含む）と監査役（監査委員、監査等委員を含む）になる「人」の適切な選任がコーポレートガバナンスにおける最重要な課題である。代表取締役を始めとする取締役と監査役に対して、能力、資質、倫理観といった「人」の問題に改めて焦点を当てつつ、３つの機関設計の中から、自社の会社風土、業容、リスクの現状等を勘案し、自社に最も適した機関設計を選定し、それに対して最適な人材を投入するという努力がこれからも求められる。

［注］
（１）神田秀樹『会社法　第23版』弘文堂 ２０２１年3月1日、１８１頁。
（２）日本取締役協会「指名委員会等設置会社リスト（上場企業）」２０２１年4月14日

（3）たとえ常勤でなくとも、監査等委員が専門的スキルを持った内部監査部門を直接的に指揮・命令して監査の実を上げることを期待しているようである。しかし、社内の人や組織を熟知しない者が、個別具体的に監査の内容について指揮・命令できるとは思われない。

（4）高橋均「監査等委員会設置会社をめぐる現状と今後の課題」ＥＹ情報センサー２０２０年新年号

第3章　社外取締役の現状

1　社外取締役とは何か

社外取締役（outside director）とは、生え抜き役員（内部昇格役員）の対極に位置し、経営の規律を図るために、社外から採用されて経営の内部に所属し、独立的、客観的立場で経営を監視（モニタリング）するための機能である。

日本企業の取締役会について海外から批判があるのは、その同質性と代表取締役による実質的な取締役会支配である。すなわち、役員の選解任は、本来株主総会の権限に属するのであるが、日本の伝統的なガバナンスモデルでは、代表取締役が他の取締役や監査役を事実上選任し、代表取締役と心情的には同心円上にある子飼いの役員が取締役会を構成し経営を行うものとなっている。そこでは、代表取締役に対して他の役員は感謝や奉仕の念は持ちえても、代表取締役に反対や批判の意見を表明することはほとんど期待できないことは明らかである。こういう環境のもとでは、代表取締役の不法・不適切な行為や判断を掣肘できないばかりか、業務プロセスや商品・サービス提供の適切性について、同質目線の経営では社会一般の常識と乖離する危険性もあるのではないかと指摘されていた。こうした批判にこたえるため、社外取締役の導入が進められたのである。

2　導入経緯

わが国の会社法制において、初めて「社外」役員の概念が出現したのは、1993年の商法改正によって社外監査役制度が創設されたときである。[1] 社外取締役は2003年の商法改正で、「委員会等設置会社」の要件として導入された。2005年の会社法施行で、「委員会等設置会社」は「委員会設置会社」に改称された。社外取締役が義務付けられたのは、委員会設置会社には取締役会の権限を執行役あるいは少数の業務執行取締役に委譲することができるようにしたため、条件として業務執行側に対する監督機能を強化することが求められたからである。しかし、その普及は遅々として進まなかった。「委員会設置会社」を選択するごく少数の企業を除き、企業側に〝よそ者〟たる社外取締役を取り込むことに抵抗感が強かったこと、また監査役（会）が法制上取締役の業務執行を監査しているのだから、屋上屋を重ねる制度として敬遠されたのである。

2015年5月に施行された会社法改正によって「委員会設置会社」は「指名委員会等設置会社」と改称されたが、制度創設以来この委員会設置型ガバナンスの形態をとる会社数は、全上場会社における割合として終始２～３％程度であった。[2] しかし、２０１５年５月の改正会社法において、監査役会設置会社と指名委員会等設置会社の中間ともいうべき「監査等委員会設置会社」が新たに設けられ、同年６月にコーポレートガバナンス・コード（後述）が導入されたことを契機に，社外取締役が急速に普及していった（図表Ⅲ-３-１）。

全上場会社において社外取締役を選任する会社の割合は、２０１３年54・２％であったものが、２０１５年87・３％に大きく跳ね上がり、２０１６年95・８％、２０１７年96・９％、２０２０年98・９％となっている。また、社外取締役を２名以上選任する全上場会社の比率は、２０１３年23・６％から２０１７年76・０％、２０２０年85・０％と急増している。[3]

会社法上は、社外取締役を置いていない会社はその理由の開示を求められているにとどまっていたが、２０２１年３月に一部施行された改正会社法では、監査役会設置会社（公開会社であり、かつ、大会社）で有価証券報告書を提出する会社（いわゆる上場企業のこと）は、必ず社外取締役を置かなければならないとしている。ここにおいて、社外取締役の設置は、置く置かないの論議は終了して、その量と質の問題へと変質していくと見ていいだろう。

3　社外取締役と独立社外取締役

(1) 会社法の定義と配置義務

社外役員の定義についてであるが、会社法では第5条十五、十六において、社外取締役と社外監査役の要件を定めている。[4] 極めて分かりにくいが、要するに、自社、親会社、子会社、兄弟会社に、現在または所定の期間内（10年以内、20年~10年以内）において役員や従業員であったかどうか（会社における地位条件）、役員や幹部社員の配偶者、二親等内親族であるどうか（親族条件）を基準とするものである（詳細は注（4）を参照）。

会社法327条の2では、監査役会設置会社（公開会社であり、かつ大会社）で有価証券報告書を提出する会社（実質的には上場企業のこと）は、必ず社外取締役を置かなければならないとしている。

(2) 上場規程における独立社外取締役

東京証券取引所の上場規程では、会社法での社外取締役よりさらに独立性を強調したものとして独立社外取締役（独立社外監査役）という概念を掲げて、上場会社に一般株主と利益相反が生じるおそれのない独立役員を1名以上確保することを要求している。加えて、上場会社は、取締役である独立役員を少なくとも1名以上確保するよう努めなければならないとしている。経営陣から著しいコントロールを受け得る者、経営陣に対して著しいコントロールを及ぼし得る者は、独立役員ではないというのが基本的思想である。そして、独立役員の確保に係る企業行動規範の遵守状況を確認するため、東証への「独立役員届出書」を提出させている。

社外独立要件の内容は、「独立役員の確保に係る実務上の留意事項」項（２０２０年2月改訂版）に詳細が記載されている。独立役員に該当しない者としては、例えば、当該会社の親会社または兄弟会社の業務執行者（業務執行取締役のみならず使用人を含む）、当該会社の主要な取引先、当該会社を主要な取引先とする者、当該会社から役員報酬以外に多額の金銭その他の財産を得ているコンサルタント・会計士・弁護士、当該会社の主要株主といった者が挙げられている。「主要」とか「多額」についての定義は各社で判断することになっている。

4　コーポレートガバナンス・コードにおける独立社外取締役

(1)　独立社外取締役の役割・責務

コーポレートガバナンス・コードでは、独立社外取締役の役割・責務（原則4-7）、独立社外取締役の有効な活用（原則4-8）、独立社外取締役の独立性判断基準及び資質（原則4-9）についてそれぞれ記載がある。先に社外取締役とは何かを示したが、コーポレートガバナンス・コードの原則4-7では、より具体的に社外取締役の役割・責務を説明している。

【原則4-7】独立社外取締役の役割・責務

上場会社は、独立社外取締役には、特に以下の役割・責務を果たすことが期待されることに留意しつつ、その有効な活用を図るべきである。

(i)経営の方針や経営改善について、自らの知見に基づき、会社の持続的な成長を促し中長期的な企業価値の向上を図る、との観点からの助言を行うこと

↓ 知見にもとづく助言

(ii)経営陣幹部の選解任その他の取締役会の重要な意思決定を通じ、経営の監督を行うこと

↓ 経営の監督

(iii)会社と経営陣・支配株主等との間の利益相反を監督すること

↓ 利益相反の監督

(iv)経営陣・支配株主から独立した立場で、少数株主をはじめとするステークホルダーの意見を取締役会に適切に反映させること

↓ 少数株主等の意見反映

まさに、これら4つが社外取締役の要件であろう。たとえ会社法や上場規程上の諸要件をクリアしていたとしても、この4つのパフォーマンスができない者は、独立社外取締役とは言えないのである。とかく独立社外性に関する法規制上の要件の解釈にこだわりがちであるが、助言、監督、利益相反の監

図表Ⅲ－３－１　社外取締役と独立社外取締役の普及状況（東証一部）

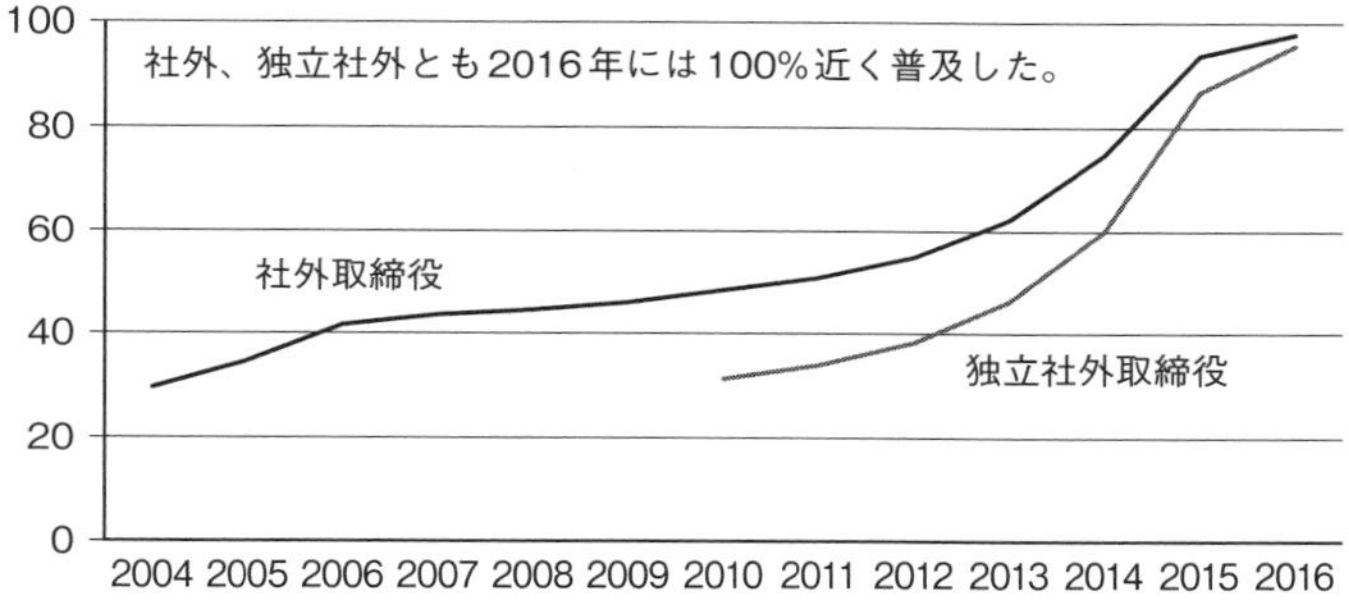

出所：東京証券取引所「取締役会関連参考データ」2015年10月20日、同「東証上場会社コーポレート・ガバナンス白書」2017～2021

図表Ⅲ－３－２　複数独立社外取締役の状況（東証一部）

	2014年	2015年	2016年	2017年	2018年	2019年	2020年
２名以上	21.5	48.4	79.7	88.0	91.3	93.4	95.3
1/3以上	6.4	12.2	22.7	27.2	33.6	43.6	58.7
過半数	—	—	—	2.9	3.2	4.3	6.0

出所：東京証券取引所「東証上場会社における独立社外取締役の選任状況及び指名委員会・報酬委員会の設置状況」各年度版

督、ステークホルダーの意見反映ができているのかを常に問い続ける姿勢が必要であろう。

(2) 独立社外取締役の普及状況

社外取締役よりも要件の厳しい独立社外取締役はどの程度普及しているのであろうか。東証の公表資料（上場企業が東証へ提出している「独立役員届出書」をもとに作成[5]）によれば、概要は以下のとおりである（図表Ⅲ-３-２）。

・独立社外取締役を選任している会社は、全上場会社のうち95・６％。

・独立社外取締役を２名以上選

任している会社は、東証一部会社のうち95・3％。
・独立社外取締役の1／3以上を占める会社は、東証一部会社のうち58・7％。
・独立社外取締役を全取締役の過半数を占める会社は、東証一部会社のうち6・0％。
コーポレートガバナンス・コードの原則4-8では、上場会社に対して独立社外取締役を少なくとも2名以上選任すべきとしており、また会社を取り巻く環境を考慮して必要に応じ1／3以上など十分な人数の独立社外取締役を選任するよう要求している。これについては、東証一部レベルの会社では、2名以上選任はほぼできており、1／3以上も6割近くの会社が達成している。しかし、過半数となると6％とその普及は問題にならないほど低い。

過半数にするというのは、取締役会の性格を抜本的に変えることになるから、そう簡単には進まないであろう。日本の会社の取締役会は、指名委員会等設置会社でなければ、ほとんどがマネジメント型ガバナンスであり、経営の実務を執るものが取締役を兼任する。一方、モニタリング型ガバナンスとよばれる米国スタイルの取締役会では、CEOと最高財務責任者（CFO）を除くとあとは社外の人材というケースが多い(6)。取締役会では、基本的、重要な事項のみ審議決定し、業務執行実務に係わるほとんどの事項は、取締役会から委任を受けた執行役員（executive officer）以下が判断し進めることになる。

過半数以上にするためには取締役会の機能変更が必要

したがって、過半数以上というのは、単に独立社外取締役の数を増やしていくだけでは足りず、取締役会の機能をどう変えるのかという根本的な問題が横たわっているのである。このテーマが個々の会社でクリアできなければ、独立社外取締役を過半数以上にもっていくのは困難であろう。また、日本の上場大会社がすべてモニタリング型に移行する必要もなく、その判断は個々の会社が、事業環境、事業の性格、業容、その他固有の事情等を勘案しながら独自に決定すべき問題であることは言うまでもない。

5　社外取締役が効果を発揮するために

コーポレートガバナンス・コードが社外取締役に対して期待している4つの機能、知見にもとづく助言、経営の監督、利益相反の監督、少数株主等の意見反映が、効果的に発揮されるためには、社外取締役本人、会社側がわきまえなければならない諸条件があるように思われる。

(1) 社外取締役の本来の性格

まず、社外取締役本人（社外監査役も含めて）についてであるが、現在のところ社外取締役がガバナンスの維持向上に対して、世の期待通りに効果を上げられているかの実証的分析はまだ見当たらない。[7]したがって、社外取締役に相応しい人物の見識、業績、専門分野、職歴はいかなるものなのか、それらが会社にどう貢献しうるのかは、今後各社における試行錯誤を繰り返す中で見い出していくしかないと言えよう。

その場合、基本的に重要なことは、社外取締役が常に会社内部のことは当然として、法令や企業会計および国内外の政治経済社会の動向をキャッチし学び続けるという姿勢であろう。これは必ずしも、それぞれの分野の専門家であるべきということを意味しない。要は健全な懐疑心を働かせるための武器をどれだけ持っているかということである。別の会社経営経験者（代表取締役、取締役、執行役、執行役員、部長等）が社外取締役に適しているなどとよく言われるが、単に自社にいたときの知識と経験にもとづき大所高所から意見を言うだけであれば、それは評論家に過ぎない。日々刻々と変化する会社を取り巻く国内外の環境と、同じく変化し続ける社内の状況に的確に対応するためには、深い知識と洞察力が必要なのである。

さらにもうひとつ重要なことは、社外取締役のスタンスの問題である。コーポレートガバナンス・コードで示された4つの役割・責務を適宜適時適切に果たす存在であるためには、強い意志をもって経営（業務執行側）に接しなければならない。監督や監視は勿論のこと、業務執行者とは違う立場で、少数株主をはじめとしたステークホルダーの存在も考慮して客観的に意見を述べるというのは、口で言う程なま易しいことではない。その場合、業務執行側との摩擦や軋轢も生じる局面もあるかもしれない。しかし、社外取締役は口に苦いことを言う役割と徹して、会社とステークホルダーのためにあえて〝嫌われ者〟になる勇気と覚悟が必要なのである。

⑵経営者のあるべき姿勢

社外取締役（社外監査役も含めて）を招聘する場合、彼らに何を期待するのかをはっきりさせ、それを社内に伝えて、経営者と従業員が社外取締役の期待像を共有することがまず求められる。社外取締役の設置に関する法とコーポレートガバナンス・コードが急速に進展、整備されていったため、設置する会社側の意識がそれに追いついていないとすれば、社外取締役は、会社の本音としては余計なもの、そっと敬遠しておくべき存在となってしまう。日産自動車のゴーン会長が健在の頃、彼が取締役会と社外役員を軽視していたことは有名である。例えば、「取締役会の開催時間は平均して20分足らずであった。ゴーン氏は、取締役会において、質問や意見が出ることを嫌い、意見等を述べた取締役や監査役を会議後自室に呼んだり、いわゆる『うるさい監査役』については再任しなかった。何も言わない監査役を探してこいと言われた者もいる⑻」。しかし、こうした現象は必ずしもゴーン元会長に限ったことではないようだ。

スティーブ・ジョブズと社外取締役

アップル社のスティーブ・ジョブズは取締役を選ぶにあたり、自分に逆らわない従順な者ばかりを集めた。ラリー・エリソン（オラクル社ＣＥＯ）は、ジョブズから取締役就任を要請され、「取締役になるのは構わないが、取締役会への出席が面倒だ」と言われ、ジョブズは半分出てくれればいいからと説得する。しばらくすると、エリソンは取締役会に１／３しか出席しなくなったので、ジョブズはビジネスウィーク誌に載ったエリソンの写真を実物大に拡大し、人型に切った厚紙に貼って、椅子に置いていた。ビル・キャンベル（イントウィット社CEO）は、ジョブズの散歩仲間で、お互いの家が5ブロックしか離れていなかった。その他の取締役として、アル・ゴア、エリック・シュミット（グーグル）、アート・レヴィンソン（ジェネンテック）、ミッキー・ドレクスラー（GAP）、アンドレア・ユン（エイボン）などがいたが、人選のポイントは忠誠心で、ジョブズが招いたのは高い地位にある人ばかりだが、いずれもジョブズに畏れや恐れを抱き、ジョブズにはいい気分でいて欲しいと願っているように見えるメンバーばかりだった。そのジョブズが元証券取引委員会委員長のアーサー・レビットにアップル取締役就任を打診したことがあった。レビットは大喜びでジョブズと打ち合わせを行った。しかし、その後ジョブズは取締役会に独立した強い権限を与えるべしとレビットが主張したコーポレートガバナンスに関するスピーチを読み、就任要請を取り下げた。「アーサー、うちの取締役会は君にとって居心地がよくないだろう。正直なところあなたの主張はアップルの文化にそぐわないところがあるんだ」。レビットはのちにこう書いている。「あの時は落ち込みました。……アップル取締役会はCEOから独立した組織ではない……それは私の目には明らかでした[9]」。

要するに、責任をもってCEOを監視するというような人々ではなく、見た目によく、会社のステイタスを保てる従順な有名人に取締役を委嘱しているのである。

わたし自身も直接関係者から聞いたことであるが、ものいう社外役員について、「あいつにあんなことを言わせるな」と部下を叱責する会長や社長がいる。ものを言わせないように事前の社外役員への御進講を徹底しろと指示する経営者もいる。つまり、業務執行側がやりたいようにやりたいのであり、それに対する批判的意見は聞きたくないし、議論もしたくないというのである。これでは何のための社外取締役なのか意味が分からなくなる。こういう会社の社外取締役は、〝魔除け〟や〝名ばかり〟の存在でしかなく、規制をクリアするためだけの社外取締役設置であって、目的と手段が逆転してしまっている。

社外取締役は、社内とは次元の違った外部の目から見た貴重な意見を述べる存在なのであるから、経営をチェックしたり、見直すための有用な経営資源として認識することが重要である。そして、社外取締役もそれに応じられる人材でなければならない。

(3)会社のガバナンスのレベルは、CEOのレベルを超えることは出来ない

社外取締役の役割は、取締役会で相応の意見を述べることであるというように観念的に理解されることが多いが、それほど単純なものではない。意見を言っただけでは足りず、それが会社を動かさないと意味がないのである。社外取締役の主張について、それを聞く・聞かない、採用する・しないは、極論するとCEOに該当する人、代表取締役や社長等の判断の問題となる。この構図を考えると、CEOが耳の痛いことも聞こうとする人かどうかが、まず重要な分かれ目になる。CEOがゴーン氏のように自分が御しやすいイエスマンばかりを揃えたいのであれば、いかに社外取締役が正論を吐いたところで、「貴重なご意見」と体よくあしらわれるだけであろう。そして、そのような会社では、再任・解任の権

限は実質的にＣＥＯが握るから、その社外取締役は任期終了とともにお払い箱となる。

その逆に、いくらＣＥＯが耳の痛い意見も受け入れる度量を持った人でも、肝心の社外取締役が、摩擦を恐れ本来いうべきことを言わないケースもあるが、前者の方が害が大きい。結局のところ、その会社のガバナンスのレベルは、ＣＥＯのレベルを超えることは出来ないのである。このように考えると、取締役が社内か社外かは本質的な問題ではない。社外取締役の数を増やすことに精力を使う前に、会社を持続的に発展させるために、どのように社外取締役を活用するかという問いかけに対しＣＥＯ自身が回答を持っていなければならず、それはＣＥＯの哲学に属する問題なのである。

[注]

(1) この背景としては、バブル崩壊前後企業不祥事が相次いだこと、ちょうどその頃、日米構造問題協議で米国側が社外取締役の制度導入を求めたこともある。米国の攻勢を取締役ではなく、監査役の社外性を打ち出すことで、一応しのいだ形となった。（藤島裕三「社外取締役と独立取締役～その概念整理と近時における議論～」経営戦略研究　２００９年春季号 Vol.21 59頁）

(2) 日本取締役協会「指名委員会等設置会社リスト（上場企業）」２０２１年4月14日現在によれば、２００３年委員会設置会社数44社、２０１５年指名委員会等設置会社69社、２０１６年70社、２０１７年73社、２０１８年72社、２０１９年77社、２０２０年79社、２０２１年78社と一進一退を繰り返しながらの微増にとどまっている。

(3) 東京証券取引所「コーポレート・ガバナンス白書２０２１」、同「東証上場会社における独立社外取締役の選任状況及び指名委員会・報酬委員会の設置状況」２０２０年9月7日

(4) 社外取締役とは、株式会社の取締役であって、次に掲げる要件のいずれにも該当するものをいう〈会社法5条十五による社外取締役の要件〉。

イ　当該株式会社又はその子会社の業務執行取締役（株式会社の第三百六十三条第一項各号に掲げる取締役及び当該株式会社の業務を執行したその他の取締役をいう。以下同じ）若しくは執行役又は支配人その他の使用人（以下「業務執行取締役等」という。）でなく、かつ、その就任の前十年間当該株式会社又はその子会社の業務執行取締役等であったことがないこ

と。

ロ　その就任の前十年内のいずれかの時において当該株式会社又はその子会社の取締役、会計参与（会計参与が法人であるときは、その職務を行うべき社員）又は監査役であったことがある者（業務執行取締役等であったことがあるものを除く。）にあっては、当該取締役、会計参与又は監査役への就任の前十年間当該株式会社又はその子会社の業務執行取締役等であったことがないこと。

ハ　当該株式会社の親会社等（自然人であるものに限る。）又は親会社等の取締役若しくは執行役若しくは支配人その他の使用人でないこと。

ニ　当該株式会社の親会社等の子会社等（当該株式会社及びその子会社を除く。）の業務執行取締役等でないこと。

ホ　当該株式会社の取締役若しくは執行役若しくは支配人その他の重要な使用人又は親会社等（自然人であるものに限る。）の配偶者又は二親等内の親族でないこと。

社外監査役とは、株式会社の監査役であって、次に掲げる要件のいずれにも該当するものをいう〈会社法５条十六による社外監査役の要件〉。

イ　その就任の前十年間当該株式会社又はその子会社の取締役、会計参与（会計参与が法人であるときは、その職務を行うべき社員。ロにおいて同じ。）若しくは執行役又は支配人その他の使用人であったことがないこと。

ロ　その就任の前十年内のいずれかの時において当該株式会社又はその子会社の監査役であったことがある者にあっては、当該監査役への就任の前十年間当該株式会社又はその子会社の取締役、会計参与若しくは執行役又は支配人その他の使用人であったことがないこと。

ハ　当該株式会社の親会社等（自然人であるものに限る。）又は親会社等の取締役、監査役若しくは執行役若しくは支配人その他の使用人でないこと。

ニ　当該株式会社の親会社等の子会社等（当該株式会社及びその子会社を除く。）の業務執行取締役等でないこと。

ホ　当該株式会社の取締役若しくは支配人その他の重要な使用人又は親会社等（自然人であるものに限る。）の配偶者又は二親等内の親族でないこと。

（５）東京証券取引所「コーポレート・ガバナンス白書２０２１」、92-１０８頁。

（６）東哲郎（東京エレクトロン元社長）「私の履歴書」日本経済新聞２０２１年4月18日

（７）社外取締役の存在が会社経営にどう役立っているのか、取締役会の実効性は高まっているのかについて、江川雅子一橋大学特任教授の興味深い調査研究がある（日本経済新聞２０２０年7月24日朝刊）。社外取締役の質問・発言により取締役会が活性化し、議案が修正・否決されるケースも増えている、取締役会に緊張感が生まれた等の評価ができるという。この調査は、鹿島、武田薬品、日立、三菱重工、三菱商事等東証一部企業13社の事務局へのインタビューにもとづいているので、必ずしも客観的とは言い難いこと、サンプルが上澄みともいうべき優良会社に偏していること、また変化の実質的な内容が不明なので、この調査結果のみを以て社外役員の効用を主張することは出来ないと思われる。

（8）日産自動車ガバナンス改善特別委員会「報告書」２０１９年3月27日、11頁。

（9）ウォルター・アイザックソン『スティーブ・ジョブズⅡ』講談社 ２０１２年、60-62頁。

第4章　サステナビリティ経営の今後の課題

1　サステナビリティとは何か

サステナビリティとは何かであるが、サステナビリティという用語そのものは、コーポレートガバナンス・コード2015に早くも現れていた。その【原則2-3】では、「上場会社は、社会・環境問題をはじめとするサステナビリティ（持続可能性）を巡る課題について、適切な対応を行うべきである」とし、【補充原則2-3①】では「取締役会は、サステナビリティ（持続可能性）を巡る課題への対応は重要なリスク管理の一部であると認識し、適確に対処するとともに、近時、こうした課題に対する要請・関心が大きく高まりつつあることを勘案し、これらの課題に積極的・能動的に取り組むよう検討すべきである」と補足的に記述していた。ここでの問題意識は、サステナビリティが「リスク管理の一部」というところにあった。ところが、コーポレートガバナンス・コード2021では、サステナビリティをより広範な概念として捉えなおし、「中長期的な企業価値の向上に向け、サステナビリティが重

図表Ⅲ－4－1　コーポレートガバナンス・コードとサステナビリティ経営

	サステナビリティ経営に関する記述
基本原則２ まえがき	「持続可能な開発目標」（SDGs）が国連サミットで採択され、気候関連財務情報開示タスクフォース（TCFD）への賛同機関数が増加するなど、中長期的な企業価値の向上に向け、サステナビリティ（ESG要素を含む中長期的な持続可能性）が重要な経営課題であるとの意識が高まっている。こうした中、我が国企業においては、サステナビリティ課題への近時のグローバルな社会・環境問題等に対する関心の高まりを踏まえれば、いわゆるESG（環境、社会、統治）問題への積極的・能動的な対応を一層進めていくことが重要である。 上場会社が、こうした認識を踏まえて適切な対応を行うことは、社会・経済全体に利益を及ぼすとともに、その結果として、会社自身にも更に利益がもたらされる、という好循環の実現に資するものである。
原則２－３	上場会社は、社会・環境問題をはじめとするサステナビリティ（持続可能性）を巡る課題について、適切な対応を行うべきである。
補充原則 ２－３ ①	取締役会は、気候変動などの地球環境問題への配慮、人権の尊重、従業員の健康・労働環境への配慮や公正・適切な処遇、取引先との公正・適正な取引、自然災害等への危機管理など、サステナビリティ（持続可能性）を巡る課題への対応は、重要なリスク管理リスクの減少のみならず収益機会にもつながる重要な経営課題の一部であると認識し、中長期的な企業価値の向上の観点から、適確に対処するとともに、近時、こうした課題に対する要請・関心が大きく高まりつつあることを勘案し、これらの課題に積極的・能動的に取り組むよう検討を深めるべきである。
補充原則 ３－１ ③	上場会社は、経営戦略の開示に当たって、自社のサステナビリティについての取組みを適切に開示すべきである。また、人的資本や知的財産への投資等についても、自社の経営戦略・経営課題との整合性を意識しつつ分かりやすく具体的に情報を開示・提供すべきである。 特に、プライム市場上場会社は、気候変動に係るリスク及び収益機会が自社の事業活動や収益等に与える影響について、必要なデータの収集と分析を行い、国際的に確立された開示の枠組みであるTCFDまたはそれと同等の枠組みに基づく開示の質と量の充実を進めるべきである。
補充原則 ４－２ ②	取締役会は、中長期的な企業価値の向上の観点から、自社のサステナビリティを巡る取組みについて基本的な方針を策定すべきである。また、人的資本・知的財産への投資等の重要性に鑑み、これらをはじめとする経営資源の配分や、事業ポートフォリオに関する戦略の実行が、企業の持続的な成長に資するよう、実効的に監督を行うべきである。

要な経営課題」という認識に昇華させ、その言及も多岐にわたっているのである。サステナビリティの概念を把握するために、コーポレートガバナンス・コード２０２１からその該当箇所を拾ってみる（図表Ⅲ-４-１）。これらによって、サステナビリティという言葉が持つ意味合いを感得できるであろう。

上記からキーワード（地球環境問題への配慮、人権の尊重、従業員の健康・労働環境への配慮、公正・適切な処遇、取引先との公正・適正な取引、自然災害等への危機管理等）を一瞥するだけでも理解されるが、サステナビリティ経営とは、企業活動を通して、経済価値と社会価値の２つの価値創造を両立させることで、企業と社会の持続可能性を実現していく経営のことである。ここでいう経済価値とは企業価値、あるいは企業活動によって生み出される生産価値をいい、社会価値とは企業の社会への貢献あるいは社会的責任および企業内の従業員に対する公正な扱いなどを指すものと理解して間違いがないであろう。そして、サステナビリティ経営の遂行にあたっては、取組みの基本的方針の策定、取締役会の積極的関与、具体的な情報開示を求めている。

２　サステナビリティをめぐる情勢

サステナビリティ経営は、企業の社会的責任を求める国際的な潮流によってその考え方が形成されてきた。

２００６年に国連が公表した「責任投資原則ＰＲＩ」を起点としてＥＳＧ投資（環境 Environment、社会Social、ガバナンスGovernance）が広がっていった。その後、2015年のCOP21（気候変動枠組条約第21回締結国会議）でのパリ協定の採択、国連サミットでのSDGs（持続可能な開発目標Sustainable Development Goals）の採択、2017年のTCFD（気候関連財務情報開示タスクフォース）報告書の公表などの国際的な取り組みも進展し、PRIに賛同する機関投資家が急速に増加している。ESG投資は世界各地で拡大傾向にあり、欧州では運用資産に占めるESG投資の割合が50％程度を占めている。(1) また、わが国でも、世界最大の年金基金であるGPIF（年金積立金管理運用独立行政法人）が、2015年わが国で初めてPRIに署名した。こうした投資家の環境、社会、ガバナンスを強く意識する投資行動や企業行動への要求を背景にサステナビリティ経営が浮かび上がってきたのである。

SDGs（持続可能な開発目標Sustainable Development Goals）

サステナブルという用語は、国連の「環境と開発に関する世界委員会（ブルントラント委員会）」が、1987年に公表した報告書「地球の未来を守るために（Our Common Future)」の中で、「持続可能な発展（Sustainable development)」を人類の課題であるとして取り上げ、経済成長と環境保全の関係について「将来世代のニーズを損なうことなく現在の世代のニーズを満たす」としたことが嚆矢である。この報告書をきっかけとして「サステナビリティ」という言葉と概念が世界に広く認知されるようになった。

ＳＤＧｓ（Sustainable Development Goals）に簡単に触れておく。ＳＤＧｓとは、２０１５年9月、国連本部において、「国連持続可能な開発サミット」が開催され、１５０を超える加盟国首脳の参加のもと、その成果文書として、「我々の世界を変革する：持続可能な開発のための２０３０アジェンダ」が採択され、人間、地球及び繁栄のための行動計画として宣言された。その基本コンセプトは、「誰一人取り残さない」持続可能で多様性と包摂性のある社会の実現にある。２０３０年を年限とするこの計画の目標（持続可能な開発目標）は、ミレニアム開発目標（ＭＤＧｓ）の後継とされ、17の目標と１６９のターゲットから構成されている。17の目標をキーワード的に示すと以下のようになる。(2)

> 貧困をなくす、飢餓をゼロに、すべての人に健康と福祉を、質の高い教育、ジェンダー平等、水と衛生、安価かつ信頼できるエネルギー、経済成長と雇用、産業と技術革新、不平等の是正、安全かつ強靭な居住空間、持続可能な生産消費、気候変動対応、海洋資源の保全、陸域生態系の保護、平和で包摂的社会、グローバル・パートナーシップ

わが国では、２０１６年からＳＤＧｓに係る施策の実施について、関係行政機関相互の緊密な連携を図り、総合的かつ効果的に推進するため、内閣に、「持続可能な開発目標（ＳＤＧｓ）推進本部」を設置している。本部の構成員は、本部長：内閣総理大臣、副本部長：内閣官房長官、外務大臣、本部員：他の全ての国務大臣となっている。

3　サステナビリティ経営をどのように進めるか

(1) 自社に即したテーマを

企業が、サステナビリティ諸課題への取組みを進める場合、特にSDGsを視野に入れたときに17の目標と169のターゲットすべてについて着手するなどということは、いうまでもなく非現実的である。ここで注意しておきたいのは、SDGsはストレートに企業行動にのみ向けられているのではなく、地球上のすべての国家、地方政府、各種機関、諸団体の行動を対象にしているということである。企業はその中のひとつに過ぎない。また、個々の企業が社会課題の解決に対して、どこまで責任を持てるのか、何をどこまでやるべきなのか、必ずしも明確になっているわけでもない。したがって、各企業は自社の業種、規模、業務プロセスのあり方等を勘案し、自社の本来業務に沿ったかたちでSDGsに貢献していくことが必要である。

このサステナビリティ経営に関しての企業のスタンスについては、今回のコーポレートガバナンス・コードの改定に際して、有識者会議の意見をまとめた提言において、「サステナビリティの要素として取り組むべき課題には、全企業に共通するものもあれば、各企業の事情に応じて異なるものも存在する。各社が主体的に自社の置かれた状況を的確に把握し、取り組むべきサステナビリティ要素を個別に判断していくことは、サステナビリティへの形式的ではない実質的な対応を行う上でも重要となる」と各社の実態に応じた実効性ある対応を特に求めていることに留意しなければならない。[3] また、コーポレートガバナンス・コードが「自社のサステナビリティを巡る取組みについて基本的な方針を策定すべきである」と述べている理由もここにある。ＳＤＧｓを十分消化しきれないまま、何か取組みをしなければならないとＳＤＧｓのためのテーマを探したり、他社事例をそのまま自社で採用しようというのでは「持続的」な取組みは困難であろう。[4]

(2) ＳＤＧｓと収益機会

また、ＳＤＧｓに関する論議の中で、あまり言及されることがない問題として、ＳＤＧｓ経営の経済価値がある。ＳＤＧｓ経営には社会価値と並んで経済価値がセットとなって存在している。すなわち、サステナビリティ経営には、収益機会の拡大や企業価値の向上への期待も存在するということを忘れてはならないのである。企業はＳＤＧｓを〝慈善事業的〟気分で扱ってはならない。そのようなものは長続きしないからである。ＳＤＧｓを収益機会と結びつけて考えることには抵抗感があるかもしれないが、企業が進めるＳＤＧｓの取組みから全く営利の要素を切り離すことは不適当である。持続的社会をつくることは企業活動にとってもプラスになるという信念があってはじめて企業行動として意味が生まれ、持続的に取り組む原動力とすることができるのである。この点については、コーポレートガバナンス・コードが、まことに適切な表現をしている。すなわち、「基本原則２」のまえがきにおいて「上場会社が、こうした認識を踏まえて適切な対応を行うことは、社会・経済全体に利益を及ぼすとともに、その結果として、会社自身にも更に利益がもたらされる、という好循環の実現に資するものである」（傍線筆者）といっているのがそれである。前述のようにＳＤＧｓの取組みは自社の本来業務に密接なものであるべきという理由もそこにある。ＳＤＧｓを綺麗ごとにしないためには、企業の地に足の着いた取り組みが期待されるのである。

(3) 経済価値と社会価値両方のバランスを取った経営

地球環境への配慮、人権尊重、従業員の健康、職場環境への配慮と公正な処遇等は、優れてビジネス倫理との親和性が強い取り組みである。これらを取締役会が重要な課題として推進することは、企業の持続的発展にとって不可欠であり、また社会的責任を果たすことでもある。一方、サステナビリティ経営とは、単に社会的課題のみへの対応を求めるものではなく、収益機会の拡大や企業価値の向上への期待も抱擁して進められるべきものなのである。サステナビリティ経営への取組みにあたっては、各社の取締役会は、経済価値と社会価値両方のバランスを考慮しつつ、自社の体力、財務の状況、様々なステークホルダーへの配慮等を勘案しながら、自社の身の丈にあった進め方が求められる。これはまさにビジネス倫理の具現化にほかならない。

コラム4　「プロテスタンティズムの倫理と資本主義の精神」

聖書に書かれているキリストの言行は終始一貫して質素を旨として貪欲や利潤の追求については否定的である。「人はパンのみで生きるものではない」「神と富の両方に仕えることはできない」「帯の中に金貨も銀貨も銅貨も入れて行ってはならない」「金持ちが天の国に入るのは難しい」（マタイ伝より）などというキリストの言葉が続き、果ては神殿で売り買いをしていた人々を追い出し、両替人の店を打ち壊していく。したがって、伝統的キリスト教徒にとって営利を追求することは根本的に恥ずべき行為であり、社会生活上最低限の許される範囲に留めておくべきものであった。それにもかかわらずプロテスタントが近代資本主義の確立に大きな役割を果たしえたのは何故であろうか。マックス・ウェーバーの分析はこの疑問から始まる。

その理由は、ルッターやカルヴィンなどの宗教改革者達が、何をもって神への奉仕・あかしとするべきかについて、世俗的職業の懸命なる履行を道徳的実践の最高の内容とみなして尊重したことにある。つまり神に喜ばれる生活を営むための手段はただひとつ、各人の生活上の地位（職業）から生ずる義務の遂行であって、これこそが神から与えられた使命に他ならぬ。ゆえに目的としての富の獲得は排除するが、勤勉な労働の結果としての富の獲得は神の恩恵となった。ウェーバーは、「プロテスタンティズムの倫理と資本主義の精神」の中で、近代的資本主義が西欧においてのみ発達した原因を宗教的側面から説明した。

さて、こうして発達した近代資本主義がその後どのような道筋を辿っていったかであるが、こうした「資本主義の精神」は、労働を「神からの使命」とする労働者の資本家による搾取をも正当化するという副産物をもたらした。アンドレ・モロワが「スミスやその門弟たちの眼から見れば、恵み深き神は、自然の法則の自由な作用が最大多数の最大幸福をなしうるような法則でこの世を調節されたのであった。……この理論は、貧困と失業とを自然や神によって与えられた霊薬であるとすることによって、富者たちの不安を鎮めるのに役立った。」（「英国史（下）」新潮文庫）と皮肉っている世界が出現したのである。もともとアダム・スミスが「諸国民の富」で主張したのは経済的弱者が「遺棄され、餓死しあるいは野獣のむさぼり食うまま」にまかせない社会を作ることに役立つ資本主義であったはずが、その進化とともに変質していく。経済学理論として「効用極大」「利潤極大」を軸に体系を精緻化していく過程で、人間道徳的なものが剥ぎ取られ、経済合理性の非情・冷酷な部分だけが強調されていった。そして宗教的戒律にまで高められた資本主義精神もまた、神との絶対的な契約であるが故に寛容さを失い、経済的弱者の拡大再生産が進んでいったことは何とも残念なことである。経済と宗教という一見相容れないものが、双方ともその思想を精錬純化していくと、極めて非人間的なものに変貌することに驚かされるのである。おそらくステークホルダー理論は、こうした無残な社会現象を乗り越えようとするものに違いない。

[注]
(1)「サステナビリティ経営実現に向けたコーポレートガバナンス改革〔上〕」『商事法務』№.2263、2021年5月25日、5頁。
(2) United Nations "Take Action for the Sustainable Development Goals"、国際連合広報センターの情宣物、外務省 Japan SDGs Action Platform。
(3) スチュワードシップ・コード及びコーポレートガバナンス・コードのフォローアップ会議「コーポレートガバナンス・コードと投資家と企業の対話ガイドラインの改訂について」2021年4月6日、4頁。
(4) 具体的にどのような活動を行えば、SDGsの評価につながるのか興味深い資料がある。SDGsへの取組みの評価が高い企業ランキング2020【全100位・完全版】が、2021年3月25日付で、ブランド総合研究所・ダイヤモンド編集部から発表された。1位はトヨタ自動車、2位アサヒビールで、評価が高いのはBtoC企業に多い傾向がある。評価に最も影響ある活動は「公平な取引を行うこと」、次いで「環境に配慮」、「働き方改革」、「生活を豊かにしている」。最も影響がない項目は「世界平和に貢献」であった（https://diamond.jp/articles/-/232687）。具体的で一般消費者にもわかりやすい取り組みを行う企業が評価されているようだ。

附録　主要企業不祥事・事故一覧　〜明治から令和まで〜

＊印は、本書および『企業不祥事の研究』の事例研究テーマ

〔明治時代〕

1872（明治5）年11月　**山城屋和助事件**（公金費消）
政商山城屋和助が、生糸暴落の穴埋めのため、山形有朋のあっせんで陸軍省の公金65万円を借り受けたが、返済に窮し切腹自殺。

1881（明治14）年7月　**開拓使官有物払下げ事件**（不公正取引）
北海道の開拓長官黒田清隆が開拓使官有物を同郷薩摩の政商五代友厚らの関西貿易商会に安値・無利子で払下げることを決定したところ、世論の厳しい批判を浴び、払下げ中止となった。

1895（明治28）年11月　**東京市水道鉄管事件**（検査不正）
東京鋳鉄合資会社が国産の水道鉄管を製造するも、品質不良のものが多い中、不良鉄管の試験機械を故意に狂わせるなどして合格品とした。

1896（明治29）年10月　**足尾鉱毒事件**（環境破壊）
足尾銅山における精錬時の排煙、精製時の鉱毒ガス、排水に含まれる鉱毒は付近の環境に多大な被害をもたらしたため、田中正造指導の下住民の反対運動が激しくなった。日本初の公害。

1902（明治35）年12月　**教科書汚職事件**（贈収賄）
利幅の大きい小学校検定教科書に採用してもらうべく、教科書会社が、文部官吏、県知事、視学官、学校校長、教諭らに金品を贈呈。

1907（明治40）年2月　**足尾銅山暴動事件**（労働紛争）
劣悪な待遇に怒った足尾銅山の坑夫らが、待遇改善などを訴えて鉱山施設などを破壊、放火した。

1909（明治42）年4月　**日糖事件**（贈収賄）
無謀な巨額投資により苦境に陥った大日本精糖を救済させようと政友会、憲政会などの代議士に金品を贈呈。さらに粉飾決算もあか

るみに。

1911（明治44年）年11月　**東洋捕鯨焼き討ち事件**（住民運動）
産業発展の目的で誘致された捕鯨事業会社に反感を持つ漁民が、捕鯨会社事務所に乱入・放火。この事件に加わった40名が起訴され、30名が懲役、6名が罰金、4名に無罪の判決。

〔大正時代〕

1914（大正3）年1月　**シーメンス事件**（贈収賄）
ドイツのシーメンス社が、謝礼を海軍将校に支払って入札情報を事前に入手し、海軍関係の通信・電気装備品を一手に納入していた。この問題の余波で山本権兵衛内閣が倒れた。

1926（大正15）年1月　**共同印刷ストライキ事件**（労働紛争）
会社の操業短縮と賃金カット発表に端を発して、日本労働組合評議会の指導の下、従業員がストライキに突入。ストライキは全国からの支援を受けて60日間続けられたが、会社は暴力団や臨時職工を工場に引き入れて操業を再開。

1926（大正15）年2月　**松島遊郭事件**（贈収賄）
大阪の遊郭移転に際して、不動産業者が各政党の代議士に金品を贈呈。

〔昭和―戦前〕

1927（昭和2）年3月　**東京渡邊銀行の破綻**（企業破綻）
議会で大蔵大臣片岡直温が「東京渡邊銀行がとうとう破綻を致しました」と失言したことで、これを口実に銀行は休業を決断。破綻の原因は失言以前に積みあがった不良債権。経営者一族への貸出しが銀行全体の貸出しの6割を超えるという放漫経営であった。

1927（昭和2）年3月　**臺灣銀行の破綻**（企業破綻）
最大の貸付先鈴木商店の破綻に連鎖して経営不能に陥る。全貸出額の半分以上を占めていた。のちに政府の支援により再建された。

1932（昭和7）年12月　**白木屋火災**（火災事故）
4階玩具売り場から出火、7階まで全焼し、14人死亡、88人負傷。初の高層ビル火災で、消防ポンプは無力。

〔昭和―戦後30年代まで〕

1948（昭和23）年6月　**昭和電工事件**（贈収賄）

復興資金として復興金融金庫からの融資を得るために、昭和電工の社長が政府高官や政府金融機関幹部に対して金品を贈呈。福田赳夫や大野伴睦らも逮捕された。

１９５１（昭和26）年４月　**桜木町電車火災事故**（鉄道事故）
架線碍子交換をしていた作業員が誤ってスパナを落とし架線が断線。そこへ進入してきた電車のパンタグラフが架線にからみつき電流の短絡が発生し、車両の屋根から火災発生。乗客が閉じ込められたまま逃げられず、焼死者１０６人・重軽傷者92人を出す大惨事となった。

１９５２（昭和27）年４月　**日本航空もく星号墜落事故**（航空機事故）
日本航空の旅客機もく星号が伊豆大島に墜落、乗客・乗務員37人全員死亡。

１９５４（昭和29）年1月　**造船疑獄**（贈収賄）
戦後の海運復興のための計画造船割り当てと利子補給、補償をめぐる日本船主協会、日本造船工業会が政治家に金品を提供。自由党幹事長佐藤栄作の逮捕請求に対して、犬養健法相が指揮権を発動し、これをつぶした。

１９５４（昭和29）年9月　**洞爺丸遭難**（海難事故）
国鉄の青函連絡船洞爺丸が航行中台風第15号により沈没。死者・行方不明者あわせて１１５５人に及び、日本海難史上最大の惨事となった。

１９５５（昭和30）年3月　**雪印乳業食中毒事件**（食品中毒）
東京都内の小学校児童に食中毒が発生、発症者は１９００人を超えた。粉乳製造中に停電があり、殺菌処理が持ち越されたため一部原料乳に黄色ブドウ球菌が繁殖したからであった。この時の佐藤貢雪印社長は陣頭指揮をとり、迅速的確に対処したことは高く評価された。

１９５５（昭和30）年8月　**森永乳業ヒ素ミルク中毒事件**（食品中毒）
粉ミルクを製造する際に加える乳質安定剤にヒ素が含まれており、これを飲用した乳児に、皮膚の黒染、発熱、肝腫、貧血などの症状が出た。少なくとも死者１３１人、中毒患者1万２１５９人。

１９６２（昭和37）年5月　**三河島列車三重衝突事故**（鉄道事故）
三河島駅構内で、貨物列車が脱線・停止。その直後に、下り本線を進行してきた列車が線路を塞いでいた貨物車両に衝突脱線し、上り本線上に飛び出した。さらにそこへ上り電車が進入し、線路上に降りて移動中だった乗客多数をはね、上り本線上に停止していた列車と衝突。この結果、死者１６０人、負傷者２９６人を出す大惨事となった。

１９６３（昭和38）年6月　**サリドマイド訴訟**（薬害）

睡眠・鎮痛剤サリドマイドを服用して奇形児が生まれた家族が、大日本製薬を相手に、損害賠償請求訴訟を名古屋地裁に提訴。その後、国も被告に含めた訴訟が次々と提起された。１９７３年12月14日、被告側は因果関係と責任を全面的に認めた。

１９６３（昭和38）年11月　**三井三池炭鉱炭塵爆発事故**（鉱山事故）

坑内の石炭を満載したトロッコの連結が外れて火花を出しながら脱線暴走、これにより大量の炭塵がトロッコから坑内に蔓延し引火爆発。坑内は約１４００人の労働者が従事しており、死者４５８名、一酸化炭素中毒患者８３９名を出した。戦後最悪の炭鉱事故。

１９６４（昭和39）年12月　**サンウェーブ工業倒産**（企業破綻）

ステンレス流しのトップメーカーが、東京地裁に会社更生法の適用申請。負債額１７０億円。

〔昭和40年代〕

１９６５（昭和40）年3月　**山陽特殊鋼倒産**（企業破綻、粉飾決算）

神戸地裁に会社更生法の適用を申請し倒産した。負債額は当時としては最高の約５００億円。倒産の直接の原因は、過剰な設備投資。倒産をきっかけに、当時の経営陣が約70億円の粉飾決算を行っていたことが発覚。社長・荻野一ら役員7人が違法配当、ヤミ賞与を出したとして商法、証券取引法違反、詐欺罪、業務上横領罪で大阪地検によって起訴された。

１９６５（昭和40）年5月　**山一証券危機**（企業破綻）

東京オリンピックの終焉とともに、日本経済は低迷し始め、その影響は証券会社にも及び、最も影響を受けた山一證券は倒産の瀬戸際までいった。時の大蔵大臣田中角栄が、２８２億円の日銀特融を決め、山一は救済された。しかし、山一證券は、バブル経済崩壊後の１９９７年11月に破綻した。

１９６７（昭和42）年6月　**四大公害訴訟**（環境汚染）

１９６７年6月、**新潟水俣病訴訟**（新潟県阿賀野川流域の住民が、昭和電工株式会社に対して）、１９６７年9月、**四日市公害訴訟**（三重県四日市市磯津地区の住民が、四日市コンビナートを形成している6社に対し）、１９６８年3月、**イタイイタイ病訴訟**（富山県神通川流域の住民が、三井金属鉱業株式会社に対し）、１９６９年6月、**熊本水俣病訴訟**（熊本県水俣地区とその周辺の住民がチッソ株式会社に対して）が提起された。１９７３年3月20日に判決が下された熊本県水俣病訴訟を最後に、いわゆる四大公害裁判は一応の終結をみた。

１９６８（昭和43）年2月　**日通事件**（贈収賄）

政府のコメの輸送契約を日本通運が独占するため、与野党議員に金品を贈呈。その裏金づくりが不正経理となり、社長以下５人の役員が背任横領、脱税の罪に問われた。

1968（昭和43）年10月　**カネミ油症事件**（食品中毒）
カネミ倉庫が製造する食用油にダイオキシン類（PCBなど）が製造過程で混入し、その食用油を摂取した人々やその胎児に障害などが発生、約1万4千人に被害。厚生省はカネミ製米ぬか油の販売を禁止した。

〔昭和50年代～60年代〕

1971（昭和46）年7月以降　**スモン薬害訴訟**（薬害）
キノホルム剤の服用によってスモン（神経障害等）を発症した患者が1971年以降、各地において国や製薬会社（武田、チバガイギー、田辺）を被告とした訴訟を相次いで提起。裁判の結果、一部の裁判所で原告勝訴の判決が出たことにより、すべての裁判の判決を待つことなく、1979年には、原告と被告である国、製薬会社との全面的な和解が成立した。
1971（昭和46）年7月　**全日空雫石衝突事故**（航空機事故）
岩手県岩手郡雫石町上空を飛行中の全日本空輸の旅客機と航空自衛隊の戦闘機が衝突し、双方とも墜落した。機体に損傷を受けた旅客機は空中分解し、乗客155名と乗員7名の計162名全員が死亡した。当時日本国内の航空事故としては最大の犠牲者数。
1972（昭和47）年11月　**北陸トンネル列車火災事故**（鉄道事故）
列車の食堂車から火災が発生し、北陸トンネル内で緊急停車。一酸化炭素中毒で30名の乗客乗員が死亡、714人が負傷した。
1974（昭和49）年2月　**石油ヤミカルテル事件**（独占禁止法違反）
オイルショックによる石油価格高騰に乗じた元売12社と石油連盟に対し、公正取引委員会はヤミ価格協定を破棄するよう勧告するとともに12社と各社担当役員を独禁法違反で検察庁に告発。最高裁で10社の有罪確定。
1974（昭和49）年12月　**三菱石油水島製油所重油漏れ事故**（環境汚染）
C重油タンクの底部が裂け、約4万3千kℓが構内に噴出。瀬戸内海東部一帯を広範囲に汚染、ノリ、牡蠣、養殖ハマチなどに被害。タンクの基礎工事不良が原因。
1976（昭和51）年1月　**安宅産業破綻**（企業破綻）
カナダにおける石油精製プロジェクトの失敗により経営危機に陥り、最終的に伊藤忠商事が吸収合併した。
1976（昭和51）年2月　**ロッキード事件**（贈収賄、外為法違反）
アメリカ議会上院で行われた上院外交委員会多国籍企業小委員会の公聴会で、ロッキード社が、全日空をはじめとする世界各国の航空会社にL-1011トライスターを売り込むため、各国政府関係者に巨額の賄賂をばら撒いていたことが明らかになった。田中角栄首相逮捕につながった。

１９７９（昭和54）年７月　**日本坂トンネル火災事故**（高速道路事故）
東名高速道路の日本坂トンネル下り線で、車両の多重衝突により車輛火災発生。４名が即死、３名が車両から脱出できずに焼死し、２名が負傷した。合計１７３台の車両がトンネル内で火災に巻き込まれて焼失。
１９８２（昭和57）年２月　**ホテルニュージャパン火災**（火災事故）
外人宿泊客のタバコの不始末で出火。９、10階全焼し、33人死亡、29人負傷。火災報知器作動せず、スプリンクラーも防火壁もない欠陥構造で、消防署から改善命令が出ていた。ホテル社長に禁固３年の実刑判決。
１９８５（昭和60）年７月　**豊田商事問題**（投資詐欺）
金投資をうたいながら現物を渡さずペーパーを交付する悪徳商法が行き詰まり倒産した。高齢者を中心に全国で約２万９千人が被害に遭い、被害総額は約２０００億円。当時、詐欺事件としては最大の被害額。社会問題化したさなかの１９８５年６月18日、永野一男豊田商事会長が、事件を取材中のマスコミの目前で殺害された。
１９８５（昭和60）年８月　**日本航空御巣鷹山墜落事故**（航空機事故）
ボーイング７４７ジャンボジェット機が飛行中圧力隔壁が破壊され、垂直尾翼破壊、方向舵制御不能となり、32分間のダッチロールの末、御巣鷹山に墜落。乗客乗員５２４名中、５２０名死亡。単独機による事故では史上最悪の犠牲者数。
１９８５（昭和60）年８月　**三光汽船倒産**（企業破綻）
石油ショック以後の海運不況により、転売目的で過剰な船腹を抱え込んでいた三光汽船は経営が行き詰まり、５２００億円という巨額の負債を抱え、会社更生法を申請した。当時戦後最大の倒産。
１９８７（昭和62）年５月　**東芝機械ココム違反事件**（外為法違反）
東芝機械が、ココム（ＣＯＣＯＭ・共産圏輸出統制委員会）の規則に違反しているのを知りながら、工作機械をソビエトに輸出していたことが、米国防総省に暴かれた。通産省が東芝機械に対して共産圏向け輸出の１年間停止の行政処分を下し、警視庁は虚偽申請について外為法違反により東芝機械幹部２人を逮捕。東芝機械が罰金２００万円、幹部社員２人は懲役10月（執行猶予３年）および懲役１年（執行猶予３年）の判決。
１９８８（昭和63）年６月　**リクルート事件**（贈収賄）
リクルートの関連会社リクルートコスモスの未公開株を利用した贈収賄事件。贈賄側のリクルート関係者と、収賄側の政治家や官僚らが逮捕され、政界・官界・マスコミを揺るがす事件となった。

〔平成〕

１９８９（平成元）年５月　**エイズ薬害訴訟**（薬害）
厚生省が承認した非加熱血液製剤にＨＩＶが混入していたことにより、主に１９８２年から85年にかけて、これを治療に使った血友病患者の４割、約２０００人がＨＩＶに感染。被害患者とその遺族は東京、大阪地方裁判所に、非加熱製剤の危険性を認識しながらも、それを認可・販売した厚生省と製薬会社５社（ミドリ十字、バクスター、日本臓器、バイエル、化血研）を被告とする損害賠償訴訟を提起。１９９６年３月に両地裁で和解が成立した。

１９９１（平成３）年３月　**広島新交通システム橋桁落下事故**（工事事故）
広島市が発注し、橋梁メーカー「サクラダ」が請け負っていた広島新交通システムの工事中に、重さ60ｔの橋桁が10ｍ下の県道に落下した。作業員５人と停車中の乗用車に乗っていた９人の計14人が死亡、９人が重軽傷を負った。

１９９１（平成３）年８月　**電通過労自殺**（過労自殺）
前年４月入社の男性社員が、長時間労働および上司のいじめ等を苦にして自殺。両親は会社に損害賠償訴訟を提起。東京地裁（１９９６年３月28日判決）では、会社に約１億２６００万円の賠償金の支払が命じられ、東京高裁（１９９７年９月26日判決）では、約８９００万円と賠償額が減額された。最高裁（２０００年３月24日最高裁第２小法廷判決）では、業務と自殺との因果関係、会社の注意義務、安全配慮義務違反を認定、さらに男性社員の性格や両親の対応は損害額算定の際に減額事由として考慮すべきでないとして、高裁の損害額の減額についての判断を破棄、差戻しを命じた。最終的に、電通が約１億６８００万円を支払うとの内容で和解が成立。

１９９１（平成３）年12月　**証券会社による損失補填**（独占禁止法違反）
証券会社四社（野村、大和、日興、山一）が、有力顧客に有価証券取引に伴う損失を補填していたことに対し、公正取引委員会は不公正取引として排除勧告を行った。証券四社はこれに応諾し、日本証券業協会は傘下証券会社全社に損失補填禁止を徹底。

１９９５（平成７）年８月　**バブル崩壊による金融機関の破綻**（企業破綻）
バブル崩壊後、景気低迷と地価・株価下落により、不良資産が急増し金融機関の経営を圧迫。兵庫銀行が銀行としては戦後初の経営破綻となり、以降、金融機関の破綻が相次いだ。１９９７年から１９９８年にかけ、北海道拓殖銀行、日本長期信用銀行、日本債券信用銀行、山一證券、三洋証券など大手金融機関が倒産し、金融危機の様相を呈した。
また、住宅金融専門会社も回収不能の不良債権が積み上がり、１９９５年には８社中７社が行き詰まった。これに対し、公的資金を投入するとともに、住宅金融債権管理機構が設立されて債権回収に当たった。

1995（平成7）年9月　**大和銀行ニューヨーク支店巨額損失事件**（取引損失）＊
12年に及ぶ社員の無権限取引で1100億円の損失を蒙る。経営者が隠蔽を図る。
1997（平成9）年5月　**第一勧業銀行総会屋利益供与事件**（総会屋利益供与）
総会屋への利益供与事件で、東京地検特捜部が第一勧業銀行本店を家宅捜索。利益供与額は117億円にのぼった。頭取経験者他元役員、行員11人が起訴され、元会長の自殺という事態も引き起こした。
1999（平成11）年9月　**JOC臨界事故**（放射能汚染）
JOC茨城県東海事業所において、硝酸ウラン溶液を製造する作業中、違法な工程変更により臨界事故が発生。作業員2名が死亡、667人が被曝した。
2000（平成12）年6月　**雪印乳業食中毒事件**（食品中毒）
製造途上で停電があり、温度管理が効かなかったにもかかわらず製品化した低脂肪牛乳に黄色ブドウ球菌が繁殖し、集団食中毒（1万3420人）を引き起こした。1955年の事故と対比して、経営陣の決断、行動の遅さが批判された。
2000（平成12）年7月　**そごう倒産**（企業破綻）
拡大路線が行き詰まり、民事再生法の適用申請を行う。負債総額約1兆8700億円。
2000（平成12）年7月　**三菱自動車リコール隠し**（リコール隠し）
運輸省の監査で三菱自動車の乗用車部門およびトラック・バス部門（通称：三菱ふそう）による、大規模なリコール隠しが、発覚。2004年にも同様のリコール隠しが発覚し、ユーザーの信頼を失って販売台数が激減、従業員の大量退職をまねき、当時の筆頭株主であったダイムラー・クライスラーからは資本提携を打ち切られ、深刻な経営不振に陥った。
2000（平成12）年9月　**大和銀行代表訴訟判決**（株主代表訴訟）＊
大阪地裁は、ニューヨーク支店巨額損失事件に関する株主代表訴訟において、11人の元役員に総額約830億円の支払いを命じる判決を下した。リスク管理の不備は取締役と取締役会の責任とした。
2001（平成13）年11月　**大成火災海上保険テロ破綻**（企業破綻）
米国同時多発テロに関する保険金支払いが744億円にのぼり、2001年9月期で398億円の債務超過になる見通しとなったことから、大成火災は東京地裁に更生特例法の適用申請を行い倒産した。負債総額3648億円。保険会社としてのリスク判断が不十分な結果であった。同社の保険契約は損害保険ジャパンが引き継いだ。
2002（平成14）年4月　**みずほ銀行システム障害**（システム障害）
第一勧業銀行、富士銀行、日本興業銀行の3行が合併し、みずほ銀行とみずほコーポレート銀行が発足したその日から、みずほ銀行の勘定系システムはＡＴＭが使用不能、口座振替の遅れが２５０万件、二重引き落としが3万件も発生など過去に例を見ない大規模障害を引き起こした。

２００２（平成14）年5月　**ダスキン肉まん添加物事件**（食品安全法違反）
無認可食品添加物を製品に入れていたことを公表しないと役員で申し合わせた。後に株主代表訴訟で追及される。

２００４（平成16）年2月　**ソフトバンクＢＢ個人情報漏えい**（情報漏えい）
委託先社員らがソフトバンクから４５０万人分の顧客情報（住所、氏名、電話番号、メールアドレス）を盗取。ソフトバンクは被害者にお詫び金として1人５００円の金券を配布。

２００５（平成17）年2月　**損害保険業界保険金支払い漏れ問題**（契約者対応不備）＊
商品多様化と消費者ニーズの変化に対応できず、業界全体で約50万件、３８０億円の支払い漏れを起こした。主要な損保会社が金融庁から業務改善命令を受けた。

２００５（平成17）年4月　**ＪＲ西日本福知山線脱線事故**（鉄道事故）
ＪＲ福知山線塚口・尼崎間で快速電車がカーブを曲がり切れず脱線、１、２両目が線路わきのマンションに激突。死者は１０７人、負傷者は５５５人に上った。原因は遅れを取り戻そうとして運転手がスピードを上げていたことであった。のちに遅れや運転ミスに対する懲罰的教育が運転士（死亡）の無謀な回復運転につながったと批判された。

２００５（平成17）年9月　**カネボウ粉飾決算事件**（粉飾決算）
債務超過を隠すために経営陣が主導して、９年間粉飾決算を行った。粉飾総額２１５０億円。粉飾決算に共謀したとして、中央青山監査法人の会計士４人も逮捕された。

２００５（平成17）年12月　**ジェイコム株大量誤発注事件**（人的ミス）
東証マザーズ市場に新規上場されたジェイコムの株式について、みずほ証券担当者が「61万円1株売り」とすべき注文を「1円61万株売り」と誤ってコンピュータに入力した。通常ではありえない大量の売り注文により株価は急落した。みずほ証券担当者が取り消し入力するも、システムのバグにより受け付けられなかった。「誤発注である」と見て大量の買い注文を入れた投資家がいた一方で、価格の急落に狼狽した個人投資家が非常な安値で保有株を売りに出すなど、さまざまな混乱が生じた。

２００６（平成18）年1月　**ライブドア粉飾決算事件**（粉飾決算）
自己株式の売却益を事業収益に振り替えて売上を嵩上げして、53億円の利益粉飾。堀江貴文社長は証券取引法違反で2年6カ月の実刑判決。

２００６（平成18）年7月　**パロマ湯沸器一酸化炭素中毒事件**（製品欠陥）

製品の不正改造により1985年以降一酸化炭素中毒事故が28件発生し、21名が死亡した。パロマの技術の未熟さに起因する製品の欠陥であり、社長および品質管理部長が起訴された。

2006（平成18）年12月　**日興コーディアル不正会計事件**（証券取引法違反）
傘下の投資会社の決算において不適切な処理を行い、約180億円の利益を水増しした。この決算にもとづいて、日興コーディアルグループが500億円の社債を発行していたため、5億円の追徴金が課せられた。

2007（平成19）年3月　**加ト吉循環取引事件**（粉飾決算）
加ト吉とグループ会社との間で循環取引による連結売上高の水増しが行われ、その水増し額が2007年3月期までの6年間で総額984億円に上った。会長兼社長、副社長、関係役員が辞任。

2007（平成19）年7月　**みすず監査法人**（旧中央青山監査法人）解散　（会計監査不備）
中央青山監査法人は、いわゆる「4大監査法人」のひとつであり、日本最大手の規模であったが、足利銀行の会計不祥事、カネボウの粉飾決算、日興コーディアルグループの会計不祥事など監査先の不正会計が次々と発覚し、金融庁より2006年7月から2カ月の監査業務の停止命令を受けた。中央青山は業務停止明けにみすず監査法人に改称して再起を図るも、信用回復には至らず営業の継続を断念、解散。

2007（平成19）年9月　**IHI粉飾決算事件**（粉飾決算）
事業部が好成績に見せかけるため楽観的収支見積もりを行う。粉飾総額870億円。証券取引監視委員会からの課徴金約16億円。

2007（平成19）年10月　**英会話学校NOVAの破綻**（企業破綻）＊
市場動向を無視した多店舗展開が経営を圧迫。無理なビジネスモデルで破綻。負債564億円。

2007（平成19）年10月　**赤福消費期限偽装事件**（JAS法違反）
保健所に赤福の製品に関し製造日と消費期限を偽ったことがあるとの情報提供があり、農林水産省および伊勢保健所の立ち入り調査の結果、冷凍保存していた製品を、解凍日を製造年月日として出荷、売れ残り商品の再利用等が発覚。

2008（平成20）年1月　**マクドナルド〝名ばかり管理職〟問題**（労働基準法違反）
東京地裁は、マクドナルド社の店長は、労働基準法が定める管理監督者とは認められず、残業代等約750万円の支払いを命じた。判決では、管理監督者とは、店長の名称だけでなく、実質的に管理監督者の法の趣旨を充足するような立場にある者とした。

2008（平成20）年2月　**ダスキン肉まん事件判決**（株主代表訴訟）
無認可の食品添加物入りの肉まん1300万個を2000年に販売していたが、それを知ってからも公表しなかったことで会社に損害を与えたと13人の旧経営陣を相手取り約106億円の賠償を求める株主代表訴訟で、最高裁は、旧経営陣に総額53億4350万円の賠償を命じた2審大阪高裁判決を支持した。
２００８（平成20）年４月　**蛇の目ミシン工業事件**（株主代表訴訟）
東京高等裁判所は、蛇の目ミシンが同社株式を買い占めた反社会的勢力の恐喝に応じ、また債務肩代わり等により巨額の損害を被ったとし、株主が１９９３年に提起した代表訴訟における２００６年最高裁判所判決を受けた差戻し控訴審で、当時の取締役５人の責任を認定、連帯して５８３億円余の支払いを命ずる判決を言い渡した。
２００８（平成20）年６月　**ワタミ過労自殺事件**（労働基準法違反）
女性新入社員が長時間労働を苦に飛び降り自殺。労基署の認定では、発症前１カ月の時間外労働は１４１時間。両親が東京地裁に起こした損害賠償訴訟は２０１５年12月８日、ワタミ解決金を支払い、謝罪することで和解が成立。
２００９（平成21）年５月　**西松建設裏金問題**（外為法違反、政治資金規正法違反）
香港、マレーシア、タイなど海外を舞台に不正な取引などで捻出した裏金総額約９億円を、国内での政治献金に利用するスキームをつくっていたとする調査報告書を公表した。
２０１０（平成22）年１月　**日本航空破産**（企業破綻）
日本航空は、経営不振・債務超過（負債総額2兆３０００億円）を理由に東京地方裁判所に会社更生法の手続を申請、受理されたことを受け、企業再生支援機構をスポンサーとして、稲盛和夫氏が会長となり経営再建を図ることとなった。
２０１０（平成22）年６月　**岡本倶楽部事件**（投資詐欺）
岡本倶楽部は預託金を５年間預ければ元本を保証したうえで、全国11カ所のホテル宿泊権が得られるとして会員を募集していたが、２０１０年には預託金を返還できず、東京地裁は破産手続き開始を決定。全国の被害者約８０００人、被害額２００億円以上。
２０１０（平成22）年９月　**日本振興銀行破綻**（企業破綻）
２００４年に中小企業向け融資専門銀行として発足した。次第にノンバンクからの債権買取りや大口融資など拡大路線に走ったが失敗。自力再建を断念し、金融庁に破綻申請した。債務超過１５００億円。ペイオフが初めて発動された。
２０１１（平成23）年１月　**東京ドームシティ「舞姫」事故**（遊園地事故）＊
係員が乗客への安全対策を怠り、乗客1名が遊具より放り出されて死亡。安全対策ルールを現場で変更。
２０１１（平成23）年３月　**東京電力福島第一原子力発電所メルトダウン**（放射能汚染）
東北地方太平洋沖地震による津波の影響で非常用電源が故障し全電源喪失。、第１、２、３機とも核燃料の冷却ができなくなり、炉心溶融が発生。１９８６年４月のチェルノブイリ原子力発電所事故以来、最も深刻な原子力事故となった。国際原子力事象評価尺度（ＩＮＥＳ）において、７段階レベルのうち、チェルノブイリ原子力発電所事故とともに最上位のレベル７（深刻な事故）に分類されている。

2011（平成23）年3月　**みずほ銀行システム障害**（システム障害）
みずほ銀行2回目の重大なシステム障害。62万件、1256億円の給与振り込み不能、ATM停止障害が発生し、未処理解消まで10日間かかった。

2011（平成23）年4月　**ソニー個人情報漏えい**（情報漏えい）
ソニー子会社プレイステーションネットワークのインターネット配信サービスにハッカーが不正侵入しPSN利用者の個人情報7700万人分が流出した可能性。

2011（平成23）年4月　**「焼肉酒家えびす」集団食中毒事件**（食品中毒）
富山、福井、石川、神奈川の4件の6店舗で食中毒被害が発生、181人が発症し、5人が死亡。被害者の多くがユッケを食べていた。

2011（平成23）年8月　**安愚楽牧場の破綻**（投資詐欺）＊
ビジネスモデルとして成立しない和牛オーナー制度を展開。多くの投資者を集め破綻。負債4200億円。

2011（平成23）年9月　**大王製紙巨額借入事件**（特別背任）＊
経営者の公私混同。バクチの負け金を会社財産で補う。費消額106億円。

2011（平成23）年9月　**古河電工自動車部品カルテル事件**（独占禁止法違反）
古河電工は米国司法省と、米国で自動車部品をめぐる価格カルテルに関与したとして罰金2億ドルを支払うとの司法取引に合意。同社日本人幹部3人も不正行為を認め、最長1年半の禁固刑に同意。

2011（平成23）年11月　**オリンパス粉飾決算事件**（粉飾決算）＊
資産運用の失敗を歴代3代の社長が主導して隠蔽。粉飾総額1000億円。

2011（平成23）年10月　**中日本高速道路社員不正所得事件**（所得税法違反）
用地買収業務に関連して、買収先企業から約4・2億円のリベートを受け取りながら所得申告せず、所得税法違反（脱税）および架空の測量契約により、中日本高速道路から1520万円騙し取ったとして詐欺罪で逮捕された。

2012（平成24）年2月　**AIJ巨額年金消失事件**（金融商品取引法違反）
証券取引等監視委員会は金融商品取引法違反を理由とし、AIJへの強制捜査に着手した。AIJは年金基金に虚偽の運用実績を示し、年金基金の運用を行っていた。AIJに運用委託していた基金数は84基金、1852・6億円、その大半が消滅した。社長は懲役15年の判決。

２０１２（平成24）年12月　**中央高速道路笹子トンネル天井板落下事件**（高速道路事故）＊
12年間も詳細点検をしなかったため、トンネル天井板を支えるアンカーボルト部分の劣化を発見できず、天井版が１３８メートルにわたって落下。通行中の車を圧し潰し9名死亡。
２０１３（平成25）年7月　**カネボウ美白化粧品事件**（健康被害）＊
苦情受付担当者・部門が、顧客からの化粧品により白斑症状が出たという苦情を無視し続けて被害が拡大。約2万人の被害者。
２０１３（平成25）年9月　**ＪＲ北海道検査データ偽装事件**（データ偽装）＊
線路検査担当者の検査数値ごまかしの日常化。それに気づかない経営者。
２０１３（平成25）年9月　**みずほ銀行反社会的勢力融資事件**（反社対応の失敗）＊
金融庁検査により、多数の反社との取引が存在することを知りながら、取引防止・解消の対策を怠っていたことを指摘される。
２０１３（平成25）年10月　**阪急阪神ホテルズメニュー偽装事件**（優良誤認）＊
安い食材を高級食材と偽ってメニュー表示。
２０１４（平成26）年2月　**マウントゴックス社ビットコイン消滅事件**（企業破綻）
デジタル通貨ビットコインの取引仲介業者マウントゴックス社は、何者かのサイバー攻撃によって自社保有および預かっていたビットコインの残高が消滅したため、営業継続ができないとして、東京地裁に民事再生法の適用を申請した。負債は約65億円。
２０１４（平成26）年5月　**すき家過重労働問題**（労働基準法違反）
同業者との競争に勝つために法違反残業が常態化。違法残業を全く気にしない会社風土が社会的批判を浴びた。
２０１４（平成26）年7月　**ベネッセ個人情報漏えい事件**（情報漏えい）＊
システム下請社員がベネッセ顧客情報を盗取し売却。セキュリティ水準が業容に比して低い。漏えい件数は、約３５０４万件に達し、わが国で発生した個人情報漏洩事件の最大件数となった。
２０１５（平成27）年2月　**東洋ゴム検査データ偽装事件**（データ偽装）＊
検査担当者が製品出荷を急ぐため検査結果を改ざん。経営陣も事実を知ってから対処を逡巡。
２０１５（平成27）年2月　**東芝粉飾決算事件**（粉飾決算）
好業績を装うため3代の経営者が、7年にわたり利益嵩上げを主導。粉飾総額２２４８億円。
２０１５（平成27）年12月　**電通過労自殺事件**（労働基準法違反）
女性新入社員が過重労働を苦に飛び降り自殺。電通は違法な長時間労働をたびたび労基署から指摘されていた。１９９１年の同社での過労自殺事件が全く教訓になっていなかった。

２０１５（平成27）年12月　**新日本監査法人処分**（会計監査不備）
金融庁は、新日本有限責任監査法人および公認会計士7名に対し、東芝の財務書類の監査において、相当の注意を怠り、重大な虚偽のある財務書類を重大な虚偽のないものとして証明したとして懲戒処分を行った。（監査法人：契約の新規の締結に関する業務の停止3カ月、公認会計士：業務停止6カ月～1カ月）あわせて、監査法人に対して初となる課徴金約21億円の納付を命じた。

２０１６（平成28）年4月　**三菱自動車燃費データ偽装事件**（データ偽装）＊
激しいメーカー間の燃費競争に対抗するため、燃費データを偽装。

２０１６（平成28）年6月　**神戸製鋼データ改ざん問題**（データ偽装）
アルミ・銅製品の品質検査証明書を数十年前から組織的に改ざん。

２０１６（平成28）年11月　**商工中金不正融資問題**（不正融資）＊
無理な目標を達成するため、不適格先にも融資を行う。

２０１７（平成29）年2月　**ヤマト運輸残業手当不払い問題**（労働基準法違反）
セールスドライバー等グループ従業員5万9千人に、約２３０億円の残業代未払い発生。

２０１７（平成29）年6月　**タカタ破産**（会社破綻）
エアバッグの世界市場で20％のシェアを占めていたが、エアバッグの異常破裂事故が相次ぎ、リコールと損害賠償請求の負担が巨額に上り、東京地裁に民事再生法の適用を申請。負債総額1兆円を超えて製造業としては戦後最大の経営破綻となった。

２０１７（平成29）年9月　**日産自動車完成車検査不正問題**（検査不正）
無資格者が完成車検査を行う。現場の都合でルールが変わっていることに経営者も気づかない。

２０１７（平成29）年11月　**旅行会社てるみくらぶ社長逮捕**（会社破綻粉飾決算）
てるみくらぶは3月に倒産したが、２０１６年6月～9月に社長と経理担当責任者は虚偽の財務書類を示して銀行から約2億円の融資をだまし取った容疑で警視庁に逮捕された。てるみくらぶの負債は約１５１億円。

２０１８（平成30）年1月　**スルガ銀行不正融資問題**（不正融資）
融資件数目標達成のため、書類改ざん等により、不正融資を行う。

２０１８（平成30）年8月　**スバル過労自殺**（過労自殺）
スバル群馬製作所の男性社員が２０１６年12月に製作所内で飛び降り自殺したことにつき、太田労働基準監督署が上司の叱責や長時間労働を原因とする労災と認定した。亡くなる直前の残業が月１００時間を超え、うつ病を発症していたと認定した。

２０１８（平成30）年9月　**ケフィア破産**（投資詐欺）

加工食品などのオーナーを募って多額の資金を集めていた通信販売会社ケフィア事業振興会が東京地裁から破産手続き開始決定を受けた。債権者数3万3700人、負債総額約1053億円。
2018年（平成30）年11月　**日産自動車ゴーン会長問題**（有価証券報告書虚偽記載）
役員報酬の開示にあたり虚偽記載。公私混同的社内経費の使い方も問題になる。

〔令和〕

2019（令和元）年8月　**高速道路サービスエリア店舗ストライキ**（労働紛争）
東北自動車道佐野サービスエリア上り線サービスエリアを運営するケイセイ・フーズが従業員によるストライキで営業を休止。取引先から商品が納入されなくなるなど混乱。
2019（令和元）年9月　**関西電力幹部金品受領問題**（不適切金品受領）
関西電力幹部が高浜町元助役から、1987年以降に70人以上が総額約3億6千万円相当の金品を受領。
2019（令和元）年12月　**かんぽ生命不適正募集問題**（不適正募集）＊
過重なノルマを達成するため、顧客無視の不適正募集を組織的に行う。金融庁より営業停止処分を受ける。
2020（令和2）年7月　**第一生命女性社員詐欺事件**（詐欺）
元営業社員が、架空の金融取引を顧客にもちかけて不正に資金を集めていた。被害総額は、約19億円。
2020（令和2）年10月　**東証システム障害**（システム障害）
株価などの相場情報を配信するシステムに障害が発生し、終日取引を停止した。本来ならシステムダウンに備え代替システムが稼働するはずであったが、これが不調であった。
2021（令和3）年2月　**みずほ銀行システム障害**（システム障害）
2月末から2週間で4回の顧客に迷惑をかけるシステム障害を発生させた。①2月28日、ネットバンキングや同行の7割を超えるATMが動かなくなった、②3月3日、ATM29台が停止、③3月7日、ATMとネットバンキングに支障発生、④3月11日、法人客を中心に国内他行向け送金に263件の遅れが生じた。送金が遅れた取引の総額は約500億円。

【参考文献・資料】（順不同）

坂本藤良『日本疑獄史』中央経済社　1984年、高橋亀吉『株式會社亡國論』萬里閣書房　1930年、井端和男『最近の粉飾』税務経理協会　2008年、高橋浩夫編著『トップマネジメントの経営倫理』白桃書房　2009年、浜田　康『粉飾決算』日本経済新聞出版社　２０１６年、リスク・ディフェンス研究会『ファイル企業責任事件 vol.1』蝸牛社　１９９５年、中尾政之『失敗百選』森北出版　２００５年、中尾政之『続・失敗百選』森北出版　２０１０年、有沢広巳監修『昭和経済史』日本経済新聞社　１９７６年、小林修『年表昭和の事件・事故史』東方出版　１９８９年、ＮＨＫ企業社会プロジェクト『金融・証券スキャンダル』日本放送協会　１９９１年、浜田　康『会計不正』日本経済新聞出版社　２００８年、日経コンピュータ『みずほ銀行システム統合、苦闘の19年史』日経ＢＰ　２０２０年、潮別冊3月号「住専糾明」潮出版　１９９６年、五味廣文『金融動乱―金融庁長官の独白』日本経済新聞社　２０１２年、九条清隆『巨額年金消失。ＡＩＪ事件の深き闇』角川書店２０１２年、危機管理研究会編『実戦！社会VS暴力団』金融財政事情研究会　２０１３年、神山敏雄『日本の経済犯罪』日本評論社　１９９６、佐藤　章『ドキュメント金融破綻』岩波書店　１９９８年、麻生利勝『企業犯罪』泉文堂　１９８０年、岩田規久男『昭和恐慌の研究』東洋経済新報社　２００４年、読売新聞社会部『会長はなぜ自殺したか』新潮社　１９９８年、高橋清一『企業対象暴力と企業不祥事』日本評論社　２００９年、斎藤　憲『企業不祥事事典』日外アソシエーツ　２００７年、別冊金融・商事判例「企業不祥事判例にみる役員の責任」経済法令研究会　２１０２年、愛知県弁護士会編「企業不祥事の原因と対応策」新日本法規出版　２０１２年、全国紙記事他

参考文献・資料

序　論

企業倫理研究グループ『日本の企業倫理』白桃書房　２００７年
宮坂純一『現代企業のモラル行動』千倉書房　１９９５年
水村典弘「コンプライアンス研修の設計と実際」『日本経営倫理学会誌』第27号　２０１９年
中村瑞穂編著『企業倫理と企業統治』文眞堂　２００３年

第Ⅰ編

第１章

水尾順一『セルフ・ガバナンスの経営倫理』千倉書房　２００３年
水谷雅一『経営倫理学の実践と課題』白桃書房　１９９５年
中村瑞穂「企業倫理と日本企業」『明大商学論叢』第80号　１９９８年
佐和隆光『成熟化社会の経済倫理』岩波書店　１９９３年
高橋浩夫『戦略としてのビジネス倫理入門』丸善出版　２０１６年
梅津光弘『ビジネスの倫理学』丸善出版　２００２年

第２章

林　順一「英国・米国における「会社の目的」に関する最近の議論とわが国への示唆」『日本経営倫理学会学会誌』第28号　２０２１年３月
林　順一「英国コーポレートガバナンス・コード改訂関する一考察」『国際マネジメント研究』第８巻　２０１９年
今井　祐『経営者支配とは何か』文眞堂　２０１４年
経営学史学会監修・三戸浩編著『バーリ＝ミーンズ』文眞堂　２０１３年

水村典弘『現代企業とステークホルダー』文真堂 2004年
中島史雄「「会社は誰のものか」論争と会社法教育」『金沢法学』48巻2号 2006年
中村義寿「ステークホルダー理論の源流」『名古屋大学院大学論集』第53巻第3号 2017、佐久間信夫『コーポレート・ガバナンス改革の国際比較―多様化するステークホルダーへの対応』ミネルヴァ書房 2017年
櫻井通晴「ステークホルダー理論からみたステークホルダーの特定」『専修経営研究年報』(34) 2009年
アダム・スミス『国富論（上）』水田洋訳 河出書房 1965年
谷口勇仁「ステイクホルダー理論再考」北海道大学『經濟學研究』51(1) 2001年

第3章

麻生利勝『企業犯罪』泉文堂 1980年
渥美東洋編『組織・企業犯罪を考える』中央大学出版部 1998年
愛知県弁護士会『弁護士が分析する企業不祥事の原因と対応』新日本法規 2012年
井上　泉『企業不祥事の研究』文眞堂 2015年
森・濱田松本法律事務所編『企業危機・不祥事対応の法務』商事法務 2014年
中村瑞穂他『日本の企業倫理』白桃書房 2007年
野村千佳子「不祥事発生の要因分析」高橋浩夫編『トップ・マネジメントの経営倫理』白桃書房 2009年
E・H・サザーランド『ホワイト・カラーの犯罪』岩波書店 1955年
白石　賢『企業犯罪・不祥事の法政策』成文堂2007年
龍岡資晃・小出篤監修『企業不祥事判例にみる役員の責任』経済法令研究会 2012年

第4章

羽入辰郎『支配と服従の倫理学』ミネルヴァ書房 2009年
S・ミルグラム『服従の心理』河出書房新社 2012年
マックス・ウェーバー『支配の社会学Ⅰ』世良晃志郎訳 創文社 1960年
マックス・ウェーバー『職業としての政治』西島芳二訳 角川文庫
エドワード・O・ウィルソン『人類はどこから来て、どこへ行くのか』化学同人 2013年

第5章

ハンナ・アーレント『イェルサレムのアイヒマン』みすず書房　２００７年
P・F・ドラッカー『マネジメント』ダイヤモンド社　２００８年
加藤尚武『経済行動の倫理学』加藤尚武著作集第11号　未来社　２０１９年

第Ⅱ編　事例研究

事例研究1　回想：保険金支払い漏れ問題

樋口晴彦『組織不祥事研究』白桃書房　２０１２年
堀田一吉『現代リスクと保険理論』東洋経済新報社　２０１４年
井上　泉『企業不祥事の研究―経営者の視点で不祥事を見る』文眞堂　２０１５年
井上　泉「日本の損害保険会社のコーポレート・ガバナンス」『保険研究』第62集（２０１０）：
井上涼子「生損保業界における保険金不払い問題」『立法と調査』２７４号　２００７年10月26日
石田成則『保険事業のイノベーション』慶應義塾大学出版会　２００８年
石田重森編著『保険学のフロンティア』慶應義塾大学出版会　２００８年
加藤由孝「保険金不払い問題に関する一考察」『名城論叢』第８巻第４号２００８年３月
栗山泰史『変わり続ける保険事業』保険教育システム研究所　２０１７年
水尾順一『セルフ・ガバナンスの経営倫理』千倉書房　２００３年
大森忠夫『保険法』有斐閣　１９５７年
鳳佳世子「保険金不払い問題の概要と課題」『調査と情報』第５７２号　２００７年
白須洋子・吉田靖「金融不祥事と市場の反応」金融庁金融研究研修センター『ディスカッションペーパー』№２００７-５
高橋浩夫編著『トップ・マネジメントの経営倫理』白桃書房　２００９年
徳常泰之「不適切な保険金支払い・支払漏れ問題に関する一考察」『保険学雑誌』第６１１号（２０１０年12月）
田畑康人・岡村国和編著『人口減少時代の保険業』慶應義塾大学出版会　２０１１年
鴻上喜芳「損害保険業の課題―近年の危機事例と環境変化を踏まえて」『長崎県立大学経済学部論集』第48巻　２０１４年６月
保井俊之『保険金不払い問題と日本の保険行政』日本評論社　２０１１年
保井俊之「損保会社による保険金の支払い漏れ及び不適切不払い―教訓と展望」『季刊コーポレートコンプライアンス』第15号　Au-

tumn ２００８年
山下友信『保険法』有斐閣 ２００５年
渡部正治「保険金支払漏れ問題」高橋浩夫編『トップ・マネジメントの経営倫理』白桃書房 ２００９年
日本損害保険協会「保険契約の確認調査等について」２００７年11月26日
『週刊東洋経済（臨時増刊　生保・損保特集２００７年版）』２００７年
〔金融庁公表文書〕
「損害保険会社の付随的な保険金の支払漏れに係る調査結果について」平成17年11月25日
「損害保険会社26社に対する行政処分について」平成17年11月25日
「付随的な保険金の支払漏れに係る調査完了時期等について」平成18年11月17日
「株式会社損害保険ジャパンに対する行政処分について」平成18年5月25日
「三井住友海上火災保険株式会社に対する行政処分について」平成18年6月21日
「損害保険会社の第三分野商品に係る保険金の不払い事案の調査結果について」平成19年3月14日
「損害保険会社10社に対する行政処分について」平成19年3月14日
「平成19事務年度保険会社等向け監督指針」平成19年11月19日
金融審議会「保険の基本問題に関するワーキング・グループ」（第51回）議事録及び資料、平成21年4月24日
「日本興亜損害保険株式会社に対する行政処分について」平成21年10月23日
「保険検査マニュアル（保険会社に係る検査マニュアル）」平成27年10月

事例研究２　中日本高速道路笹子トンネル天井板落下事故

江副　哲「笹子トンネル天井板崩落事故における法的責任」（土木学会関西支部、ＦＣＭ橋梁の維持管理に関するワークショップ）２０１３年
樋口晴彦「中日本高速道路笹子トンネル事故の事例研究」『千葉商大論叢』52(1)、２７３—２９３頁、２０１４年
小山巖也『ＣＳＲのマネジメント　イシューマイオピアに陥る企業』白桃書房 ２０１１年
中日本高速道路株式会社「ＣＳＲ報告書（２０１２年版）」
中日本高速道路株式会社「笹子トンネル天井板落下事故概要」２０１３年2月24日
西山　豊「笹子トンネル事故を考える—科学者の社会的責任から」『日本の科学者』Ｖｏｌ．48 №７、２０１３年

NKSJリスクマネジメント株式会社「中央自動車道「笹子トンネル」における天井板崩落事故について」２０１１年12月11日
平成25年（ワ）第１８１９号／第４５０５号「損害賠償請求事件」横浜地方裁判所判決、平成27年12月22日（ＬＥＸ／ＤＢインターネットＴＫＣ法律情報データベース）
〔国土交通省公表文書〕
国土交通省トンネル天井板の落下事故に関する調査・検討委員会「引抜き抵抗力試験結果」（第４回委員会資料）平成25年３月27日
国土交通省トンネル天井板の落下事故に関する調査・検討委員会「調査・検討委員会報告書」平成25年６月18日
国土交通省トンネル天井板の落下事故に関する調査・検討委員会「笹子トンネル（上り線）の過去の点検経緯」（第３回委員会資料）
国土交通省トンネル天井板の落下事故に関する調査・検討委員会「第１回～第５回委員会議事要旨及び資料」平成24年12月４日、平成24年12月21日、平成25年２月１日、平成25年３月27日、平成25年５月28日

事例研究３　ベネッセ個人情報漏えい問題

影島広泰『個人情報・ビッグデータの利活用で留意すべき法規制と実務』みずほ総合研究所 ２０２０年
加登　豊「企業戦略とＳＩＳ」『オペレーションズ・リサーチ』日本オペレーションズ・リサーチ学会、１９９０月６月号
金田万作「個人情報漏えい事件最高裁判決」東京第二弁護士会『NIBEN Frontier』２０１８年４月号
経済産業省「個人情報の保護に関する法律についての経済産業分野を対象とするガイドライン」平成26年12月
経済産業省・独立行政法人 情報処理推進機構『サイバーセキュリティ経営ガイドライン Ver 2.0』２０１７年
独立行政法人情報処理推進機構「情報セキュリティ白書２０１９」
高野一彦「ビッグデータ問題とプライバシー保護」日本経営倫理学会２０１４年10月度研究交流例会資料 ２０１４年
ＮＰＯ日本ネットワークセキュリティ協会／情報セキュリティ大学院大学原田研究室・廣松研究室『２０１１年情報セキュリティインシデントに関する調査報告書～個人情報漏えい編』
ＮＰＯ日本ネットワークセキュリティ協会『情報セキュリティインシデントに関する調査報告書』２０１４年～２０１８年
樋口晴彦「ベネッセ顧客情報漏えい事件の事例研究」『千葉商大論叢』第53巻第1号 ２０１５年
廣松毅「情報システム部門の役割の変遷に関する一考察」『情報セキュリティ総合科学』第3号 ２０１１年
チャールズ・ワイズマン『戦略的情報システム―競争戦略の武器としての情報技術』ダイヤモンド社 １９８９年
〔ベネッセ公表文書〕
「7月11日付株式会社ジャストシステムのリリースについて」２０１４年7月12日

「弊社グループ会社の業務委託先の元社員の逮捕について」２０１４年7月17日
「弊社グループ会社業務委託先元社員のスマートフォンに保存されていた情報の弊社鑑定結果のご報告」２０１４年7月21日
「特別損失の計上に関するお知らせ」２０１４年7月31日
「お客様情報の漏えいに関するご報告と対応について」２０１４年9月10日
個人情報漏えい事故調査委員会「調査報告書」２０１４年9月12日
〔裁判判決関係〕
東京地裁判決（ベネッセ個人情報漏えい事件損害賠償請求事件）平成26年（ワ）第３１４７６号、平成30年6月20日、ＬＬＩ／ＤＢ判例秘書搭載
東京高裁判決（ベネッセ個人情報漏えい事件損害賠償請求事件控訴審）平成30年（ネ）第３５９７号、令和元年6月27日、ＬＬＩ／ＤＢ判例秘書搭載
商事法務「ベネッセ個人情報漏えい損害賠償請求事件控訴審判決」資料版商事法務２０２０年2月号
最高裁判所第二小法廷判決（早稲田大学名簿提供事件）平成15年9月12日

事例研究４　東洋ゴム免震ゴム検査データ偽装問題
国土交通省「免震材料に関する第三者委員会」第５回資料（平成27年6月29日）
文部科学省・安全・安心な社会の構築に資する科学技術政策に関する懇談会「調査報告書」２００４年4月
エマニュエル・カント「道徳形而上学原論」岩波文庫
国土交通省「免震材料に関する第三者委員会第５回資料」平成27年6月29日
〔東洋ゴム公表文書〕
「免震積層ゴムの認定不適合」に関する社外調査チーム（長島・大野・常松法律事務所小林英明弁護士他９名）による「調査報告書」（公表版）２０１５年6月19日、
東洋ゴム工業株式会社社内調査チーム「調査報告書」２０１５年12月25日
「当社が製造した建築用免震積層ゴムの国土交通大臣認定不適合等について」２０１５年3月13日
「当社グループが製造・納入した大臣認定不適合等の免震積層ゴム全数取替え方針について」２０１５年3月25日
「大臣認定不適合が判明した当社製免震ゴムの納入先建築物における「緊急の安全性」確認について」２０１５年3月25日
「大臣認定不適合が判明した当社製免震ゴムの納入先建築物における「満たすべき安全性」の確認について」２０１５年3月30日

「役員等の異動及び人事異動並びに組織改正のお知らせ」２０１５年６月30日
「当社および当社子会社製 建築用免震ゴム問題における原因究明・再発防止策・経営責任の明確化について」２０１５年６月23日

事例研究５　三菱自動車燃費データ不正問題（２０１６年４月）
熊谷　徹『偽りの帝国―フォルクスワーゲン排ガス不正の闇』文芸春秋
三菱自動車特別委員会「燃費不正問題に関する調査報告書」２０１６年８月１日
三菱自動車「当社製車両の燃費試験における不正行為に係る国土交通省への報告について」２０１６年５月11日。
消費者庁「不当景品類及び不当表示防止法第７条第１項の規定に基づく措置命令」平成27年１月27日
〔国土交通省公表文書〕
国土交通省自動車局「三菱自動車工業への立入検査結果について」平成28年９月15日
国土交通省・自動車の型式指定審査におけるメーカーの不正行為を防止するためのタスクフォース「最終とりまとめ」平成28年９月16日３‐４頁。
国土交通省自動車局「三菱自動車工業への立入検査結果について」平成28年９月１日
独立行政法人 労働政策研究・研修機構「自動車産業の労使関係と国際競争力―生産・生産技術・研究開発の観点から―」労働政策研究報告書 №76 ２００７年
日経ビジネス・日経オートモーティブ・日経トレンディ「不正の迷宮三菱自動車」日経ＢＰ社
大塚建司「カバナンスの欠如と株価への影響―日産・三菱自動車の事例―」修道商学 第60巻第1号
消費者庁「三菱自動車工業株式会社に対する景品表示法に基づく措置命令及び課徴金納付命令並びに日産自動車株式会社に対する景品表示法に基づく措置命令について」平成29年1月27日
樋口晴彦「三菱自動車燃費不正事件の事例研究」千葉商大紀要第58巻第2号（２０２０年11月）

事例研究６　商工中金融資不正事件（２０１６年11月）
畑村洋太郎『失敗学のすすめ』講談社文庫、２００５年
会計検査院が作成公表している各年度の「会計検査院年報」
金融庁「株式会社商工組合中央金庫に対する行政処分について」平成29年10月25日
参議院常任委員会調査室・特別調査室「商工中金―在り方検討会中間とりまとめの概要と主な論点」「立法と調査」№３９８

２０１８年3月
商工組合中央金庫危機対応業務にかかる第三者委員会「調査報告書」平成29年4月25日
商工組合中央金庫「調査報告書」平成29年10月25日
商工組合中央金庫「業務の改善計画の提出について」平成29年10月25日

事例研究7　かんぽ生命不適正契約募集問題（２０１８年7月）

井上泉「苦情処理と監査役監査」「月刊監査役」№５８７　２０１１年8月号
梶　朋美「かんぽ生命保険の不適正募集問題」国立国会図書館「調査と情報」№１０８５、２０２０年2月18日
かんぽ生命保険契約問題特別調査委員会「調査の現状及び今後の方針の概要について」２０１９年9月30日、
かんぽ生命保険契約問題特別調査委員会「調査報告書」２０１９年12月18日
かんぽ生命保険契約問題特別調査委員会「追加報告書」２０２０年3月26日
京都大学経済学部藤井ゼミナール日本郵政企業分析チーム「中期経営計画の検証と日本郵政グループの今後」№８ March、２０１９年
総務省「かんぽ生命保険の不適正募集に係る一連の問題に関する監督上の命令等」令和元年12月27日
〔金融庁公表文書〕
金融庁「顧客本位の業務運営に関する原則」平成29年3月30日
金融庁「日本郵政グループに対する行政処分について」令和元年12月27日
金融庁「保険会社向けの総合的な監督指針」令和２年９月
〔かんぽ生命、日本郵便、日本郵政公表文書〕
日本郵政株式会社「郵政グループビジョン２０２１」平成24年10月1日
日本郵政グループ「日本郵政グループ中期経営計画」２０１５年4月1日
日本郵政他「日本郵政グループにおけるご契約調査の結果及び今後の取組みについて」２０１９年12月18日
日本郵政「役員異動のお知らせ」２０１９年12月27日
日本郵政グループ「主要子会社の概況」２０１９年3月期決算
日本郵政グループ「決算の概要」（毎年度分）
日本郵政他「かんぽ生命のご契約調査の状況について」２０２０年6月30日

日本郵政他「「日本郵政グループ中期経営計画（２０２１〜２０２５）の基本的考え方」の策定に関するお知らせ」２０２０年11月13日
日本郵政他「業務改善計画の進捗状況等について」２０２０年12月3日

第Ⅲ編　日本のコーポレートガバナンスの現状と課題

第１章

江頭憲治郎「コーポレート・ガバナンスの目的と手法」『早稲田法学会誌』92巻1号 ２０１６年
藤田勉「英国のコーポレートガバナンス・コードの失敗に学ぶ」『月刊資本市場』№４１７　２０２０年
林　謙太郎「市場区分の見直しに向けた上場制度の整備」（第二次制度改正事項）の解説」『商事法務』№２２５２、２０２１年1月25日
今井　祐『新コンプライアンス経営』文眞堂 ２０２１年
神尾篤史「来春に改訂されるＣＧコードの論点」『大和総研レポート』２０２０年8月14日
北川哲雄編著『スチュワードシップとコーポレートガバナンス』東洋経済新報社 ２０１５年
金融庁「株主総会に関する課題」令和２年
大平 浩二・佐藤 成紀「わが国企業の不祥事から見るコーポレートガバナンスの調査・研究」『明治学院大学産業経済研究所研究所年報』第29号 ２０１２年
高橋英治「日本法における株主民主主義の現状と課題」『商事法務』№２２２４、２０２０年3月5日
東京証券取引所「コーポレートガバナンス・コード〜会社の持続的な成長と中長期的な企業価値の向上のために〜」２０１５年、２０１８年、２０２１年5月30日
東京証券取引所「東証上場会社コーポレート・ガバナンス白書２０２１」
東京証券取引所「東証上場会社における独立社外取締役の選任状況及び指名委員会・報酬委員会の設置状況」２０２０年９月７日
経済産業省「コーポレートガバナンス及びリスク管理・内部統制に関する開示・評価の枠組みについて」平成17年7月13日
東京証券取引所「新市場区分の概要等について」２０２０年2月21日
東京証券取引所「市場構造の在り方等に関する市場関係者からのご意見の概要」２０１９年3月（２０１９年5月更新）
東京証券取引所「上場廃止企業一覧」２０２１年5月日更新
デロイトトーマツ「ナレッジ　上場廃止基準の概要と動向―各取引所による投資家の保護」 https://www2.deloitte.com/jp/ja/

pages/risk/articles/rm/delisting.html

第2章

江川雅子「社外取締役の役割」『証券経済研究』第１００号２０１７年12月
浜辺陽一郎『執行役員制度【第五版】』東洋経済新報社 ２０１７年
神田秀樹『会社法　第23版』弘文堂 ２０２１年
日本取締役協会「指名委員会等設置会社リスト（上場企業）」２０２１年４月14日
高橋　均「監査等委員会設置会社をめぐる現状と今後の課題」ＥＹ情報センサー ２０２０年新年号

第3章

藤島裕三「社外取締役と独立取締役～その概念整理と近時における議論～」『経営戦略研究』２００９年春季号 Vol.21、59頁
ウォルター・アイザックソン『スティーブ・ジョブズⅡ』講談社 ２０１２年
東京証券取引所「コーポレート・ガバナンス白書２０２１」
東京証券取引所「東証上場会社における独立社外取締役の選任状況及び指名委員会・報酬委員会の設置状況」２０２０年９月７日
日本取締役協会「指名委員会等設置会社リスト（上場企業）」２０２１年４月14日
日産自動車ガバナンス改善特別委員会「報告書」２０１９年３月27日
大杉謙一「日本的経営とコーポレート・ガバナンス」『月刊資本市場』№３６７、２０１６年３月

第4章

古谷由紀子「「責任あるビジネス」における実践と課題」日本経営倫理学会『サスティナブル経営研究』２０２０年度
伊藤邦雄他「サステナビリティ経営実現に向けたコーポレートガバナンス改革〔上〕」『商事法務』№２２６３、２０２１年５月25日
外務省国際協力局「持続可能な開発目標（ＳＤＧｓ）達成に向けて日本が果たす役割」令和３年３月
北川哲雄編著『バックキャスト思考とＳＤＧｓ／ＥＳＧ投資』同文館出版 ２０１９年
水尾順一『サスティナブル・カンパニー』宣伝会議 ２０１６年
高橋浩夫「経営倫理の視点からサステナビリティ経営の本質を考える」『サステナビリティ経営研究』日本経営倫理学会２０２０年度

近澤　諒「ＥＳＧと株主対応」『商事法務』№２２５５、２０２１年２月25日
宮田　俊「ＥＳＧと開示」『商事法務』№２２５７、２０２１年３月25日

索　引

【著者略歴】

井上　泉（いのうえ　いずみ）

1972年4月：慶應義塾大学商学部卒業。安田火災海上保険株式会社（現、損害保険ジャパン株式会社）入社。社長室特別補佐役、人事課長、国際業務部長等を経て、取締役常務執行役員として、総務部、人事部、リスク管理部、法務部等を担当。

2005年10月：日本道路公団分割民営化に伴い東日本高速道路株式会社常勤監査役に就任。監査役会議長。

2010年11月：東日本高速道路株式会社顧問。

2011年10月：東京地方裁判所民事調停委員。

2012年10月：東京家庭裁判所家事調停委員。

等を経て、現在、株式会社ジャパンリスクソリューション代表取締役社長として、企業不祥事や問題事象発生時の対処・解決に向けてのアドバイス、コンプライアンスやリスク管理などのテーマで講演活動を行っている。

そのほかに現在、日産車体株式会社監査役（社外・独立）、国立研究開発法人日本原子力研究開発機構シニアアドバイザー、日本経営倫理学会常任理事（兼）ガバナンス研究部会長、慶應義塾大学保険学会常務理事、特定ＮＰＯ法人芸術資源開発機構理事、株式会社保険研究所「インシュアランス」客員等をつとめる。

【著書】

『ライブ・エンタテインメント業界の労務管理ハンドブック』コンサートプロモーターズ協会　2019年

『企業不祥事の研究』文眞堂　2015年

『トップ・マネジメントの経営倫理』白桃書房　2009年（共著）

『わかりたいあなたのための経営学入門』宝島社　1998年（共著）

その他論文、雑誌、業界誌記事執筆多数。

企業不祥事とビジネス倫理
―ＥＳＧ、ＳＤＧｓの基礎としてのビジネス倫理―

令和三年一二月一〇日　第一版第一刷発行

検印省略

著　者　井　上　泉

発行者　前　野　隆

東京都新宿区早稲田鶴巻町五三三

発行所　株式会社　文　眞　堂

〒一六二―〇〇四一
電　話　〇三―三二〇二―八四八〇
ＦＡＸ　〇三―三二〇三―二六三八
振　替　〇〇一二〇―二―九六四三七番

印刷　真　興　社
製本　高地製本所

http://www.bunshin-do.co.jp/

落丁・乱丁本はおとりかえいたします
ISBN978-4-8309-5146-6　C3034